**OpenOffice 4.1.x
für Ein- und Umsteiger**

Jörg Schieb

OpenOffice 4.1.x für Ein- und Umsteiger

Das bhv Taschenbuch

bhv

Bibliografische Information Der Deutschen Nationalbibliothek
Die Deutsche Nationalbibliothek verzeichnet diese Publikation in der Deutschen Nationalbibliografie;
detaillierte bibliografische Daten sind im Internet über <http://dnb.d-nb.de> abrufbar.

Bei der Herstellung des Werkes haben wir uns zukunftsbewusst für umweltverträgliche und wiederverwertbare Materialien entschieden. Der Inhalt ist auf elementar chlorfreies Papier gedruckt.

Reihe: Das bhv Taschenbuch
Titel: OpenOffice 4.1.x für Ein- und Umsteiger
Autor: Jörg Schieb
Lektorat: Susanne Creutz
Satz: Petra Kleinwegen
Umschlagsgestaltung: LI HSIN TING

ISBN 9783828717077
1. Auflage 2018

www.bhv.de
E-Mail: info@bhv.de
Telefon: +49 2131 / 765-200
Telefax: +49 2131 / 765-299

© 2018 bhv Publishing GmbH

Dieses Werk, einschließlich aller seiner Teile, ist urheberrechtlich geschützt. Jede Verwertung außerhalb der engen Grenzen des Urheberrechtsgesetzes ist ohne Zustimmung des Verlages unzulässig und strafbar. Dies gilt insbesondere für Vervielfältigungen, Übersetzungen, Mikroverfilmungen und die Einspeicherung und Verarbeitung in elektronischen Systemen.

Die Wiedergabe von Gebrauchsnamen, Handelsnamen, Warenbezeichnungen usw. in diesem Werk berechtigt auch ohne besondere Kennzeichnung nicht zu der Annahme, dass solche Namen im Sinne der Warenzeichen- und Markenschutz-Gesetzgebung als frei zu betrachten wären und daher von jedermann benutzt werden dürften.

Inhalt

Einleitung **13**

Teil I
Leichter Einstieg **14**

1 Was ist OpenOffice? **15**

1.1 Kostenlose Office-Pakete im Überblick 17
    OpenOffice 17
    LibreOffice 18
    WPS Office 19
    Google Drive 20
1.2 OpenOffice und Microsoft Office im Vergleich 22
1.3 OpenOffice: ein Projekt mit langer Geschichte 32
1.4 LibreOffice oder OpenOffice? 34
1.5 Das verspricht OpenOffice 36
    Ein hochwertiges Produkt 36
    Einfach zu nutzen 37
    Die Software ist gratis 37

2 Wo bekommt man OpenOffice? **39**

2.1 OpenOffice Portable 40

3 Installieren und einrichten **42**

3.1 Systemvoraussetzungen 42
    Windows 42
    GNU/Linux 42
    OS X 43
    Java sollte installiert sein 43

3.2	OpenOffice installieren	46
	Windows	46
	OS X	51
	Linux	56
	Android	59
	iOS	60
3.3	OpenOffice starten	65
	Ohne Startbildschirm starten	67

Teil II
Tipps und Tricks 68

4	**Writer für Dokumente**	**69**
4.1	Einführung in Writer	69
	Dokument öffnen	72
	Hilfe anfordern: Welcher Button macht was?	73
4.2	Textfunktionen	74
	Autokorrektur-Vorschläge ein- und ausschalten	74
	Die Sache mit der automatischen Formatierung	75
	Blindtext einfügen	76
	Initialen einfügen	77
	Häkchen und andere Sonderzeichen einfügen	79
	3D-Schriften im WordArt-Stil erzeugen	80
	Sprechblasen wie im Comic einfügen	82
	Berechnungen machen, ohne Calc zu starten	84
	Inhaltsverzeichnis erzeugen	84
	Einträge im Inhaltsverzeichnis anklickbar machen	86

4.3	Formatierung	87
	Textformat auf andere Textstellen übertragen	87
	Hyperlinks entfernen	88
	Linien für Lückentexte einfacher ziehen	89
	Ganze Zeilen schneller unterstreichen	90
	Text in anderer Farbe unterstreichen	92
	Grafiken im Hintergrund bis zum Seitenrand anzeigen	93
	Randbemerkungen einfügen	96
	Wichtige Absätze nicht voneinander trennen	97
	Standardformate verwenden	99
	Textbereiche nicht drucken	101
	Eigene Farben für Text oder Hintergrund	103
	Standardschriftart ändern	104
	Standardvorlage in OpenOffice ändern	104
	Textbereiche schützen	106
4.4	Suchen & Ersetzen	108
	Formatvorlagen ersetzen	108
	Mit der Suchfunktion ähnliche Begriffe finden	109
	Überflüssige Leerzeilen löschen	111
	Doppelte Leerzeichen entfernen	112
	Nach verschiedenen Begriffen gleichzeitig suchen	114
	Suche mit Platzhaltern	115
4.5	Ansicht und Bedienung	116
	Das steckt im Navigator	116
	Bedingte Trennstriche einblenden	117
	Anzahl der Rückgängig-Schritte erhöhen	118
	Markierte Bereiche mit mehr Kontrast besser erkennbar machen	120
	Text ohne Formatierung einfügen	121
	Wörter und Absätze eines Dokuments zählen	122
4.6	Tastatur	123
	Absätze flott verschieben	123
	Lange Passagen eines Dokuments einfacher markieren	124
	Schnell zur soeben bearbeiteten Cursorposition zurückkehren	125
	Absätze und Zeichen schneller formatieren per Tastatur	126
	Liste mit allen Tastenkürzeln in Writer abrufen	128

4.7	Tabellen	129
	Verhindern, dass Writer Tabellentext als Zahl erkennt	129
	Über und unter einer Tabelle eine neue Zeile einfügen	130
	Tabelle per Maus an eine andere Stelle verschieben	131
	Neue Tabelle gleich in einem Rahmen anlegen	132
	Inhalt von Tabellenspalten über mehrere Seiten laufen lassen	133
4.8	Rechtschreibprüfung	135
	Wörter ins Benutzerwörterbuch eintragen	135
	Sprache festlegen, damit überhaupt geprüft wird	136
	Schlängellinien einfach ausblenden	137
4.9	Speichern	138
	Ganz einfach OpenOffice-Sicherungen anlegen	138
	Dokumente als PDF-Datei speichern	140
	Word-Vorlagen in Writer weiterverwenden	146
	Neues Dokument aus Vorlage erstellen	148
	Alle Bilder aus einem Dokument speichern	149
	Immer automatisch im Word-Format speichern	152
4.10	Seitenlayout	154
	Mehrere Seiten auf ein Blatt verkleinern	154
	Normseite einrichten	155
	Seiten automatisch durchnummerieren	157
	Broschüre ausdrucken	158
4.11	Zusammenarbeit	159
	Dokumente mit OpenOffice verkleinern	159
	Dokument per E-Mail senden	160
	Mit WordPad im OpenOffice-Format speichern	161
	RTF als universelles Textformat	162
4.12	Erweiterungen	162
	Nach Updates für Erweiterungen suchen	162
	Mit dem Dmaths-Tool mathematische Formeln optimieren	164
	PDF-Dateien in Writer öffnen und bearbeiten	165

5 Calc für Tabellen ... 166

5.1 Einführung in Calc ... 166
Daten eingeben ... 167
Die automatische Datentyp-Erkennung ... 169
Daten bearbeiten ... 172

5.2 Formeln ... 176
Sich auf Zellen beziehen ... 176
Relative und absolute Adressierung ... 177
Daten aus anderen Tabellen einbeziehen ... 179
Zellen einen Namen geben ... 180
Die kleinsten und größten Werte einer Tabelle ermitteln ... 181
Mit Formeln Texte bereinigen und säubern ... 182
Mit mathematischen Konstanten rechnen ... 183
Die Fehlermeldung #WERT! ausblenden ... 184
Formeln löschen und das Ergebnis behalten ... 186
Bewegliche Feiertage ausrechnen ... 188
Geldbeträge auf 5 Cent genau runden ... 188
Telefonnummern automatisch richtig trennen ... 190
Zeitangaben schnell umrechnen ... 191

5.3 Diagramme ... 192
Ein Diagramm erstellen ... 192
Weitere Elemente zum Diagramm hinzufügen ... 195
Hintergrund der Diagrammfläche anpassen ... 196

5.4 Layout ... 197
Zeilen und Spalten einer Tabelle vertauschen ... 197
Zellen mit bedingter Formatierung versehen ... 198
Zahlen und Formeln einfärben und optisch hervorheben ... 199

5.5	Tabellendaten schneller bearbeiten	200
	Nur Arbeitstage in einer Tabelle anzeigen	200
	Zahlenwerte mit einem Präfix oder Suffix versehen	202
	Leere Zeilen in Tabellen löschen	203
	Doppelte Zeilen entfernen	204
	Feste Vorzeichen für Zahlen verwenden	206
	Matrixrechnungen für schnelle Massenberechnungen	207
	Zahlen verketten und zusammenfügen	207
	Schnelle Dateneingabe	208
5.6	Calc einfacher bedienen	209
	Tricks mit der Seitenleiste	209
	Statusleiste	212
	Zellinhalte löschen ohne lästige Rückfragen	213
	Tastenbelegung fürs Löschen ändern	213
	Farbe von Tabellenblättern anpassen	214
	Calc-Fenster teilen	216
	Einzelne Zellen verschieben	217
	Liste mit allen Tastenkürzeln in Calc anzeigen	218
6	**Impress für Präsentationen**	**219**
6.1	Einführung in Impress	220
	Folien-Ansichten	222
	Ändern der Foliengröße und -ausrichtung	224
	Kürzel für die Tastatur herausfinden	225
6.2	Umgang mit Folien	225
	Aktive Folie auswählen	226
	Foliendesign auswählen	227
	Text und Formen einfügen	228
	Zusätzliche Objekte einfügen	229
	Linien, Pfeile und Formen	230
	Neue Folien hinzufügen	231
	Folien sortieren	232
	Folien ausblenden	233
	Text suchen und ersetzen	234

6.3	Design und Gestaltung	235
	Text und Formen anders aussehen lassen	235
	3D-Schriftzüge einfügen	237
	Fotos und andere Bilder einfügen	239
	Grafik zuschneiden	240
	Folienhintergrund ändern	242
	Sounds einfügen	242
	Sound für mehrere Folien im Hintergrund abspielen	243
	Tabellen einfügen und formatieren	244
	Der Trick mit den Fanglinien	246
	Raster zum Ausrichten verwenden	247
	Objekte animieren	248
	Folien überblenden	250
6.4	Wiedergabe der Präsentation	251
	Präsentation auf anderem Monitor abspielen	251
	Nur bestimmte Folien wiedergeben	251
	Angepasste Präsentation abspielen	253
6.5	Drucken und Weitergeben	254
	Folien drucken	254
	Als PDF speichern	255
	Präsentation komprimieren	256
7	**Draw für Zeichnungen**	**259**
7.1	Einführung in Draw	260
	Größe der Zeichenfläche festlegen	261
	Position von Objekten per Lineal ablesen	262
	Farben auswählen und definieren	263
	Eigene Farben und Paletten nutzen	264
7.2	Objekte genauer platzieren	265
	Der Trick mit dem Zoom	265
	Raster, Fanglinien und Hilfslinien	268

7.3	Formen zeichnen	270
	Gerade Linien	270
	Pfeile	272
	Rechtecke	273
	Ovale und Kreise	274
	Kreisbögen	275
	Kurven und Vielecke	279
	Freihand-Linien	283
	Weitere Formen	284
7.4	Tastatur-Tricks zum Zeichnen von Formen	285
7.5	Objekte auswählen	285
	Verdeckte Objekte auswählen	286
7.6	Objekte anordnen	287
7.7	Eigenschaften von Objekten ändern	289
	Liniendetails bearbeiten	292
	Füllung bearbeiten	292
7.8	Zeichnungen ausdrucken	293
7.9	Zeichnungen exportieren	295

8 Math für Formeln ... 298

8.1	Formeln beschreiben	299
8.2	Besondere Symbole einfügen	301
8.3	Darstellung der Formel ändern	302
8.4	Formel speichern	303

Index ... 305

Einleitung

Wer ein leistungsstarkes, aber einfach bedienbares Programm zum Bearbeiten von Dokumenten, Tabellen oder Präsentationen braucht, landet meist beim Marktführer Microsoft Office. Das liegt an der weiten Verbreitung und guten Einbindung in das meistgenutzte Betrivebssystem Windows. Doch es gibt eine Alternative, die Beachtung verdient: Apache OpenOffice. Und das Beste ist: OpenOffice kann völlig gratis genutzt werden.

Das Buch ist in zwei Teile gegliedert:

▶ In **Teil I** beleuchten wir, was OpenOffice eigentlich genau ist. Welche Einzelprogramme stecken dahinter? Wie ist OpenOffice entstanden? Wo kann man die Software herunterladen und auf dem eigenen Desktop-Computer oder Mobilgerät einrichten?

▶ **Teil II** wirft einen Detailblick auf die einzelnen Teilprogramme von OpenOffice und gibt dem Leser hilfreiche Tipps und Tricks, mit denen die tägliche Arbeit mit dem Büroprogramm leichter von der Hand geht.

Hier einige Hinweise zur Nutzung dieses Buchs:

▶ Wenn eine Taste oder ein Tastenkürzel zu drücken ist, wird dies in Tastenkappen geschrieben, etwa so: `Win` + `R`.

▶ Ist etwas einzutippen, wird dies wie in diesem `Beispiel` kenntlich gemacht.

▶ Tipp-Kästen bieten tiefergehende Infos.

▶ Web-Kästen führen zu weiteren Informationen und Downloads im Internet.

Viel Spaß und guten Erfolg mit OpenOffice wünscht

Jörg Schieb

Teil I
Leichter Einstieg

Im ersten Teil dieses Buchs stellen wir OpenOffice und seine Bestandteile vor. Auch findet man hier detaillierte Schritt-für-Schritt-Anleitungen, wie man OpenOffice auf seinem Desktop-Computer oder mobilen Gerät installiert und einrichtet.

1 Was ist OpenOffice?

Was ist OpenOffice eigentlich? Welche Programme sind enthalten? Und wie schlägt sich OpenOffice im Vergleich zu Microsoft Office und LibreOffice?

Bei Apache OpenOffice, kurz AOO, handelt es sich um eine quelloffene Office-Suite. Das Projekt ging aus dem namensähnlichen OpenOffice.org hervor und beinhaltet Funktionen und Verbesserungen aus IBM Lotus Symphony. Apache OpenOffice ist eng mit LibreOffice und NeoOffice verwandt.

Abbildung 1.1: Das Logo von Apache OpenOffice

Teilprogramme von OpenOffice

OpenOffice besteht aus sechs Programmteilen:

- der Textverarbeitung Writer,
- der Tabellenkalkulation Calc,
- dem Präsentationsprogramm Impress,
- dem Zeichenwerkzeug Draw,
- dem Formulareditor Math und
- der Datenbankverwaltung Base.

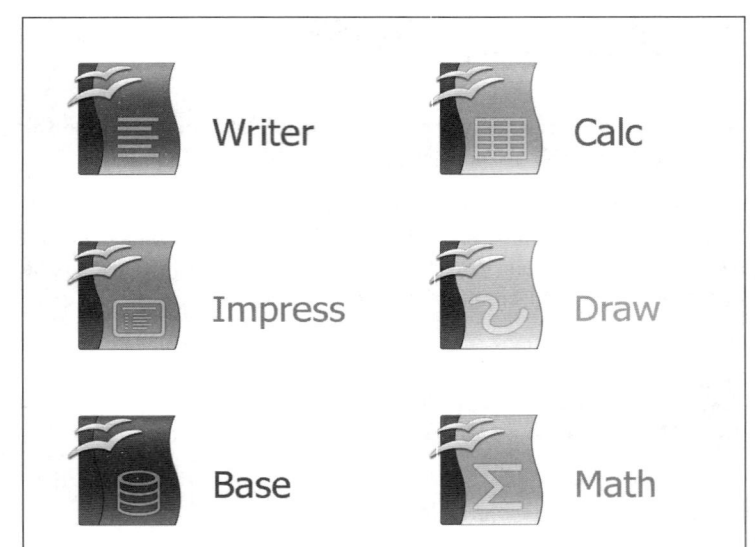

Abbildung 1.2: Die Logos der einzelnen Teilprogramm von OpenOffice

Dateiformat

Das Standardformat von Apache OpenOffice ist das OpenDocument-Format (ODF). Dieses Format wurde von der ISO standardisiert und bereits im Vorläufer OpenOffice.org genutzt. Darüber hinaus versteht OpenOffice sich auch auf das Lesen und Schreiben zahlreicher anderer Dateiformate, von denen besonders die Microsoft-Office-Formate hervorzuheben sind.

Betriebssysteme

Apache OpenOffice steht für Windows-, Linux- und Mac-Rechner zur Verfügung. Außerdem haben verschiedene Programmierer das Projekt für mobile Plattformen angepasst, etwa für Android.

Lizenz und Bedingungen

OpenOffice steht unter der Apache-Lizenz. Die Nutzung von OpenOffice ist daher an folgende Bedingungen geknüpft:

- OpenOffice darf in jedem Umfeld – ob privat, kommerziell oder gemeinnützig – kostenlos verwendet, verändert und verteilt werden.
- Beim Verteilen muss man den Text der Apache-Lizenz beilegen. Man muss darauf hinweisen, dass OpenOffice unter der Apache-Lizenz steht und dass diese von der Apache Software Foundation stammt.
- Passt man OpenOffice an die eigenen Bedürfnisse an und ändert dazu den Quelltext, muss man die geänderten Dateien nicht an den Herausgeber der Software zurückschicken.
- Erstellt man Unterprogramme, die OpenOffice oder Teile davon nutzen, muss man diese Programme nicht unter die Apache-Lizenz stellen.

1.1 Kostenlose Office-Pakete im Überblick

Inzwischen gibt es zahlreiche Office-Suiten, die kostenlos nutzbar sind. Jedes Programm hat seine Vor- und Nachteile. Hier ein kurzer Überblick über einige der bekanntesten Office-Pakete:

OpenOffice

Vorteile

- Programme zum Bearbeiten von Textdokumenten, Tabellen und Präsentationen sowie zur Verwaltung von Datenbanken
- Kostenlos und quelloffen (Open Source): lizenziert unter der Apache-Lizenz
- Vielsprachig: OpenOffice gibt es in mehr als 170 Sprachen
- Plattformübergreifend: Windows, Linux, Mac

Nachteile

- Offizielle Dokumentation ist sehr technisch und schwierig zu verstehen

Abbildung 1.3: OpenOffice beim Start

LibreOffice

Vorteile

- Viele Teilprogramme für Dokumente, Tabellen, Präsentationen und Datenbanken
- Ebenfalls quelloffen, lizenziert unter der LGPL Version 3
- Läuft unter Windows und Linux sowie auf dem Mac
- Große Anzahl Nutzer
- Mehrsprachig: mehr als 110 Sprachen werden unterstützt
- Schriften können zur problemlosen Darstellung auf anderen Computern in Dokumente eingebettet werden

Nachteile

- ▶ Probleme bei der Zusammenarbeit von mehreren Benutzern an einem einzigen Dokument: Änderungen können nur schwierig verfolgt werden, da sowohl geänderter als auch gelöschter Text angezeigt wird. Kommentare lassen sich nicht drucken. Änderungen können nicht angenommen oder verworfen werden.

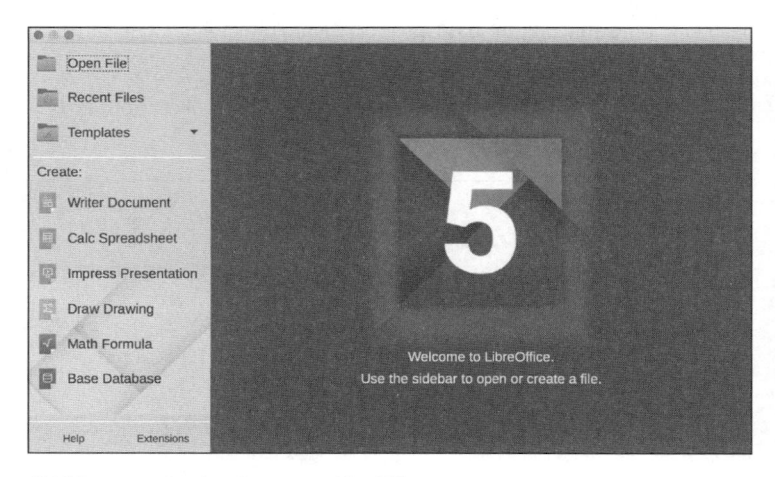

Abbildung 1.4: Das Startfenster von LibreOffice

WPS Office

Vorteile

- ▶ Ausgezeichnete Kompatibilität zu Microsoft Office
- ▶ Einziges für Linux geeignetes Office-Programm, das eine Menüband-Navigation anbietet (optional abschaltbar)
- ▶ Mehrere Dokumente werden als Tabs in einem einzigen Fenster geöffnet
- ▶ Mehr als 40 Sprachen

- Automatische Sicherungskopie beim Bearbeiten, um Datenverlust zu vermeiden
- Verfügbar für Windows, Linux, iOS und Android
- Dateien lassen sich verschlüsseln und per Kennwort sichern

Nachteile

- Keine Unterstützung für das OpenDocument-Format von LibreOffice und OpenOffice
- Nur grundlegende Office-Programme an Bord: Datenbanken, Notizen, Grafiken und Ähnliches können nicht verwaltet werden

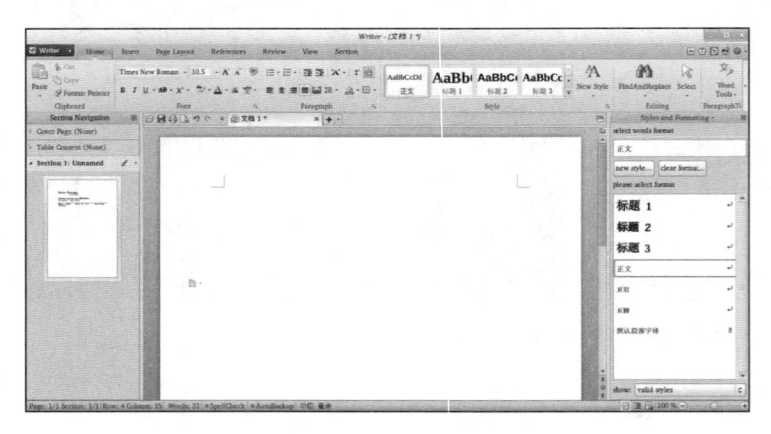

Abbildung 1.5: WPS Office erinnert stark an Microsoft Office

Google Drive

Vorteile

- Dateifreigabe und gemeinsames Bearbeiten in Echtzeit: Zugriff auf Dokumente und Tabellen ist live per Browser mit und ohne Google-Konto möglich

- Cloudbasiert, daher keine Installation nötig, alle Dateien werden automatisch zwischen allen genutzten Geräten synchronisiert
- Einfache Bedienung dank Beschränkung auf grundlegende Funktionen
- Mit anderen Google-Diensten integriert: Inhalte lassen sich etwa in einem Rutsch in Drive und Gmail suchen
- Dateiversionen: einfacher Zugriff auf vorherige Versionen eines Dokuments oder einer Tabelle
- 15 Gigabyte kostenloser Onlinespeicher
- Mit Chrome-Apps von Drittanbietern erweiterbar
- Automatische Übersetzungsfunktion für Text in einem Dokument

Nachteile

- Keine Desktop-App für Linux-Nutzer
- Öffentlich geteilte Ordner lassen sich nicht per Kennwort sichern
- Alternativen bieten mehr Funktionen für Fortgeschrittene und Profis

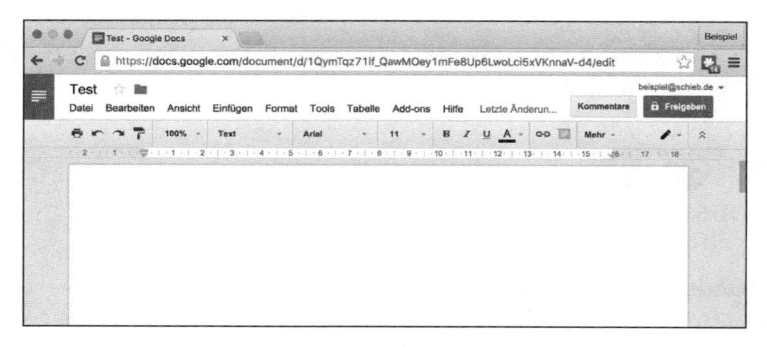

Abbildung 1.6: Google Drive: Bearbeiten von Dokumenten direkt in der Cloud

1.2 OpenOffice und Microsoft Office im Vergleich

Macht es Sinn, Microsoft Office gegen OpenOffice auszutauschen? Wie unterscheiden sich die beiden Software-Pakete und was haben sie gemeinsam?

Die Philosophie dahinter

Bevor wir uns im Einzelnen den Funktionen von OpenOffice und Microsoft Office zuwenden, treten wir einen Schritt zurück und überlegen, welche grundsätzlichen Ideen hinter den Büro-Paketen stecken – und wie diese Ideen sich darauf auswirken, welche Software wir schließlich nutzen.

Bei einem kommerziell lizenzierten Programmpaket wie Microsoft Office wird das Produkt von einer einzelnen Firma entwickelt. Die durch verkaufte Lizenzen erzielten Umsätze helfen beim Testen und Entwickeln des Produkts, werden aber auch für Werbung, Personalkosten und Dividende der Aktionäre verwendet. Bei Open-Source-Software wie OpenOffice ist das anders. Hier wird das Produkt von vielen Einzelnen gemeinschaftlich entwickelt und jeder kann den Quelltext und das Endprodukt verwenden, weiterverbreiten, anpassen oder verbessern – alles kostenlos.

Abbildung 1.7: Das Logo der Open Source Initiative

Die Open-Source-Philosophie ist nicht nur auf Software beschränkt. Dahinter steht vielmehr der Grundgedanke, dass Informationen frei zugänglich sein sollten. Andere sind hingegen der Ansicht, dass das Bezahlmodell von proprietären Programmen eher dem Erfindergeist und der Innovation dient.

Kostenpunkt Programm

Open-Source-Programme sind oft kostenlos verfügbar. OpenOffice muss man also nicht bezahlen – und wer mag keine Geschenke? Allerdings stehen auch verschiedene Microsoft-Office-Versionen bestimmten Nutzergruppen gegen eine geringe Gebühr zur Verfügung, oft für einen Bruchteil des Normalpreises.

Kostenpunkt Updates

Updates für Open-Source-Programme sind ebenfalls gratis. So kann man seine OpenOffice-Installation immer kostenlos auf dem neuesten Stand halten. Das gilt für Microsoft-Updates nicht immer. Zu beachten ist aber, dass manche Microsoft-Lizenzen eine sogenannte Update-Garantie beinhalten (Software Assurance). Dann kann man neuere Programmversionen ohne zusätzliche Kosten beziehen.

Quelltext leicht anpassbar

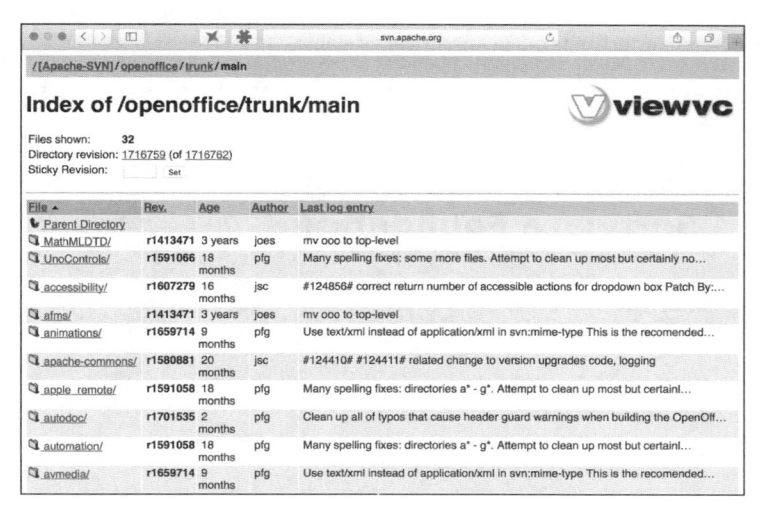

Abbildung 1.8: Der Quelltext von Apache OpenOffice ist öffentlich

Bei Open-Source-Produkten, wie im Fall von OpenOffice, steht nicht nur die fertige Endversion des Programms zur Nutzung bereit, sondern auch der zugehörige Quelltext, den die Programmierer geschrieben haben. Jeder, der sich dafür interessiert, kann OpenOffice in Ruhe studieren und an die eigenen Wünsche anpassen. Man kann das Programm zum Beispiel verbessern oder etwas ganz Neues damit erschaffen, um die Änderungen dann selbst für andere zu veröffentlichen. Wem das wichtig ist, dem kann Microsoft nichts Vergleichbares bieten, denn hier bleibt der Quelltext hinter verschlossenen Servern.

Firma hinter dem Produkt

Bei kommerziell lizenzierter Software hat der Nutzer allerdings die Sicherheit einer Firma, die dahintersteht. Microsoft ist auf den Verkauf von Office und anderer Software angewiesen, um Gewinn zu machen. Und der Verkauf wird gefördert, wenn die Nutzer gut unterstützt werden: durch Funktionen, Kundendienst bei Problemen und eine einfach nutzbare Oberfläche. So wird Microsoft Office für Nutzer attraktiv und wettbewerbsfähig. Nicht umsonst verfügt Microsoft über jede Menge talentierter Entwickler und hat eine stabile Plattform und perfektionierte Benutzeroberflächen erstellt. Und mit dem Erfolg von Microsoft Office kam auch eine große Anzahl Nutzer einher.

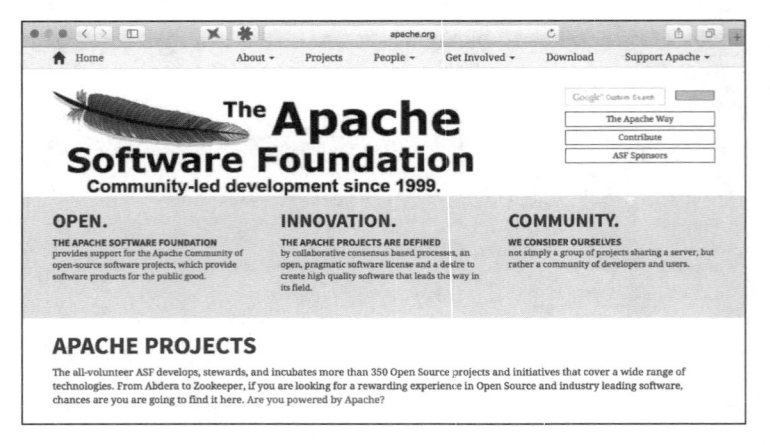

Abbildung 1.9: Hinter OpenOffice steht die Apache Software Foundation

Auf der anderen Seite stehen OpenOffice und die Apache Software Foundation, eine Stiftung, die sich der Weiterentwicklung freier Software verschrieben hat.

Hier sind die Mandate allerdings nicht so klar erkennbar wie bei Microsoft; hier stehen oft Techniker und Programmierer dahinter und weniger die Designer. Deswegen erscheint OpenOffice manchmal weniger schick und hat eine im Vergleich zu Microsoft Office nur eingeschränkte Dokumentation.

Mehr als nur die Firma

Bei Open Source hängt das Produkt nicht von der Firma ab. Da der Quelltext für jedermann verfügbar ist, würde das Projekt selbst dann weiterlaufen, wenn die jetzigen Entwickler und die Apache Software Foundation nicht mehr dahinterstehen würden.

Quelloffene Standards

Freie Software verwendet meist offene Standards. Die Haus-Dateiformate von OpenOffice, OpenDocument genannt, richten sich nach allgemein anerkannten und von jedermann einsehbaren Standards. (OpenOffice versteht sich zwar auch auf das Lesen und Schreiben von Microsoft-Dateien wie *.doc* und *.docx* bei Word sowie *.xlsx* und *.xls* bei Excel, diese sind aber nicht als Standard hinterlegt.) Somit ist jedes Programm, das diesen OpenDocument-Standard unterstützt, in der Lage, OpenOffice-Dokumente zu lesen und zu schreiben.

Nutzbarkeit und Oberfläche

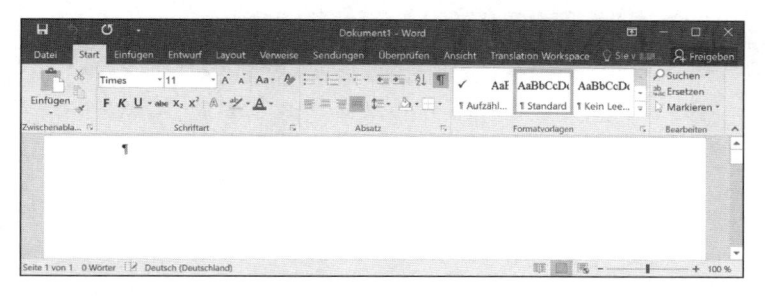

Abbildung 1.10: Das Menüband in Word 2016

Microsoft Office ist aus heutigen Büros quasi nicht mehr wegzudenken. Damit wird die zugehörige Oberfläche zum De-facto-Standard dafür, wie Office-Suiten arbeiten. Allerdings haben sich viele Anwender auch nach Jahren noch immer nicht wirklich an das Menüband, das Microsoft Office seit Version 2007 anzeigt, und die damit geänderte Benutzerführung gewöhnt.

Auch in Office 2010, 2013 und 2016 gibt es das Menüband weiterhin, hier wurde es nur geringfügig geändert. Nennenswerte Verbesserungen sind unter anderem das wieder eingeführte Datei-Menü links in der Symbolleiste, womit der Nutzer es einfacher hat, Dokumente zu öffnen, zu speichern und auszudrucken. Die Oberfläche von Office wirkt modern, aufgeräumt und schlank.

Im Gegensatz dazu erinnert die Benutzeroberfläche von OpenOffice stark an das Aussehen von Office 2003. Das ist nicht zwangsläufig schlecht: Wer jemals früher Word oder Excel 2003 im Einsatz hatte, der fühlt sich in Writer und Calc sofort zu Hause. Hier fallen die Unterschiede wesentlich kleiner aus als beim Umstieg auf eine Office-Version mit Menüband. Das führt dazu, dass viele Nutzer die Bedienerführung von OpenOffice leichter erlernen können als aktuelle Microsoft-Office-Versionen.

Zusammenfassend kann man sagen: OpenOffice ist sehr funktionell eingerichtet, sieht aber nicht so schick aus wie Microsoft Office.

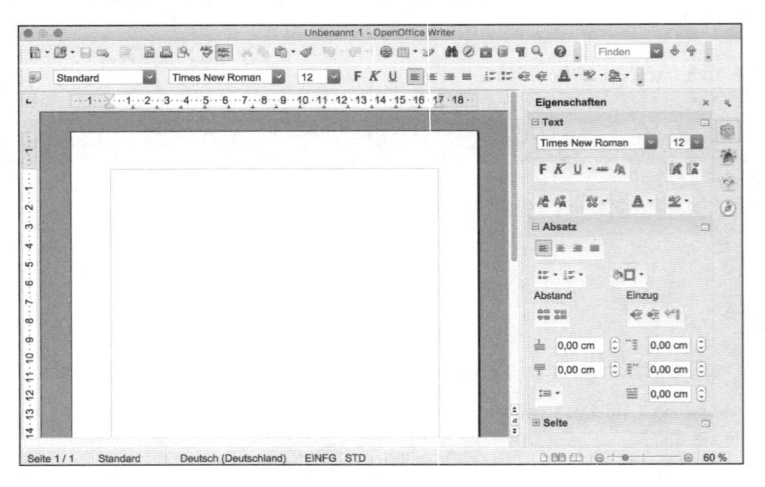

Abbildung 1.11: Die Symbolleisten in OpenOffice Writer 4.1.x

Erweiterte Funktionen

Einige der Funktionen für Fortgeschrittene unterscheiden sich mehr als die grundlegenden Features. Beispielsweise gibt es gravierende Unterschiede in der Auswahl der Vorlagen, die dem Nutzer zur Erstellung eigener Dokumente, Tabellen und Präsentationen bereitstehen. Wer sich bisher immer auf vorgefertigte Layouts verlassen konnte, muss sich also mitunter etwas umgewöhnen – oder sich eine passende Vorlage nach eigenem Geschmack selbst zusammenbauen.

Erforderliches System

Sowohl OpenOffice als auch Microsoft Office laufen gut auf jeder Generation halbwegs aktueller Computer. Bei Linux-Systemen ist OpenOffice allerdings klar im Vorteil: Microsoft bietet derzeit (Stand: Dezember 2015) keine Office-Version für das freie Betriebssystem und seine Distributionen an. Wer also einen etwas älteren Computer im Einsatz hat, fährt mit Linux und OpenOffice sicher gut.

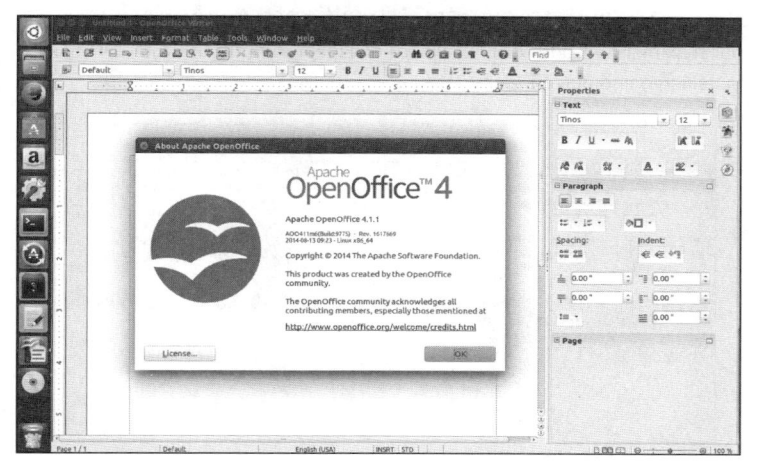

Abbildung 1.12: OpenOffice läuft auch in Linux problemlos

Kundendienst

Für Microsoft Office gibt es mehr Support, als man überhaupt in Anspruch nehmen kann: Neben dem offiziellen Support durch Microsoft gibt es auch autorisierten Kundendienst von Lizenznehmern und professionellen Call-Centern und in Dutzenden von Büchern und auf unzähligen Websites findet man Tipps und Tricks zum Anpassen, Einstellen und Verwenden von Office-Programmen. Der Support für OpenOffice kommt eher aus der Gemeinschaft seiner Nutzer und steht generell kostenlos zur Verfügung; die zugehörige Dokumentation und diverse Diskussionsforen werden von Freiwilligen gefördert.

Anzahl der Installationen

Die Apache-Lizenz, unter der OpenOffice steht, macht keine Beschränkungen bezüglich der Anzahl der Computer, auf denen man das Programm installieren darf. So kann der Nutzer OpenOffice auf unbegrenzt vielen Systemen im Büro, zu Hause und bei Freunden oder Partner-Organisationen installieren.

Hat man eine Lizenz für Office 2016 oder Office 365, darf man diese hingegen auf maximal fünf oder gar nur einem einzigen Computer und mobilen Gerät installieren und nutzen.

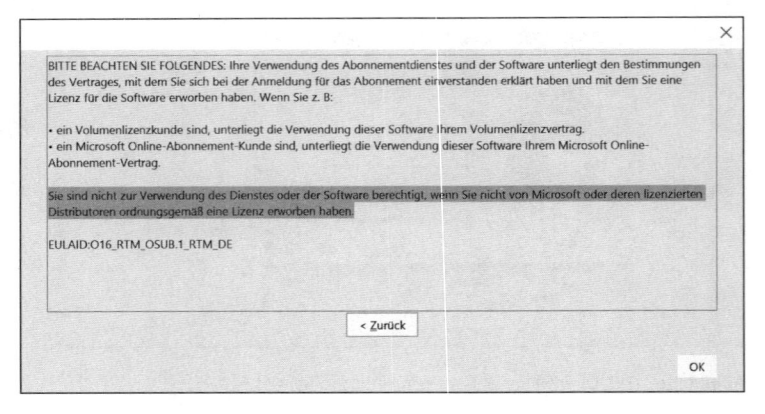

Abbildung 1.13: Ein genauer Blick in die Microsoft-Office-Lizenz ist sinnvoll

Teilen von Dokumenten

Kurz gesagt: Sowohl Microsoft Office als auch OpenOffice können Dateien erstellen, die von anderen gelesen werden können. Dabei gibt es allerdings einige Punkte, die man beachten sollte:

Im Fall von Microsoft Office hat Microsoft vor einigen Versionen neue Dateiformate (mit einem „x" am Ende der Dateiendung) eingeführt. Verwendet jemand noch das alte Office 2003 oder noch ältere Versionen, wird er beim Öffnen der neueren Office-Dateien Probleme haben.

OpenOffice verwendet offene Standards für die eigenen Dateien, versteht sich allerdings auch auf das Lesen und Schreiben von Dateien im Microsoft-Office-XML-Format. Man kann sogar einstellen, dass OpenOffice automatisch standardmäßig das Format von Microsoft Office nutzen soll. Das OpenOffice-Team hat viel Arbeit investiert, um sicherzustellen, dass Nutzer von Writer, Calc und Impress Dokumente mit Microsoft-Nutzern teilen können – und das klappt bis auf wenige Ausnahmen auch ganz gut.

> **Tipp**
>
> Enthält ein Word-Dokument viele unterschiedliche Formate wie Spalten, Kopfzeilen und eingebettete Bilder, wird die Datei in OpenOffice Writer vermutlich mit kleineren Formatierungsfehlern angezeigt, die man dann manuell korrigieren muss. Das stellt für ein oder zwei Dokumente wohl kein Problem dar, könnte bei einer ganzen Sammlung von Vorlagen oder sonstigen Dokumenten aber ein Zeiträuber sein.

> **Tipp**
>
> Interessanterweise ist OpenOffice in der Lage, wesentlich ältere Versionen von Microsoft-Office-Dateien zu öffnen als Office selbst. Außerdem stellen auch teilweise beschädigte Dokumente meist kein Problem dar. Allein schon aus diesem Grund lohnt es sich, OpenOffice installiert zu haben.

Remotezugriff

Microsoft Office enthält auch gute Werkzeuge zur Zusammenarbeit mit anderen über das Web. Man kann jedes Office-Dokument im Microsoft-Cloudspeicher OneDrive speichern und anschließend über die Office Web Apps darauf zugreifen. Außerdem ist sogar die gleichzeitige Bearbeitung desselben Dokuments von mehreren Personen in Echtzeit möglich.

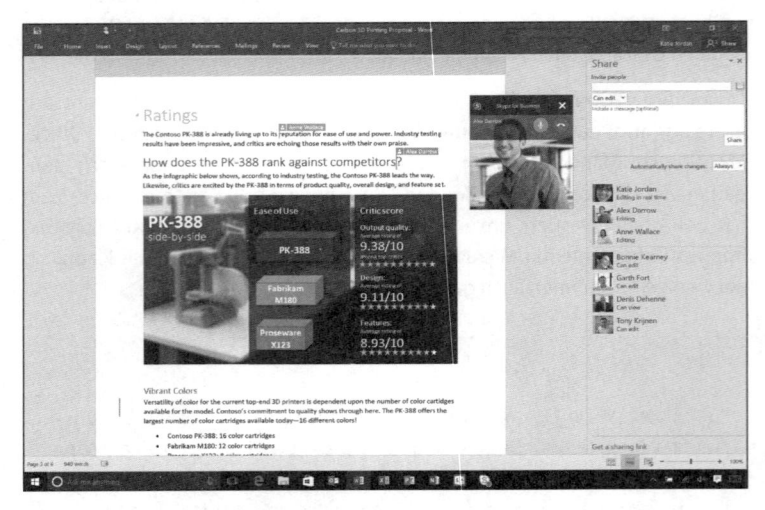

Abbildung 1.14: Word-Dokumente mit mehreren Personen in Echtzeit bearbeiten

In OpenOffice sucht man solche Funktionen für die Zusammenarbeit vergeblich, denn die Software arbeitet weiterhin als reines Ein-Benutzer-Programm. Klar, man kann Dateien einfach per E-Mail an sich selbst oder Kollegen senden, doch ein direktes Bearbeiten im Internet oder gar ein gleichzeitiges Arbeiten mit mehreren Personen über das Web ist nicht möglich.

Sicherheit

Sowohl OpenOffice als auch Microsoft Office sind abgesichert, vorausgesetzt, man folgt dem Standardvorgehen für Sicherheit: Updates und Patches installieren, sobald sie erscheinen, Firewall, Antivirusprogramm und Antispyware aktuell halten und so weiter. Allerdings ist der Umgang mit Sicherheitslücken gänzlich anders: Bei OpenOffice werden sie bekannt und können prompt geschlossen werden, Microsoft behält die Fehler lieber für sich und veröffentlicht einfach einen nur unscharf beschriebenen Fix.

E-Mail

Für viele Nutzer ist einer der großen Vorteile von Microsoft Office die Einbindung von Outlook, eines E-Mail- und Kalender-Programms. Damit können Office-Dokumente nicht nur direkt aus Word, Excel und Co. versendet werden, sondern sie lassen sich auch direkt in Outlook als Vorschau anzeigen, ohne dass man das jeweilige Programm zuerst öffnen müsste.

Andererseits unterstützt OpenOffice zwar das Senden von Dokumenten per E-Mail, jedoch nicht die Ansicht als Vorschau.

Weitere Funktionen im Vergleich

- ▶ **Grammatik-Prüfung:** Microsoft Word hat ein eingebautes Grammatik-Prüftool. Die OpenOffice-Gemeinschaft bietet zwar einige Erweiterungen an, mit denen sich eine Grammatik-Prüfung auch in Writer nachrüsten lässt, doch diese sind meist nicht so ausgebaut wie bei Word.

- ▶ **Ansichts-Optionen:** In OpenOffice Writer hat der Nutzer die Wahl zwischen dem normalen Seitenlayout und der Webansicht – in der allerdings nicht alle Formate der Druckversion sichtbar sind. In Word gibt es darüber hinaus noch weitere Ansichten, wie etwa die Möglichkeit, Kopf- und Fußzeilen auszublenden, sodass das Dokument zwar im Drucklayout angezeigt wird, man den Text aber in einem fort bearbeiten kann.

- ▶ **Bedingte Formatierung:** Sowohl OpenOffice Calc als auch Microsoft Excel bieten bedingte Formatierungen an. Dabei handelt es sich um die Möglichkeit, je nach Inhalt einer Tabellenzelle eine bestimmte Text- oder Hintergrundfarbe anzuwenden, um den Wert besonders hervorzuheben. Allerdings bietet die Microsoft-Variante deutlich mehr Kontrolle und Optionen für bedingte Formatierungen.

1.3 OpenOffice: ein Projekt mit langer Geschichte

Der Anfang bei Star Division

OpenOffice ist aus StarOffice hervorgegangen, einem proprietären Office-Paket, das ab 1985 (ja, schon vor über 30 Jahren und damit genauso alt wie Windows) von der deutschen Firma Star Division aus Lüneburg entwickelt wurde. Ihr Gründer Marco Börries war damals nur 16 Jahre alt und hatte sich vorgenommen, die „beste Software der Welt" zu schreiben. Binnen weniger Jahre hatte StarOffice einen Marktanteil von stolzen 25 Prozent und nebenbei wurde Marco zum Millionär. Im August 1999 wurde Star Division dann von Sun Microsystems aufgekauft – für knapp 60 Millionen US-Dollar. Der Grund? Die Firma Star Division und damit auch die Rechte an StarOffice zu kaufen, war für Sun günstiger, als Microsoft-Office-Lizenzen für 42.000 Mitarbeiter zu beschaffen ...

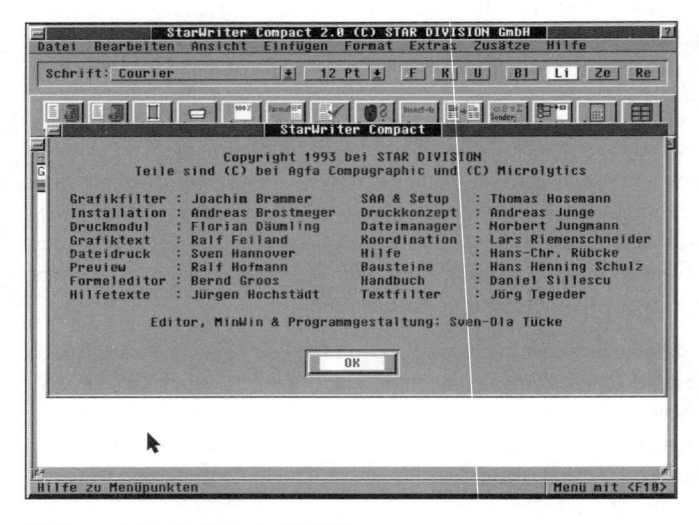

Abbildung 1.15: StarWriter in MS-DOS[1]

---

[1] Bildquelle: von Masterhit (eigenes Werk) [CC BY-SA 3.0 (http://creativecommons.org/licenses/by-sa/3.0)], via Wikimedia Commons

Aus StarOffice wird OpenOffice.org

Am 19. Juli 2000 kündigte Sun dann auf der Entwickler-Konferenz OSCON an, man werde den Quelltext von StarOffice zum kostenlosen Download anbieten – mit dem Ziel, dass sich eine Community aus Open-Source-Entwicklern rund um die Software sammelt, und um eine freie und kostenlose Alternative zu Microsoft Office anzubieten. Das neue Projekt wurde unter dem Namen OpenOffice.org bekannt. OpenOffice.org 1.0 wurde schließlich im Frühjahr 2002 freigegeben.

Zeiten des Umbruchs bei Oracle

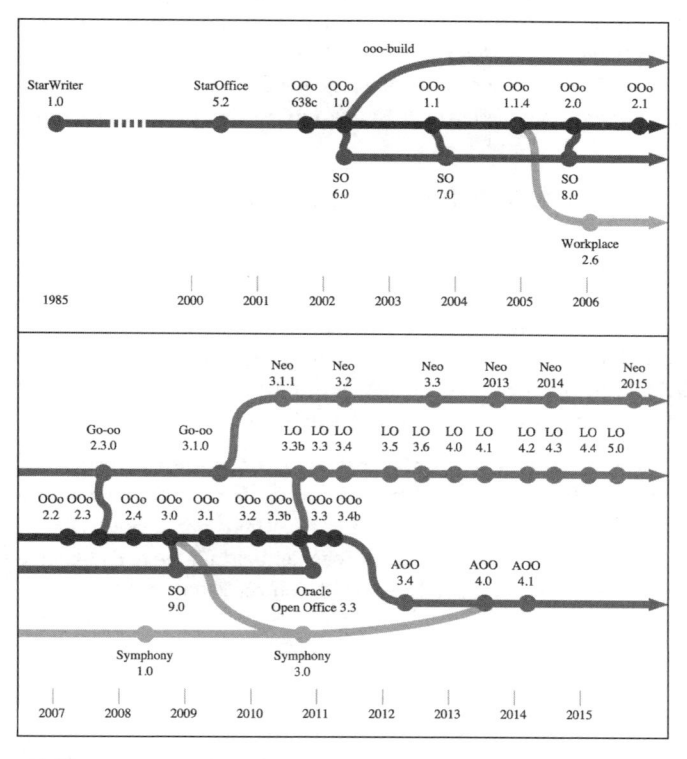

Abbildung 1.16: Die Versionsgeschichte von OpenOffice

Im Jahr 2011 wurde Sun Microsystems vom Datenbank-Spezialisten Oracle aufgekauft. In diesem Zuge wurde das proprietäre StarOffice-Paket (nicht etwa das daraus entstandene OpenOffice.org!) in Oracle Open Office umbenannt und später eingestellt. Die meisten Freiwilligen außerhalb von Oracle, die unter anderem an Go-oo, einem Verbesserungsprojekt für viele Linux-Varianten, mitgewirkt hatten, verließen daraufhin OpenOffice.org. Sie kopierten den Quelltext von OpenOffice.org und starteten ein alternatives Projekt, das auf den Namen LibreOffice hört. Später stellten die meisten Linux-Distributoren das mitgelieferte Office-Paket auf LibreOffice um.

Im Juni 2011 übergab Oracle die Markenrechte schließlich an die Apache Software Foundation, eine gemeinnützige Stiftung, die sich seitdem um die Betreuung und Weiterentwicklung von OpenOffice kümmert. Außerdem übergab Oracle Quellcode aus eigenem Besitz an Apache, sodass er unter die Apache-Lizenz gestellt wurde. Aus diesem Code ist Apache OpenOffice hervorgegangen.

1.4 LibreOffice oder OpenOffice?

Unterschiede

Sowohl LibreOffice als auch OpenOffice lassen sich kostenlos für Windows, Linux und Mac herunterladen. Beide Office-Suiten enthalten die gleichen Programme für Textverarbeitung, Tabellen, Präsentationen und Datenbanken. Beide Projekte teilen sich den Großteil ihres Quellcodes und haben eine ähnliche Benutzeroberfläche sowie einen vergleichbaren Funktionsumfang.

Natürlich sieht beispielsweise OpenOffice Writer nicht genauso aus wie in LibreOffice. Neben einem geänderten Standard-Design findet sich in OpenOffice zum Beispiel eine ganze Seitenleiste, die in LibreOffice normalerweise nicht direkt beim Öffnen angezeigt wird. Diese Seitenleiste ist für breite Bildschirme gedacht, auf denen man horizontal mehr Fläche nutzen kann.

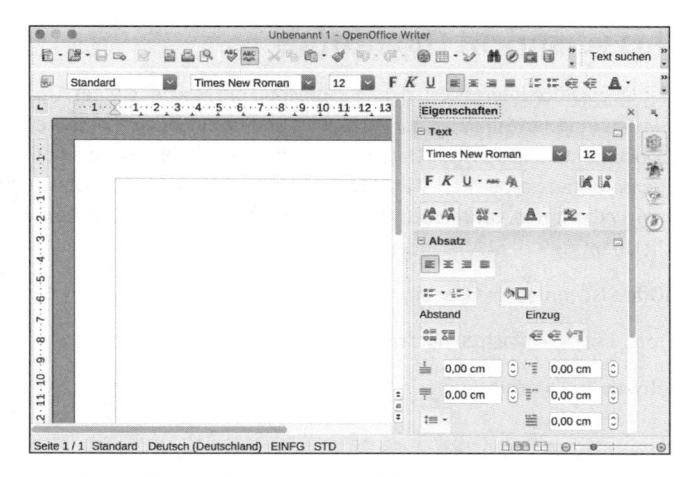

Abbildung 1.17: Die Seitenleiste in OpenOffice Writer

Beispiel Statusleiste

Ein Blick in die Statusleiste von LibreOffice verrät: Hier zählt das Programm die Wörter automatisch mit. In OpenOffice muss man dazu auf *Extras / Wörter zählen* klicken. Eingebettete Schriften sind ebenfalls eine Sonderfunktion von LibreOffice Writer, die sich dort per Klick auf *Datei / Eigenschaften* unter dem Tab *Schrift* einschalten lässt. Durch das Einbetten einer Schrift wird sichergestellt, dass das Dokument auf jedem System gleich aussieht, selbst wenn der Computer die jeweilige Schrift nicht installiert hat. In OpenOffice fehlt diese Funktion.

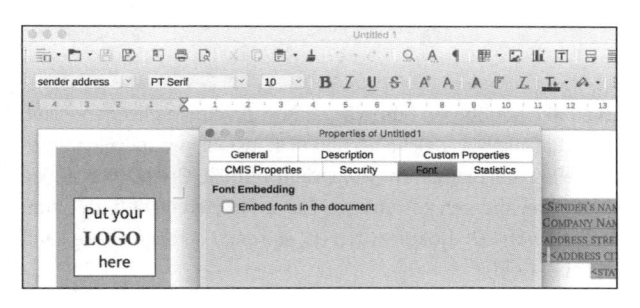

Abbildung 1.18: Schriften einbetten in LibreOffice Writer

1.4 LibreOffice oder OpenOffice?   35

1.5 Das verspricht OpenOffice

Wer sich für OpenOffice interessiert, dem versprechen die Macher einiges. Das Programm steht in vielen Sprachen zur Verfügung und ist auf jedem Computer lauffähig. Dokumente und sonstige Daten werden in einem internationalen offenen Standardformat gespeichert. Auch das Lesen und Schreiben von Dateien aus anderen verbreiteten Office-Software-Paketen ist möglich. Drei Versprechen macht OpenOffice dem Anwender:

▶ OpenOffice ist von hoher Qualität.

▶ Das Programm ist einfach zu nutzen.

▶ Die Software ist kostenlos.

Ein hochwertiges Produkt

Apache OpenOffice ist das Ergebnis von über 20 Jahren Softwareentwicklung. Von Anfang an hat man die Software als ein Gesamtprogramm entwickelt. So passen alle Einzelteile gut zusammen: Was der Nutzer sich in einer Anwendung an Wissen angeeignet hat, kann er in einem anderen Teilprogramm gleich weiter nutzen. Auch lässt sich jeder Dokumenttyp – ob Textdatei, Tabelle oder Präsentation – aus jedem Teilprogramm heraus öffnen. Zudem läuft OpenOffice auf sämtlichen verbreiteten Betriebssystemen:

▶ Windows

▶ GNU/Linux

▶ Sun Solaris

▶ OS X

OpenOffice enthält alle benötigten Büroprogramme ein einem einzigen Paket. Zudem gibt es kein Rätselraten, welche Version man installieren soll: Ein Setup-Programm bietet alles auf einmal an. Außerdem enthält OpenOffice einige Funktionen, die man bei anderen kostenlosen Office-Paketen nicht findet, zum Beispiel die Erstellung von PDF-Dokumenten (ja, stimmt: Microsoft Office kann das auch – kostet aber Geld).

Zur Erweiterung von OpenOffice hat der Nutzer Zugriff auf eine Erweiterungs-Galerie mit zusätzlichen Funktionen, die jeder Programmierer selbst bauen kann. Mehrmals pro Jahr gibt es neue Versionen von Apache OpenOffice, sodass man neue Features so schnell wie möglich nutzen kann.

Keine Geheimnisse

Apache OpenOffice wird nicht hinter verschlossenen Türen entwickelt, sondern als quelloffenes Gemeinschaftsprojekt ohne Geheimnisse. Jeder kann sich die Programme und ihren Quellcode näher ansehen und Vorschläge zur Verbesserung machen oder Fehler beheben. Jeder kann Probleme melden oder Änderungen anfragen und jeder kann sehen, was andere Nutzer und Entwickler davon halten. Über den Status der aktuellen und kommenden Versionen führt ein öffentliches Wiki Buch. Das sind nur einige der Vorteile von Open Source.

Einfach zu nutzen

Leicht zu installieren, leicht zu lernen – Apache OpenOffice ist eine einfache Wahl, wenn es um Office-Programme geht. Damit eignet sich OpenOffice auch gut für Neueinsteiger. Man findet sich aber auch gut zurecht, wenn man bisher ein anderes Office-Programm genutzt hat. Statt das Rad neu zu erfinden, greift OpenOffice auf das zurück, was man als Nutzer schon weiß und hat: bekannt aussehende Menüs und Dialogfelder sowie problemloser Zugriff auf bestehende Dateien.

Teil der Community

Wenn man etwas Neues ausprobiert, tut es gut, zu wissen, dass man nicht allein ist. Millionen Nutzer verwenden schon OpenOffice und fühlen sich damit wohl. So muss man auch kein Geld für Kundendienst ausgeben, denn man wird immer Freiwillige finden, die einem gern mit Rat und Tat zur Seite stehen, wenn es mal hakt oder man nicht weiterweiß. Gut möglich, dass man da auch schon mal mit einem der Entwickler oder Übersetzer von OpenOffice spricht, womöglich ohne es zu wissen. Willkommen in der Community!

Die Software ist gratis

Apache OpenOffice ist kostenlose Software. Das bedeutet, dass man es gratis herunterladen kann, kostenlos auf so vielen Computern installieren darf, wie man will, und Kopien ohne Lizenzkosten an beliebig viele Personen weitergeben darf. OpenOffice kann ohne Einschränkung für jeden beliebigen Zweck genutzt werden: privat, im Unterricht, im öffentlichen Dienst, geschäftlich ... alles ist und bleibt kostenlos.

Das kommt daher, dass Einzelpersonen und Firmen Zeit und Geld in OpenOffice investiert haben, damit man es kostenlos nutzen kann. Zudem hat der Nutzer durch die Apache-Lizenz die Sicherheit, dass einem diese Freiheit auch dauerhaft erhalten bleibt.

Keine Folgekosten

Eine kostenlose Softwarelizenz steht jedoch für viel mehr als bloß das Sparen von Anschaffungskosten. Es bedeutet auch, dass man sich keine Gedanken mehr machen muss, ob das eingesetzte Programm legal oder eine Raubkopie ist und ob die Lizenz irgendwann ausläuft und verlängert werden müsste. Das ist ein wichtiger Punkt, besonders wenn man eine ganze Anzahl PCs und/oder Macs betreut, egal ob in der Schule oder am Arbeitsplatz. Keine Rechnungen, kein Kleingedrucktes in irgendeinem Lizenzvertrag.

Freiheit für die Dateiformate

Außerdem lässt einem OpenOffice die Wahl, ob man sich für den ISO-Standard OpenDocument entscheidet oder bei den gewohnten Microsoft-Office-Formaten bleiben will. Wer OpenOffice nutzt und Dateien mit anderen Personen teilen oder auf anderen Geräten weiterbearbeiten will, kann dies ohne Probleme tun.

2 Wo bekommt man OpenOffice?

Um OpenOffice installieren zu können, muss man natürlich erst einmal wissen, wo man es bekommen kann. Wir stellen verschiedene Wege vor.

OpenOffice lässt sich direkt von der Website des Projekts herunterladen. Einfach zu folgender URL surfen: *http://www.openoffice.org/de/downloads/*.

Abbildung 2.1: Apache OpenOffice herunterladen

Dauert der Download zu lange oder bricht immer wieder ab, empfehle ich die Nutzung eines Download-Managers. Der kann unterbrochene Downloads nämlich an der Stelle fortsetzen, wo sie abgebrochen sind. Eine Übersicht über gängige Download-Manager findet sich ebenfalls auf der OpenOffice-Website unter der Adresse *http://www.openoffice.org/download/common/downloadtools.html*.

Um OpenOffice von der Website des Anbieters auf das eigene Gerät herunterzuladen, folgt man diesen Schritten:

1. Zunächst per Browser zu *www.openoffice.org/de/downloads* surfen.
2. Hier folgt die Auswahl des gewünschten Systems. Soll das Büro-Paket auf demselben Computer installiert werden, auf dem es heruntergeladen wird, ist das System meist schon richtig ausgewählt.
3. Jetzt auf den grünen Button *Herunterladen*: *Vollinstallation* klicken.
4. Nun heißt es warten, bis das Programm fertig heruntergeladen ist.

> **Web**
>
> Neben dem Download als Installationsdatei, die sich nach dem Herunterladen direkt ausführen und damit installieren lässt, gibt es von OpenOffice auch andere Varianten. Wer die Software etwa gern auf einem Datenträger hätte, kann eine CD im Internet bestellen (unter der Adresse *https://www.openoffice.org/de/about-ooo/about-cdrom.html*) und bekommt sie dann per Post zugeschickt. Das ist besonders dann empfehlenswert, wenn die eigene Internetverbindung zu lahm ist, um OpenOffice direkt und ohne Probleme herunterzuladen.

2.1 OpenOffice Portable

Statt eine CD zu bestellen, kann man das Setup auch einfach einmal aus dem Internet herunterladen und anschließend auf einem USB-Stick speichern. Den kann man dann an jeden Computer anschließen, auf dem Apache OpenOffice installiert werden soll. So ist OpenOffice bestens für den Einsatz unterwegs gerüstet.

So klein und schon ein Office-Paket: Die spezielle Version OpenOffice Portable wurde extra für USB-Sticks und andere portable Laufwerke entwickelt. Die Miniversion nimmt weniger als 850 MB in Anspruch und passt damit auf jeden USB-Stick. Nach der Installation stehen Textverarbeitung, Tabellenkalkulation, Präsentationsprogramm, Zeichenprogramm und Datenbank wie gewohnt zur

Verfügung – auf jedem PC. Einfach den USB-Stick einstöpseln und dort die gewünschte Anwendung starten – schon kann die Arbeit beginnen.

> **Web**
>
> OpenOffice Portable steht unter der Adresse *http://portableapps.com/de/apps/office/openoffice_portable* zum kostenlosen Herunterladen bereit.

Abbildung 2.2: Die portable Version von OpenOffice

3 Installieren und einrichten

OpenOffice zu installieren, ist ein Kinderspiel – egal, welches der unterstützten Systeme man verwendet. Welche Schritte sind nötig?

Hat man das Setup von OpenOffice einmal heruntergeladen oder den entsprechenden Datenträger angeschlossen, auf dem die Installationsdaten gespeichert sind, geht die eigentliche Installation der Software ohne weitere Probleme vonstatten. Nachfolgend finden sich detaillierte Schritt-für-Schritt-Anleitungen, wie man OpenOffice auf dem eigenen Computer installiert.

3.1 Systemvoraussetzungen

Um Apache OpenOffice 4.1 auf dem eigenen Computer einzuspielen, muss das Gerät über folgende Mindestvoraussetzungen verfügen:

Windows

- Windows XP, Windows Server 2003, Windows Server 2008, Windows Server 2012, Windows Vista, Windows 7, Windows 8, Windows 8.1, Windows 10 oder neuer
- Mindestens 256 MB Arbeitsspeicher (512 MB RAM empfohlen)
- Mindestens 650 MB freier Speicherplatz für eine Standardinstallation per Download. Nach der Installation und dem Löschen temporärer Dateien belegt Apache OpenOffice ca. 440 MB Speicherplatz auf dem Datenträger.
- Bildschirmauflösung von 1024 × 768 oder mehr Pixeln und mindestens 256 Farben (16,7 Millionen Farben, also 16-Bit Farbtiefe, empfohlen)

GNU/Linux

- Linux-Kernel 2.6 oder neuer, glibc2 Version 2.5 oder neuer
- Mindestens 256 MB Arbeitsspeicher (512 MB RAM empfohlen)

- 400 MB freier Speicherplatz
- X-Server mit einer Bildschirmauflösung von 1024 × 768 oder mehr Pixeln und mindestens 256 Farben (16,7 Millionen Farben empfohlen)

OS X

- OS X Lion (10.7) oder neuer
- Intel-Prozessor
- Mindestens 512 MB Arbeitsspeicher
- Bildschirmauflösung von 1024 × 768 oder mehr Pixeln und mindestens 16,7 Millionen Farben

Java sollte installiert sein

Damit man alle Funktionen von OpenOffice nutzen kann, wird Java benötigt. Die Java-Laufzeitumgebung (JRE) 1.5.x oder neuer muss installiert sein. Allerdings werden Oracle Java 1.6.x Patch-Stufe 45 oder Oracle Java 7 oder neuer oder – für Linux-Nutzer – OpenJDK 6 Build 27 oder OpenJDK 7 empfohlen.

Weshalb brauche ich Java?
Java wird hauptsächlich für die HSQLDB-Datenbank-Engine gebraucht sowie für Barrierefreiheit und Eingabehilfen. Außerdem setzen einige der Assistenten auf Java-Technologie.

Was bedeutet das?

Base (das Datenbank-Teilprogramm) verlässt sich komplett auf Java; die anderen Programm-Bestandteile (wie etwa Writer, Calc und Impress) brauchen Java nur für spezielle Funktionalitäten. Wer Base nicht verwendet und die Assistenten nicht nutzen will, muss zum Ausführen von Apache OpenOffice kein Java installiert und eingerichtet haben.

Wer die zugehörigen Hinweise in OpenOffice ganz abschalten will, deaktiviert die Java-Unterstützung am besten manuell. Dazu im Hauptmenü von OpenOffice auf *Extras / Einstellungen / OpenOffice / Java* (Windows) oder *OpenOffice /*

Einstellungen / OpenOffice / Java (OS X) klicken und hier den Haken bei *Eine Java-Laufzeitumgebung verwenden* entfernen.

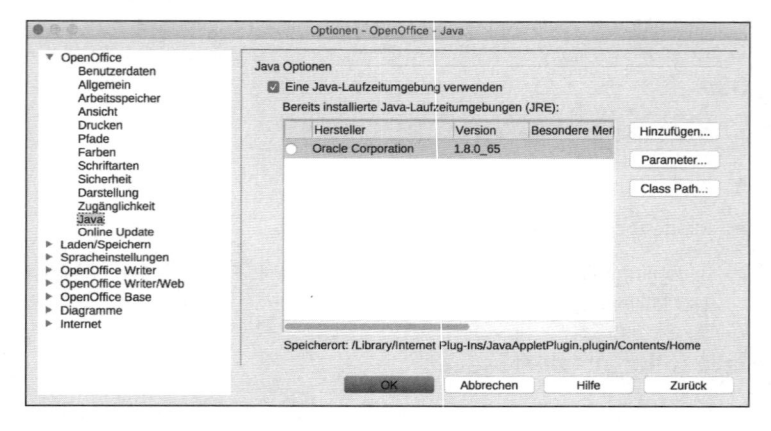

Abbildung 3.1: Java kann in den OpenOffice-Einstellungen deaktiviert werden

Tipp

Bei OpenOffice.org 3.3.0 und älter wurde die Java-Laufzeitumgebung mit dem Installationspaket mitgeliefert. Das ist seit Apache OpenOffice 3.4.0 und neuer nicht mehr der Fall.

Welche Java-Version brauche ich?

Die installierte JRE-Version (32 oder 64 Bit) muss zu der Architektur passen, in der man Apache OpenOffice heruntergeladen hat. Ist schon eine JRE im Standard-Pfad installiert, die von OpenOffice genutzt werden kann, erkennt das Büro-Paket diese Installation und schlägt sie unter *Extras / Einstellungen / OpenOffice / Java* (Windows) oder *OpenOffice / Einstellungen / OpenOffice / Java* (OS X) zur Nutzung vor. Hat man JRE installiert, es wurde aber nicht erkannt, kann man den Pfad im gleichen Fenster manuell hinterlegen.

> **Tipp**
>
> Wichtiger Hinweis für Windows-Nutzer: Die Windows-Version von Open-Office ist 32 Bit und benötigt daher eine 32-Bit-Java-Umgebung – selbst dann, wenn man das Betriebssystem als 64 Bit installiert hat. Ob Java also bereits in 64 Bit installiert ist oder nicht, spielt keine Rolle: Die 32-Bit-Variante muss installiert sein.

> **Web**
>
> **Woher bekomme ich Java?**
>
> Aktuelle Versionen von Apache OpenOffice arbeiten mit vielen JRE-Varianten gut zusammen, zum Beispiel mit Oracle Java 6 und 7 sowie dem Open-JDK 6 und 7. Java lässt sich beispielsweise über die Website *www.java.com/download* herunterladen.

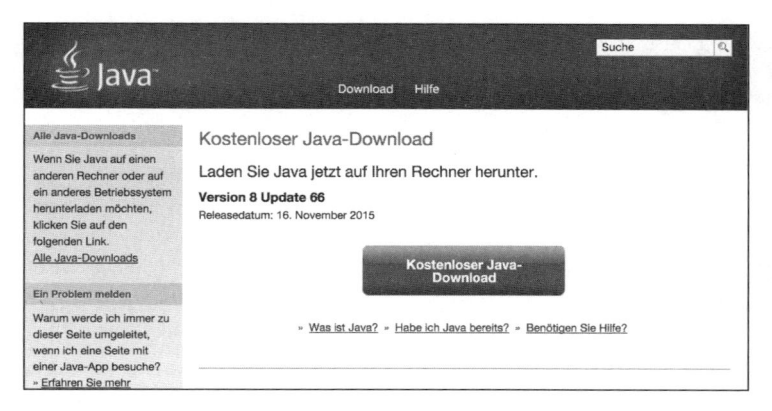

Abbildung 3.2: Java von der Java-Website herunterladen

3.2 OpenOffice installieren

Windows

Hier die nötigen Schritte, um OpenOffice auf einem Windows-Computer zu installieren.

> **Tipp**
>
> Es muss sich um einen Desktop-Computer handeln. Zurzeit (Stand: Dezember 2015) wird Windows Mobile nicht unterstützt.

1. Als Erstes sollte man sich mit einem Benutzerkonto anmelden, das über Administratorrechte verfügt. Denn nur Administratoren dürfen neue Software installieren.
2. Nach dem Herunterladen von OpenOffice (siehe vorheriges Kapitel) öffnet man den Explorer und wechselt dort zum Ordner Downloads.

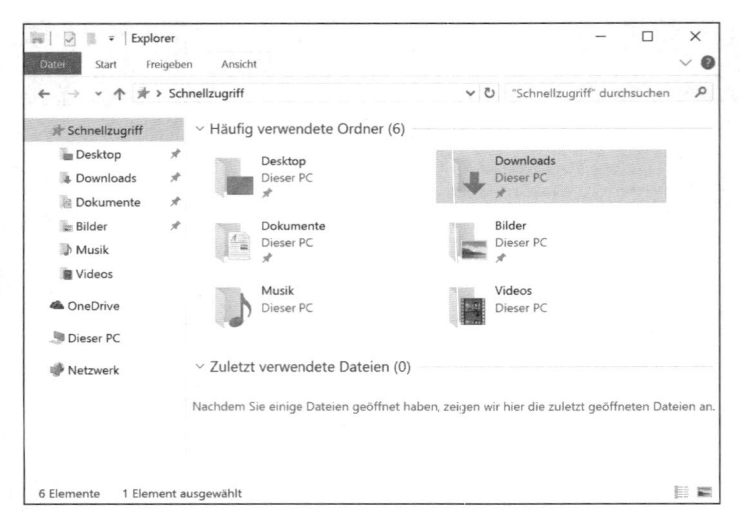

Abbildung 3.3: *Downloads*-Ordner im Explorer ansteuern

3. Hier folgt ein Doppelklick auf die Datei Apache_OpenOffice_...exe.

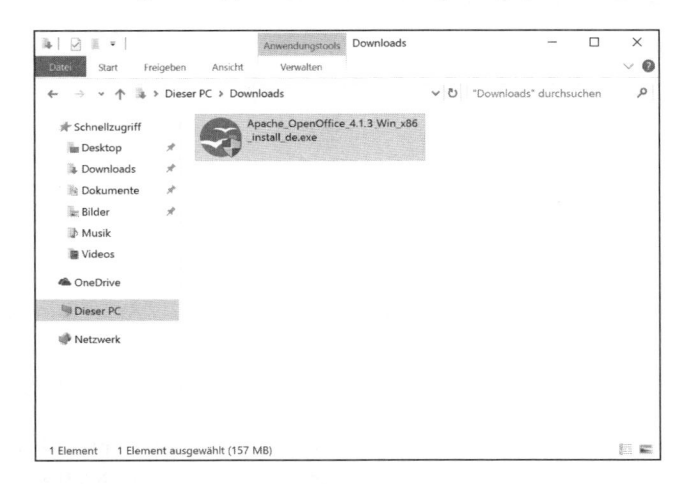

Abbildung 3.4: Setup von OpenOffice starten

4. Im nächsten Schritt muss man die Administratorrechte bestätigen, damit OpenOffice installiert werden kann.

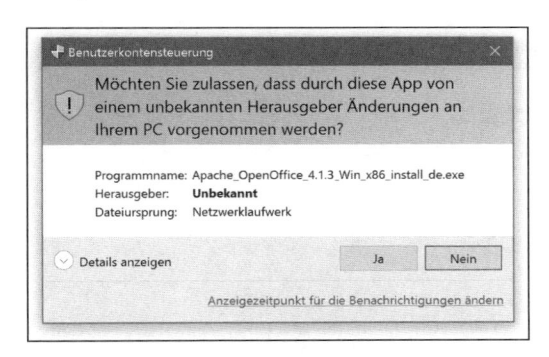

Abbildung 3.5: Administratorrechte bestätigen

5. Nach dem Willkommens-Fenster schlägt das Setup einen Ordner auf dem Desktop vor, in den die Installationsdaten entpackt werden können.

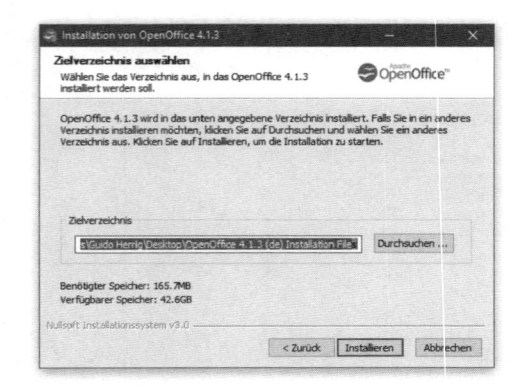

Abbildung 3.6: Installationsdateien werden in einen Ordner entpackt

6. Sobald man den angegebenen Ordner bestätigt, fängt das Setup-Programm automatisch an, die Dateien zu entpacken. Dazu wird ein temporärer Ordner angelegt, den man später löschen kann.

7. Sobald das Entpacken fertig ist, wird das Setup-Fenster angezeigt.

Abbildung 3.7: Willkommens-Fenster des OpenOffice-Installers

8. Hier auf *Weiter* klicken.

9. Nun wird der Nutzer nach seinen persönlichen Daten gefragt. Sie werden später etwa als Autoren-Info bei Textdokumenten hinterlegt.

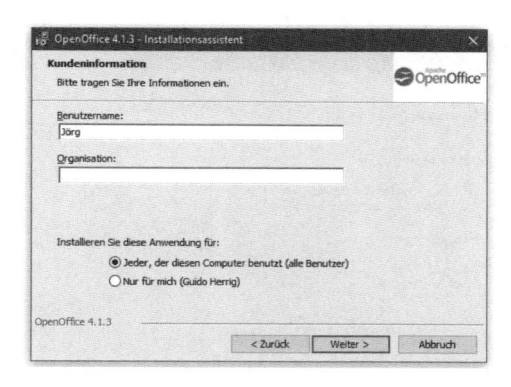

Abbildung 3.8: Persönliche Daten eingeben

10. Jetzt kann man den Setup-Typ auswählen. Um alle wichtigen Programm-Bestandteile nutzen zu können, sollte man hier Typisch auswählen.

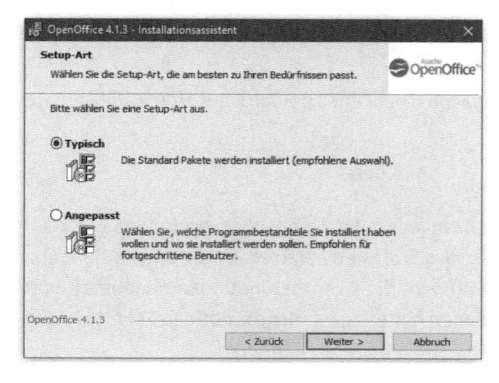

Abbildung 3.9: Installations-Art wählen

11. Nun kann man sich noch entscheiden, ob man zum einfachen Start des Programms eine Verknüpfung auf dem Desktop einrichten will. Nach einem

Klick auf Installieren wird OpenOffice dann auf dem Computer eingerichtet. Das kann einige Augenblicke dauern.

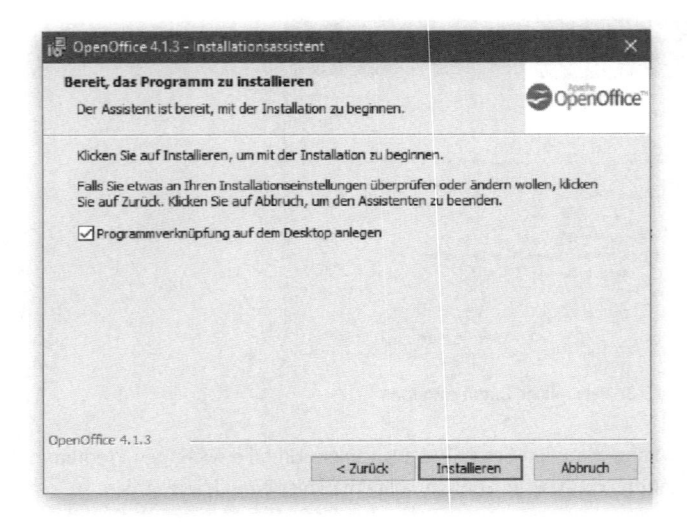

Abbildung 3.10: Setup von OpenOffice starten

Nach der Installation kann Apache OpenOffice per Klick auf *Start / Alle Apps* gestartet werden.

Der erste Start

Um sicherzugehen, dass die Installation von OpenOffice erfolgreich war, kann man das Programm jetzt über das Startmenü starten. Unter Umständen muss man beim ersten Start der Software die Lizenzbedingungen annehmen und/ oder seine Benutzerinformationen hinterlegen. Hier die nötigen Schritte im Einzelnen:

1. Wenn Apache OpenOffice korrekt installiert wurde, erscheinen die zugehörigen Verknüpfungen im Startmenü unter Alle Apps.

Abbildung 3.11: OpenOffice-Einträge im Startmenü

2. Nun klickt man auf eine der OpenOffice-Komponenten, beispielsweise OpenOffice Writer. Daraufhin wird das Willkommens-Fenster angezeigt.

3. Im nächsten Schritt wartet der Lizenzvertrag auf Bestätigung.

4. War OpenOffice bereits installiert, erscheint jetzt das Fenster zum Übertragen von persönlichen Daten. Wer Daten aus einer vorherigen Installation von OpenOffice übernehmen will, klickt hier auf Weiter. Ansonsten muss man vor dem Klick auf Weiter den Haken entfernen.

5. Nun gibt man noch den eigenen Namen ein. Er wird später in die Metadaten (Eigenschaften) von erzeugten Dokumenten geschrieben. So kann man nachvollziehen, welche Person Änderungen an einem Dokument vorgenommen hat. Das Angeben des eigenen Namens ist allerdings keine Pflicht, sodass man diese Felder auch frei lassen kann.

Das war's auch schon! OpenOffice ist jetzt installiert und kann genutzt werden.

OS X

Ähnlich einfach wie die Installation auf einem Windows-PC ist das Einrichten von OpenOffice auch bei einem Mac. Wir zeigen, wie man dabei vorgeht.

1. Zunächst muss man die Software herunterladen, wie im vorigen Kapitel beschrieben.
2. Jetzt ein neues Finder-Fenster öffnen und in der Seitenleiste am linken Rand zum Ordner Downloads schalten.

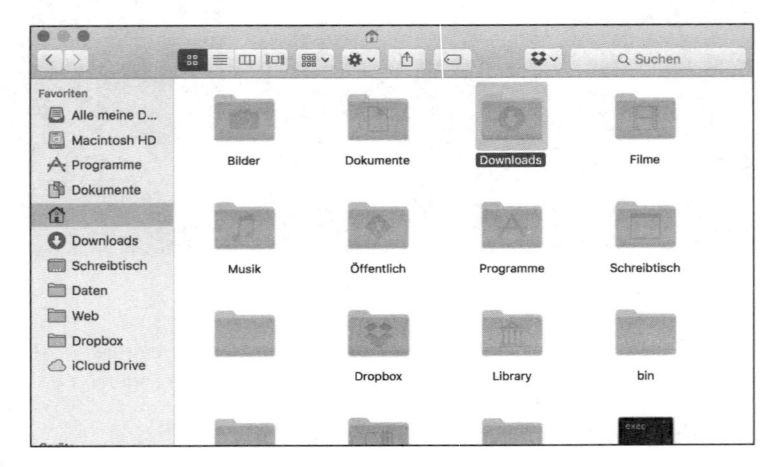

Abbildung 3.12: *Downloads*-Ordner im Finder

3. In der Dateiliste sucht man dann den Eintrag Apache_OpenOffice_...dmg.
4. Dabei handelt es sich um ein Image, das per Doppelklick geladen werden kann.

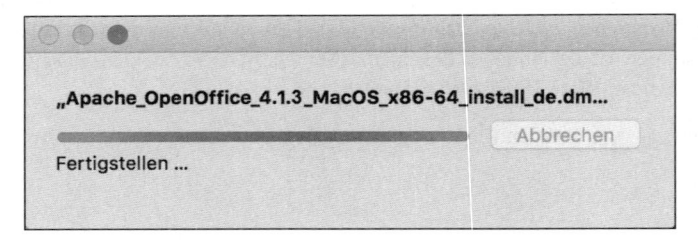

Abbildung 3.13: Installations-Abbild laden

5. Jetzt einige Augenblicke warten, bis OS X den Inhalt des Volumes überprüft hat. Anschließend erscheint automatisch ein neues Fenster.

6. In diesem Fenster zieht man das OpenOffice-Symbol nach rechts auf den Ordner Applications (Programme).

Abbildung 3.14: OpenOffice nach Programme kopieren

7. Dann heißt es warten, bis die Dateien kopiert wurden. Das kann je nach verbautem Speicher einige Augenblicke dauern.

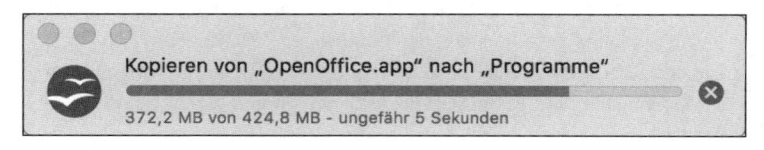

Abbildung 3.15: OpenOffice wird kopiert

8. Nach Abschluss des Kopiervorgangs klickt man an eine freie Stelle des Volume-Fensters und wählt im Kontextmenü „OpenOffice" auswerfen.

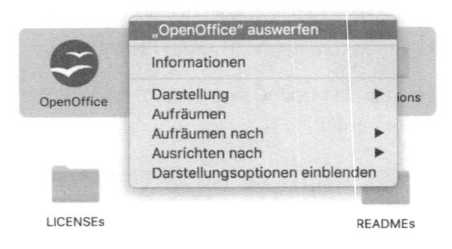

Abbildung 3.16: Installations-Abbild auswerfen

Fertig! Jetzt ist OpenOffice installiert und kann über die Spotlight-Suche oder per Launchpad gestartet werden.

Der erste Start

Um OpenOffice aufzurufen, klickt man unten im Dock auf das Raketensymbol (Launchpad). Daraufhin werden jede Menge Programme angezeigt, unter anderem auch OpenOffice. Ein Klick auf das zugehörige Symbol startet das Programm.

> **Tipp**
>
> **Was tun, wenn nur eine Warnung erscheint?**
>
> Ist anstelle des Programmfensters von OpenOffice nur eine Warnung des Betriebssystems zu sehen, hat der Gatekeeper (Wächter) zugeschlagen. Das bedeutet, dass OpenOffice keine digitale Signatur hat. Deswegen kann OS X die Sicherheit des Programms nicht prüfen und verhindert die Ausführung.
>
> Um diese Warnung für OpenOffice zu unterdrücken, öffnet man ein neues Finder-Fenster und klickt darin links auf *Programme*. In der Liste rechts wird dann der Eintrag *OpenOffice* herausgesucht. Jetzt mit der rechten Maustaste daraufklicken und *Öffnen* wählen. Wieder erscheint eine ähnliche Warnmeldung wie zuvor – jetzt gibt es aber auch einen Button namens *Öffnen*.
>
> Hat man OpenOffice auf diese Weise einmal freigeschaltet, weiß der Wächter Bescheid und erlaubt den Start des Programms zukünftig automatisch.

Abbildung 3.17: OpenOffice trotz Warnung öffnen

Der erste Start von OpenOffice kann einige Augenblicke dauern. In dieser Zeit ist nichts zu sehen außer einem springenden Programmsymbol unten im Dock. Danach erscheint der Einrichtungs-Assistent. Nach einem Klick auf *Weiter* kann man seinen Namen und seine Initialen eingeben; ein Klick auf *Fertig* startet die Software dann.

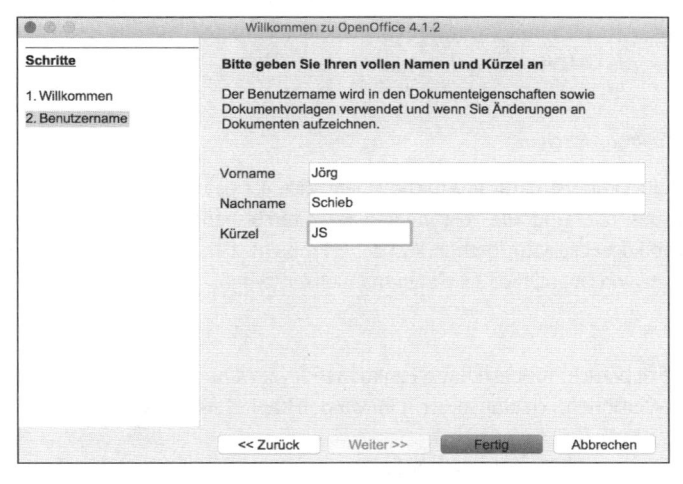

Abbildung 3.18: Assistent beim ersten Start

Linux

Vor der Installation

Für Linux-Distributionen empfiehlt die Apache Software Foundation, dass Nutzer vor der Installation von OpenOffice einige Dinge prüfen, sodass die Software sauber installiert werden kann.

LibreOffice-Symlinks

Als Erstes sollte man prüfen, ob LibreOffice die Startdatei von OpenOffice mit einem Symlink umgeleitet hat. Dazu in einer Konsole den Befehl whereis soffice eintippen. Falls ein Symlink zu LibreOffice angezeigt wird, muss er entfernt werden (siehe Linux-Dokumentationen darüber, wie man Symlinks entfernt).

> **Tipp**
>
> Durch diesen Schritt wird LibreOffice nicht gelöscht. Stattdessen wird verhindert, dass die normale ausführbare OpenOffice-Datei – meist */usr/bin/soffice* – zu LibreOffice umgeleitet wird.

Alte Installation löschen

Da sich die Ordnerstruktur in Apache OpenOffice 4.x geändert hat, sollte der Installations- oder Upgrade-Vorgang den gesamten bisherigen OpenOffice-3.x-Ordner von der Festplatte löschen. Wer dabei Probleme hat, sollte die existierenden Pakete von OpenOffice 3.x vorher manuell entfernen.

Java

OpenOffice braucht für bestimmte Funktionen Java. Warum das so ist und welche Java-Versionen sich eignen, steht im vorigen Kapitel auf Seite 47.

Installation per RPM- oder DEB-Paket

Hier die nötigen Schritte, mit denen sich OpenOffice über ein RPM- oder DEB-Paket installieren lässt:

1. Zunächst wird OpenOffice heruntergeladen (siehe voriges Kapitel).

2. Dann muss man die heruntergeladene Installationsdatei entpacken. Das geht beispielsweise in einer Konsole mit dem Befehl tar -xvzf Dateiname.tar.gz `Enter`.

3. Nun fügt man das entpackte Verzeichnis als lokale Installationsquelle in den Paketmanager ein, sodass man OpenOffice per grafischer Oberfläche installieren kann.

Desktop-Einbindung

Für RPM-basierte Systeme stellt OpenOffice Pakete bereit, mit denen sich das Programm in den genutzten Desktop-Manager einklinkt. OpenOffice unterstützt dabei Mandriva, Red Hat, SuSE und FreeDesktop. Diese Pakete finden sich im Unterordner *desktop-integration* des entpackten Verzeichnisses.

Viele Desktop-Fenstermanager, wie zum Beispiel KDE 4, Gnome 3 und auch Unity, speichern ihre Symbole an der gleichen Stelle wie FreeDesktop. Damit eignet sich das FreeDesktop-Integrationspaket auch für diese Desktops.

RPM-basierte Installation

1. Als Erstes öffnet man eine Konsole.

2. Jetzt den Befehl su `Enter` eintippen, um sich als Administrator anzumelden.

3. Nun wird der cd-Befehl zum Öffnen des entpackten OpenOffice-Ordners genutzt.

4. Durch Eingabe des Befehls rpm -Uvih *rpm werden die RPM-Pakete von OpenOffice eingespielt.

5. Zum Schluss sollte man per cd-Befehl in den Ordner desktop-integration wechseln und mit rpm -Uvih das Paket für FreeDesktop-Menüs installieren bzw. das für den genutzten Fenstermanager passende Paket.

6. Jetzt kann OpenOffice über die angelegten Starter aufgerufen werden, um zu prüfen, ob die Software korrekt installiert wurde.

> **Tipp**
>
> Standardmäßig wird Apache OpenOffice in den /opt-Ordner installiert.

DEB-basierte Installation

Nach dem Herunterladen des Apache OpenOffice *tar.gz*-Pakets die folgenden Schritte ausführen, um es zu installieren:

1. Eine Konsole öffnen.
2. In den Download-Ordner wechseln, indem cd Downloads [Enter] eingetippt wird.
3. Jetzt in den entpackten Ordner wechseln.
4. Hier findet sich ein Ordner namens DEBS, der per cd-Befehl geöffnet wird.
5. Darin finden sich jede Menge *.deb-Pakete, die sich auf einen Rutsch mit dem Befehl dpkg -i *.deb [Enter] installieren lassen.
6. Damit wird OpenOffice in den Ordner /opt auf der Festplatte installiert.

Nach der Installation von OpenOffice kann man noch die Einbindung in den Fenstermanager installieren. Dazu in den Ordner *DEBS/desktop-integration* wechseln und hier über den dpkg-Befehl das passende Paket einspielen.

Zum Schluss sollte man Apache OpenOffice starten, um zu sehen, ob die Software ordnungsgemäß installiert wurde.

Weitere Informationen über OpenOffice in Linux
Von Apache bereitgestellte Pakete

Die Linux-Downloads, die auf der OpenOffice-Website angeboten werden, eignen sich für die meisten RPM- und DEB-basierten Paketmanager. Wer sich ein wenig mit der Installation solcher Pakete auf dem eigenen Computer auskennt, sollte damit OpenOffice installieren können. Diese Pakete beziehen sich nicht speziell auf eine bestimmte Linux-Distribution.

Von Distributoren angebotene Pakete

Einige Linux-Distributionen enthalten eine eigene Version von Apache OpenOffice im jeweiligen Paketmanager-Format. Die kommt direkt aus den Repositorys des Anbieters oder stammt aus Community-Repositorys, die vom Distributor unterstützt werden. Diese Pakete wurden nicht von Apache selbst gebaut, sondern von den Teams, die an Software für die jeweilige Linux-Version arbeiten. Manche Distributionen haben strenge Lizenzvorgaben, weswegen in solchen Paketen manchmal Teile abgeschaltet wurden oder fehlen, wenn sie Programme von Dritten brauchen, die nicht zur genutzten Linux-Lizenz passen.

> **Tipp**
>
> Wer auf Nummer sicher gehen will, dass auch wirklich alle Programmteile von OpenOffice vorhanden und nutzbar sind, kann die eingebaute Distributor-Version des Programms entfernen und danach OpenOffice direkt installieren, zum Beispiel mit einer der Anleitungen weiter vorn in diesem Kapitel.

Android

Dank der Arbeit eines Entwicklerteams ist OpenOffice nicht nur auf dem Desktop-Computer einsatzfähig, sondern kann auch auf dem Android-Handy oder -Tablet genutzt werden. Im Vergleich zur Desktop-Version gelingt die Installation von OpenOffice auf einem Android-System aber viel einfacher.

> **Web**
>
> Um AndrOpenOffice auf dem eigenen Android-Gerät zu installieren, einfach den Google Play Store öffnen und hier nach *AndrOpenOffice* suchen. Alternativ dazu im Browser zu folgender Adresse surfen:
>
> *https://play.google.com/store/apps/details?id=com.andropenoffice*

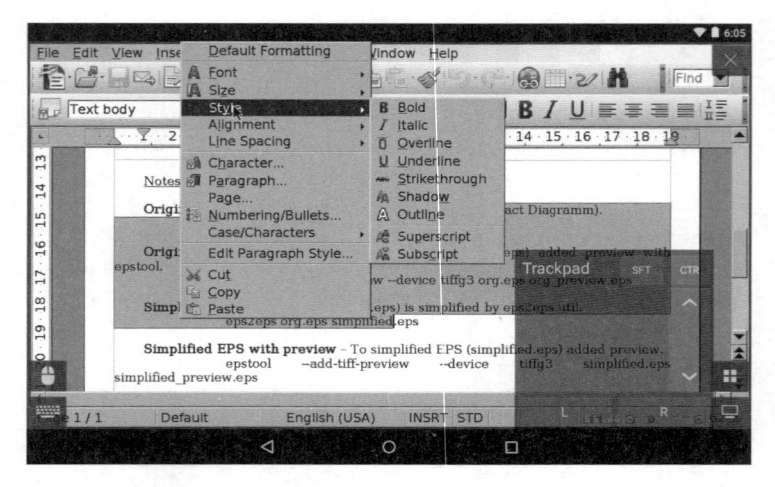

Abbildung 3.19: OpenOffice auf Android nutzen

iOS

Sucht man im App Store am iPad nach OpenOffice, wird man nichts Vernünftiges finden können. Der Grund: Hier gibt es keine native App-Umsetzung der beliebten Office-Suite.

Allerdings gibt's dafür eine Lösung, die den einen oder anderen interessieren dürfte: rollApp. Das ist ein Webdienst, der Programme, die eigentlich nur am Desktop-Computer laufen, auch auf dem iPad lauffähig macht.

Der Clou: Das Programm läuft dabei nicht direkt auf dem Mobilgerät, sondern auf einem Server in der Cloud. Es lässt sich aber trotzdem genauso einfach steuern, wie man es vom Desktop-PC oder Mac gewöhnt ist. Mit dabei sind alle wichtigen Programmteile von OpenOffice: Writer, Calc, Draw und auch Impress.

rollApp wird direkt im mobilen Safari-Browser bedient. Hier die nötigen Schritte, um sich bei rollApp anzumelden:

1. Als Erstes im Browser zu *www.rollapp.com* surfen.
2. Jetzt folgt oben rechts ein Klick auf Signup.

3. Nun meldet man sich mit einem Online-Account an oder registriert sich per E-Mail-Adresse.

4. Je nach Art der Registrierung werden zunächst Berechtigungen zum Zugriff auf den Online-Account des jeweiligen Anbieters abgefragt.

Abbildung 3.20: Der Login ist zum Beispiel per Google-Konto möglich

5. Danach ergänzt man noch seinen Namen.

Abbildung 3.21: Namen eintragen

3.2 OpenOffice installieren

6. Nun folgt ein Klick auf Get started!

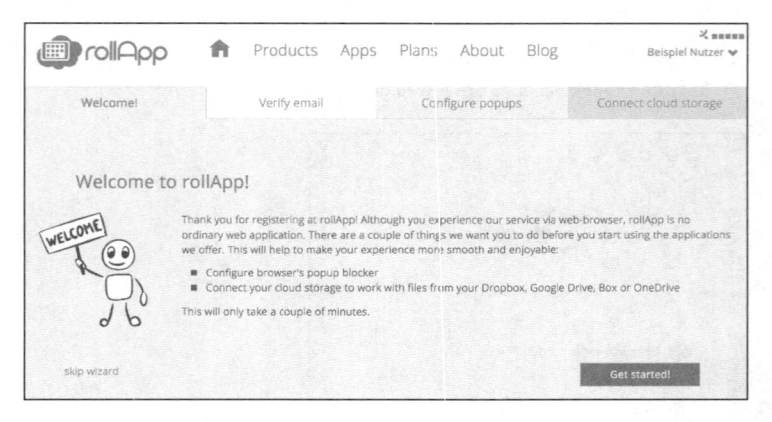

Abbildung 3.22: Willkommens-Assistent

7. Jetzt hilft ein Assistent bei der Einrichtung. Als Erstes sollte man einen Blick in den Posteingang werfen und den zugesendeten Link anklicken. Dann im Assistent auf Next klicken.

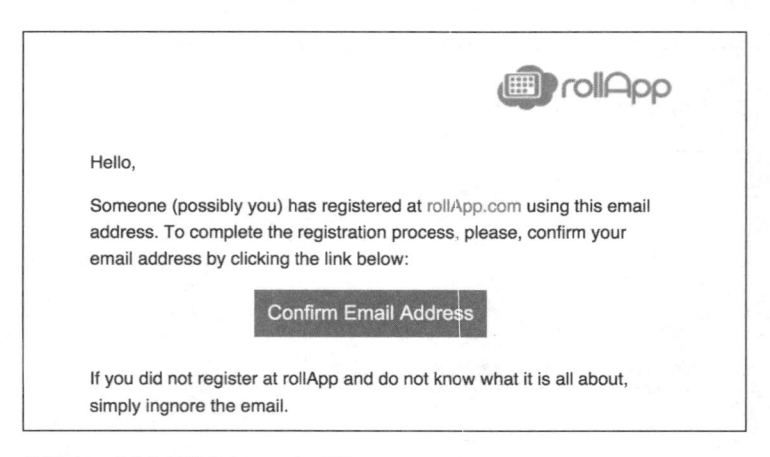

Abbildung 3.23: E-Mail-Adresse bestätigen

8. Nun wird geprüft, ob Pop-ups zugelassen sind. Eventuell muss man dazu eine Einstellung im Browser ändern.

Abbildung 3.24: Pop-ups müssen genehmigt werden

9. Zum Öffnen und Speichern von Dateien sollte man jetzt einen Cloudspeicher verbinden. Zur Auswahl stehen Dropbox, Google Drive, OneDrive, Box und Yandex.Disk.

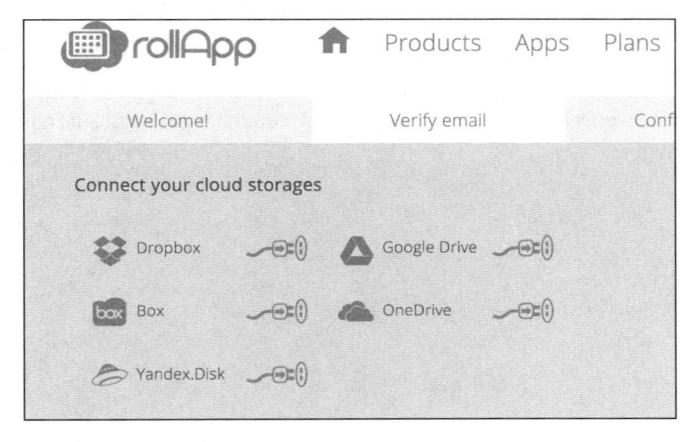

Abbildung 3.25: Cloudspeicher verbinden

10. Wieder werden die nötigen Berechtigungen abgefragt.

Abbildung 3.26: Berechtigungen für Cloudspeicher bestätigen

11. Schließlich verlässt man den Einrichtungs-Assistenten per Klick auf Done!

Das gewünschte Programm, zum Beispiel OpenOffice Writer oder Calc, kann nun per Klick oder Fingertipp auf das entsprechende Symbol gestartet werden. Einziges Manko: Der Dienst ist momentan (Stand: Dezember 2015) nur auf Englisch verfügbar.

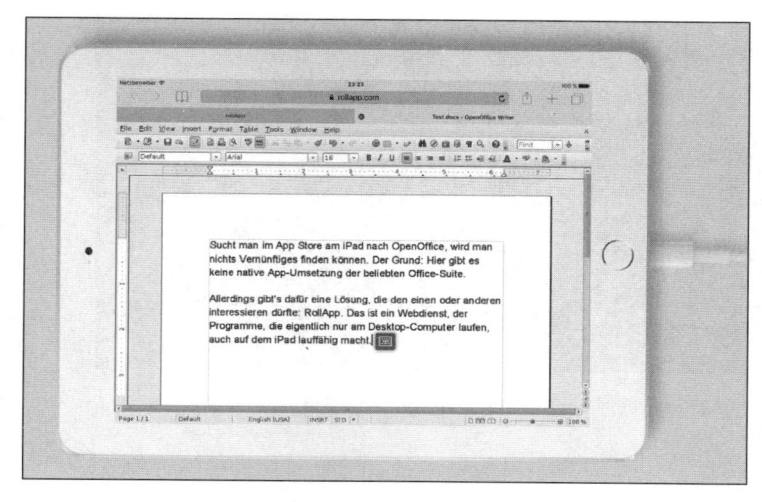

Abbildung 3.27: rollApp: OpenOffice auf dem iPad

Tipp

rollApp erfordert eine ständige Internetverbindung – das iPad muss also per WLAN oder Mobilfunk verbunden sein. Dabei aber immer auf das Datenvolumen achten, damit man keine böse Überraschung erlebt.

3.3 OpenOffice starten

Windows

Bei der Installation richtet das Setup-Programm auch passende Verknüpfungen im Startmenü ein. Windows-Nutzer können OpenOffice also ganz einfach starten, indem sie auf *Start / Alle Apps / OpenOffice* klicken und dann den Programmteil öffnen, der gerade benötigt wird.

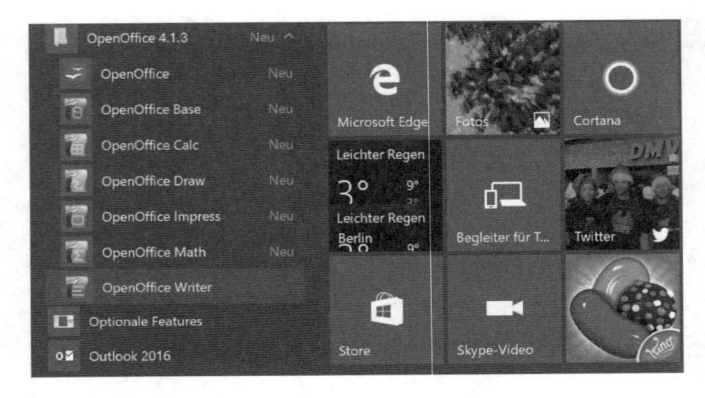

Abbildung 3.28: OpenOffice per Startmenü erreichen

OS X

Am Mac ist die Sache ähnlich einfach: Hier lässt sich OpenOffice direkt über das Launchpad anwählen, kann im Ordner *Programme* gestartet werden oder wird in der Spotlight-Suche gefunden.

Abbildung 3.29: OpenOffice im *Programme*-Ordner starten

Ohne Startbildschirm starten

Wer auf den Bildschirm beim Start von OpenOffice verzichten will, sollte sich eine Verknüpfung zum jeweiligen Programmteil anlegen, für Writer also etwa zu *swriter.exe*. Hinter dem Pfad zur ausführbaren Datei werden dann noch ein Leerzeichen und der Parameter -nologo ergänzt.

Startet man OpenOffice dann über diese Verknüpfung, bleibt der Startbildschirm unsichtbar.

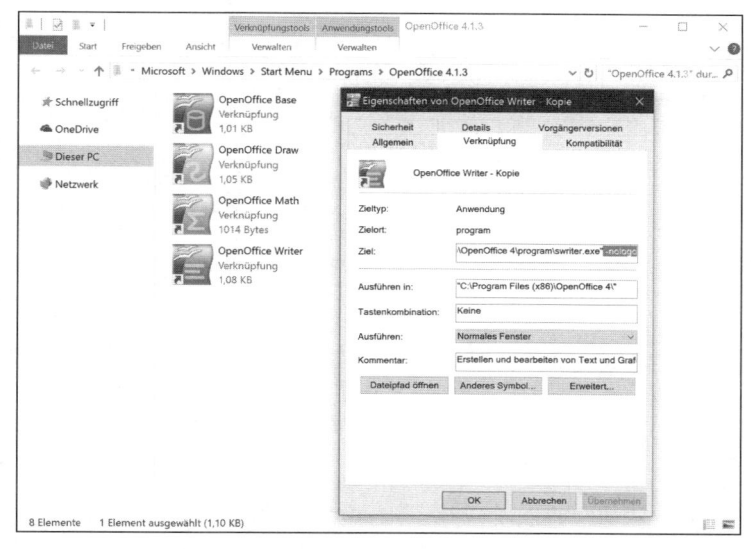

Abbildung 3.30: OpenOffice ohne Startbildschirm

Teil II
Tipps und Tricks

In diesem Teil des Buchs findet man Tipps und Tricks zu jedem Programmteil von OpenOffice – sortiert nach Themen.

4 Writer für Dokumente

Die Textverarbeitung OpenOffice Writer erinnert an Word – und kann auch so bedient werden. Was Writer alles kann und wie das Programm bedient wird, erklärt dieses Kapitel.

4.1 Einführung in Writer

Writer starten

Um Writer zu starten, klickt man in Windows auf *Start / Alle Apps / OpenOffice (Version) / OpenOffice Writer*. Damit öffnet sich das Dokumentfenster von OpenOffice Writer. Es sieht etwa wie folgt aus:

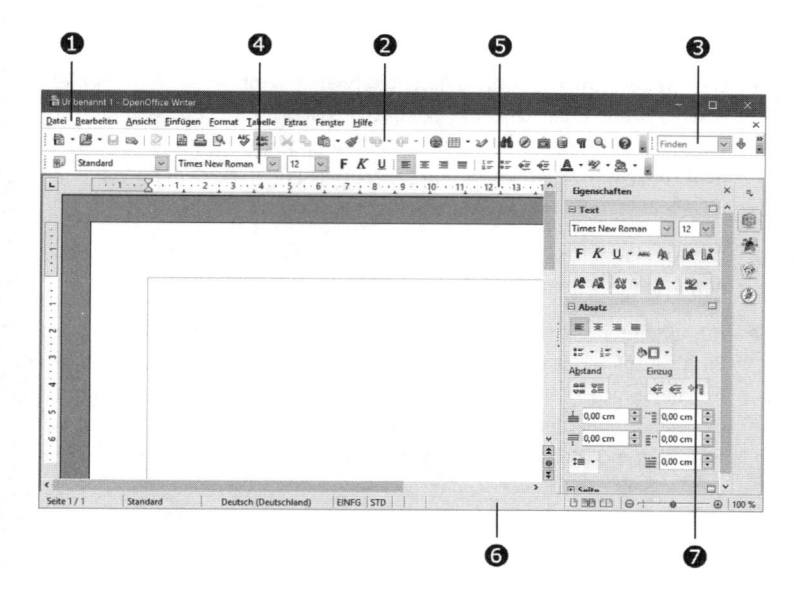

Abbildung 4.1: Das Hauptfenster von OpenOffice Writer

Das Writer-Fenster

Das OpenOffice-Writer-Fenster ist in mehrere Bereiche aufgeteilt:

- Oben im Fenster findet sich die Menüleiste 1 (*Datei, Bearbeiten, Ansicht* usw.). Am Mac wird die Menüleiste zentral am oberen Rand des Bildschirms angezeigt und nicht im Programmfenster. Über die Menüleiste sind alle Writer-Funktionen erreichbar. Die Menüs sind dabei ähnlich strukturiert wie bei früheren Word-Versionen, sodass man sich schnell zurechtfindet.

- Direkt darunter ist die Standard-Symbolleiste zu sehen 2. Sie enthält häufig benötigte Befehle zum Öffnen und Speichern, zum Zugriff auf die Zwischenablage und zum Einfügen von Objekten.

- Hinter der Standard-Symbolleiste wird die Suchleiste angezeigt 3. Sie bietet dem Nutzer zum Beispiel ein Textfeld, mit dem nach Wörtern und Ausdrücken gesucht werden kann. Dazu einfach einen Begriff eintippen und dann auf [Enter] drücken.

- Die zweite Reihe mit Symbolen ist die Format-Symbolleiste 4. In ihr lässt sich die Gliederungsebene des aktuellen Absatzes einstellen; außerdem findet man hier Klappmenüs für die Schriftart und Schriftgröße. Zudem kann man Fettschrift, Kursivschrift und Unterstreichung mit einem Klick an- und ausschalten und Absätze wie gewünscht ausrichten.

- Um das eigentliche Dokument herum werden Lineale 5 angezeigt. Sie dienen dem Ausrichten von Objekten und Text.

- Am unteren Rand des Fensters zeigt OpenOffice die Statusleiste an 6. Ein Blick darauf verrät jederzeit, auf welcher Seite man sich aktuell befindet, welche Sprache derzeit eingestellt ist und welche Texteingabefunktionen aktiv sind. Außerdem kann man über den Schieber am rechten Rand die Vergrößerung (den Zoom) verändern, um die Seite so größer oder kleiner anzuzeigen.

- Ein besonderer Bereich ist die Seitenleiste am rechten Fensterrand 7. Sie kann unterschiedliche Panels anzeigen, zwischen denen der Nutzer über die Symbole ganz außen umschalten kann.

Das steckt in der Seitenleiste

Die Seitenleiste am rechten Rand des Writer-Fensters ist ein multifunktionaler Bereich. Er bietet mehrere Panels an, zwischen denen man je nach Bedarf umschalten kann:

- Mit dem *Eigenschaften*-Panel kann man die aktuelle Markierung bearbeiten. Ist Text markiert, erscheinen Optionen zu Absatz und Formatierung; bei Bildern werden entsprechend Bildoptionen eingeblendet.

- Über den Bereich *Formatvorlagen* hat der Nutzer schnellen Zugriff auf vordefinierte Formatierungen für Zeichen, Absätze und Listen.

- Die *Galerie* bietet Grafiken und andere Elemente zum schnellen Einfügen an der aktuellen Cursorposition.

- Besonders praktisch ist der *Navigator*. Mit ihm ruft man Listen gleichartiger Elemente im aktuellen Dokument ab und findet so zum Beispiel auf Anhieb alle Bilder, schaltet blitzschnell durch die Seiten oder navigiert zwischen den Überschriften. Mehr zum Navigator später in diesem Kapitel ab Seite 136.

> **Tipp**
>
> Wer die Seitenleiste zunächst ausblenden will, weil sie Platz wegnimmt, klickt einfach auf das kleine Schließen-Kreuz neben der Panel-Überschrift.

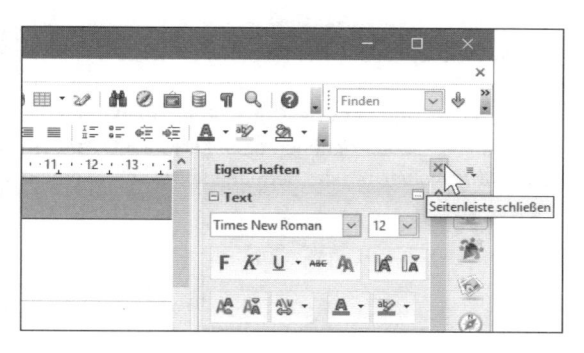

Abbildung 4.2: Bei Platzmangel einfach die Seitenleiste schließen

Dokument öffnen

Mit OpenOffice lassen sich alle möglichen Dateien öffnen. Dazu auf *Datei / Öffnen* klicken. Anschließend kann der Nutzer eine Datei von der lokalen Festplatte wählen und sie dann per Klick auf den *Öffnen*-Button anzeigen lassen.

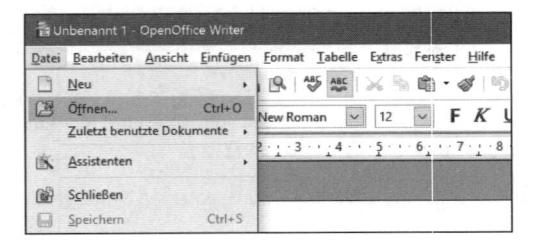

Abbildung 4.3: Dokument öffnen

Tipp

Text-, Word- und OpenDocument-Dateien werden dabei direkt in Writer angezeigt. Sucht der Nutzer eine andere Datei heraus, wie etwa eine Tabelle, Präsentation oder Zeichnung, schaltet OpenOffice automatisch zum jeweiligen Programmteil um, also zum Beispiel zu Calc oder Impress.

Zuletzt verwendet

Manchmal ist das manuelle Heraussuchen eines Dokuments viel zu umständlich. Dann greift man am besten auf die Liste kürzlich verwendeter Dateien zu. Denn jedes Mal, wenn man eine Datei mit OpenOffice öffnet, merkt sich das Programm den zugehörigen Pfad. Später genügen dann Klicks auf *Datei / Zuletzt benutzte Dokumente / (Dateiname)*, um das betreffende Dokument erneut anzuzeigen.

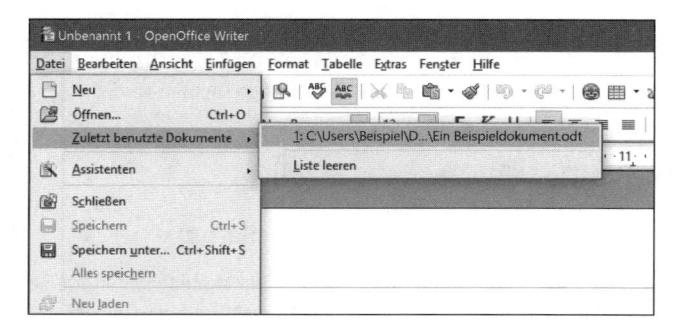

Abbildung 4.4: Kürzlich geöffnete Dokumente erneut anzeigen

Hilfe anfordern: Welcher Button macht was?

Die vielen Buttons in den Symbolleisten von OpenOffice Writer können zu Beginn etwas verwirrend sein. Zum Glück hat das Programm da eine praktische Kontexthilfe eingebaut: die Direkthilfe. Wie funktioniert sie?

Will man wissen, wofür ein bestimmter Button in einer der Symbolleisten zuständig ist, aktiviert man zuerst die Direkthilfe, indem man oben in der Menüleiste auf *Hilfe / Direkthilfe?* klickt. Daraufhin nimmt der Mauszeiger die Form eines Fragezeichens an. Jetzt zeigt man auf den fraglichen Button und sieht daraufhin einen Beschreibungstext in Form einer Quick-Info.

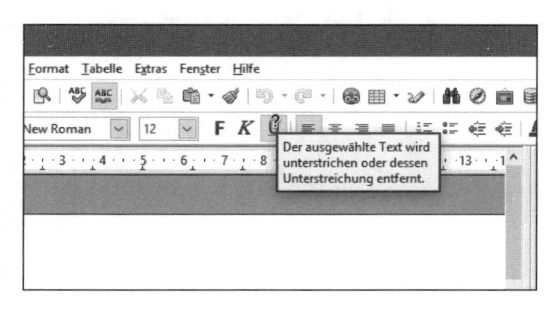

Abbildung 4.5: Direkthilfe für den *Unterstreichen*-Button

4.1 Einführung in Writer

Alle Fragen geklärt? Dann kann es ja losgehen mit dem Texten in OpenOffice Writer! Nachfolgend unsere besten Tipps und Tricks zur Textverarbeitung von Apache OpenOffice – zum schnellen Nachschlagen nach Themen sortiert.

4.2 Textfunktionen

Autokorrektur-Vorschläge ein- und ausschalten

Ähnlich wie in Microsoft Word gibt es in Writer eine Eingabehilfe, die *AutoKorrektur* genannt wird. Gibt man ein Wort ein, das OpenOffice bereits kennt, erscheint schon nach wenigen eingetippten Zeichen ein Vorschlag, um welches Wort es sich handeln könnte. Durch Druck auf [Enter] lässt sich der Vorschlag übernehmen. Das Problem: Es wird schwieriger, mit [Enter] eine neue Zeile zu beginnen.

Daher mag nicht jeder die AutoKorrektur-Funktion. Gut, dass man als Nutzer die Möglichkeit hat, die sie nach Wunsch an- und auszustellen. Dazu klickt man auf *Extras / AutoKorrektur-Einstellungen / Wortergänzung*. Hier gibt es die Option *Wortergänzung aktivieren,* die sich wahlweise ein- oder ausschalten lässt. Zum Schluss wird die Änderung bestätigt, indem man unten auf *OK* klickt.

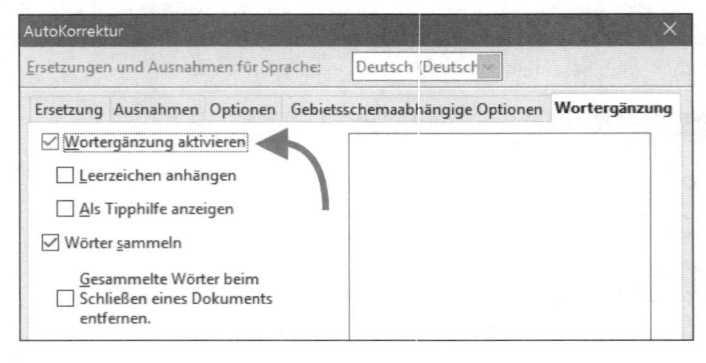

Abbildung 4.6: Die Wortergänzung abschalten

Die Sache mit der automatischen Formatierung

Wenn eingegebene Internetadressen nach Druck auf ⌈Enter⌉ in anklickbare Links umgewandelt werden und Writer aus Zeilen, die mit einem Bindestrich beginnen, eine Liste macht, dann ist die AutoKorrektur am Werk gewesen.

Die AutoKorrektur ist ein Roboter, der im Hintergrund aufpasst, was der Nutzer eintippt, um darin Muster zu erkennen – wie etwa einen Link oder etwas, das wie eine Aufzählung oder Nummerierung aussieht.

Manchmal stört die Automatik allerdings mehr, als sie nutzt. Man kann sie aber auch abschalten. Wer die AutoKorrektur-Funktion gänzlich deaktivieren will, klickt in OpenOffice Writer auf *Format / AutoKorrektur* und entfernt im dann angezeigten Untermenü den Haken bei der Option *Während der Eingabe*.

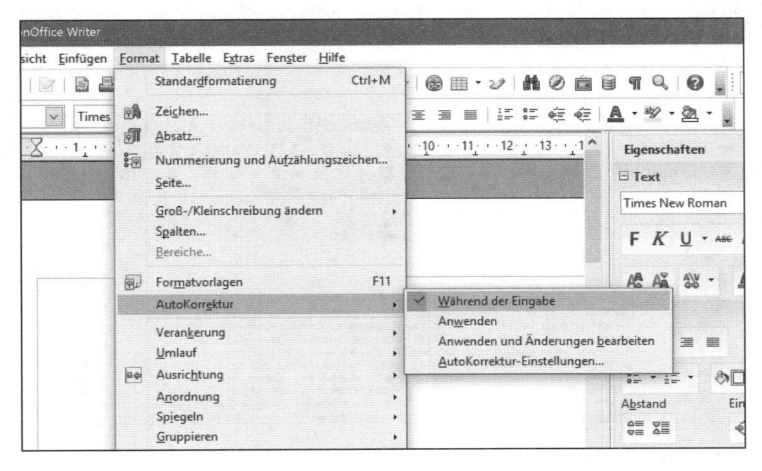

Abbildung 4.7: Automatische Formatierung beim Tippen verhindern

Tipp

Soll die automatische Formatierung nicht generell ausgeschaltet werden, sondern möchte man nur die zuletzt ausgeführte Änderung rückgängig machen, behält man am besten die Tastenkombination ⌈Strg⌉ + ⌈Z⌉ in

Windows oder `Cmd` + `Z` am Mac im Sinn. Damit ruft man die *Rückgängig*-Funktion auf. Das geht aber nur, wenn man das Tastenkürzel direkt nach einer automatischen Formatierung drückt.

Blindtext einfügen

Zum Testen von Formatierungen und Layouts nutzen Profis gerne sogenannte Blindtexte. Das sind Texte, die keinen Sinn haben und stattdessen nur wie Füllwatte auf die Schnelle leere Absätze und Seiten füllen. Bei OpenOffice Writer ist die Funktion zum Erzeugen von Blindtexten schon eingebaut.

Um einen Blindtext in das aktuelle Dokument einzufügen, klickt man zunächst an die Stelle, wo der Text erscheinen soll. Anschließend das Kürzel bt eintippen und dann auf `F3` drücken. Schon wird das Kürzel durch eine ca. 1.800 Zeichen lange Kurzgeschichte ersetzt.

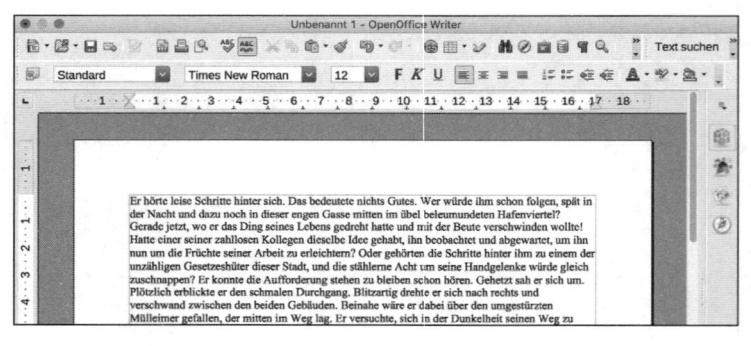

Abbildung 4.8: Text automatisch erzeugen

Web

Der von Writer eingefügte „Blindtext" ist gar kein bedeutungsloser Blindtext im klassischen Sinn, denn die Geschichte ergibt ja doch einen Sinn. Wer einen klassischen Lorem-Ipsum-Blindtext bevorzugt, dem sei die Website *www.lipsum.com* empfohlen. Hier lassen sich auf Knopfdruck Blindtexte in beliebiger Länge generieren und über die Zwischenablage auch in ein OpenOffice-Writer-Dokument übernehmen.

Lorem Ipsum

"Neque porro quisquam est qui dolorem ipsum quia dolor sit amet, consectetur,
"Da ist niemand der den Schmerz an sich liebt, der danach sucht und ihn haben möchte, einfach

Was ist Lorem Ipsum?

Lorem Ipsum ist ein einfacher Demo-Text für die Print- und Schriftindustrie. Lorem Ipsum ist in der Industrie bereits der Standard Demo-Text seit 1500, als ein unbekannter Schriftsteller eine Hand voll Wörter nahm und diese durcheinander warf um ein Musterbuch zu erstellen. Es hat nicht nur 5 Jahrhunderte überlebt, sondern auch in Spruch in die elektronische Schriftbearbeitung geschafft (bemerke, nahezu unverändert). Bekannt wurde es 1960, mit dem erscheinen von "Letraset", welches Passagen von Lorem Ipsum enhielt, so wie Desktop Software wie "Aldus PageMaker" - ebenfalls mit Lorem Ipsum.

Warum nutzen wir es?

Es ist ein lang erwiesener Fakt, da wird, wenn er sich ein Layout ans nutzen, ist, dass es mehr oder we Buchstaben darstellt und somit nac Desktop Publisher und Webeditore als den Standardtext, auch die Suc macht viele Webseiten sichtbar, w Mittlerweile gibt es mehrere Vers zufällig, andere bewusst (beeinflu Geschmacks)

Abbildung 4.9: „Richtigen" Blindtext von einem Webdienst ausgeben lassen

Initialen einfügen

Bei professionell gestalteten Texten, etwa in Zeitschriften, sieht man am Anfang eines Absatzes oder Artikels oft Initialen. Der erste Buchstabe ist dann besonders groß dargestellt, erstreckt sich über mehrere Zeilen und zieht die Aufmerksamkeit des Lesers auf sich. Mit OpenOffice Writer lassen sich solche Hingucker ganz einfach erzeugen.

Um Initialen am Absatzanfang zu erstellen, muss man nicht manuell den Buchstaben markieren und über die Zeichenformatierung vergrößern. OpenOffice erledigt das auf Knopfdruck. Und zwar so:

1. Die Absätze markieren, die durch Initialen hervorgehoben werden sollen.
2. Jetzt den Befehl Format / Absatz aufrufen.

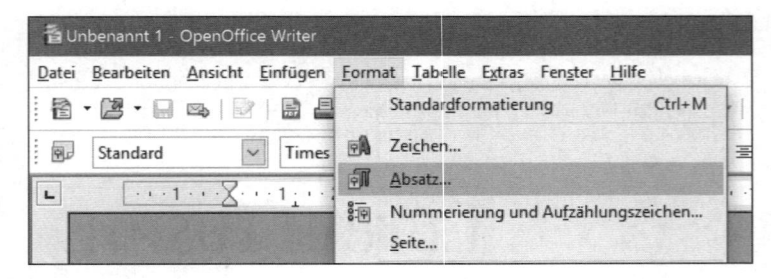

Abbildung 4.10: Initialen werden über die Absatzformatierung eingefügt

3. Dann zum Tab Initialen wechseln.
4. Anschließend einen Haken bei der Option Initialen anzeigen setzen.

Nun wird das Aussehen der Großbuchstaben festgelegt: Der Wert *Zeilen* bestimmt zum Beispiel, über wie viele Zeilen sich der Initialbuchstabe erstreckt. Mit *Zeichenvorlage* wird den Initialen eine Zeichenvorlage zugewiesen, etwa die Vorlage *Initialenzeichen*.

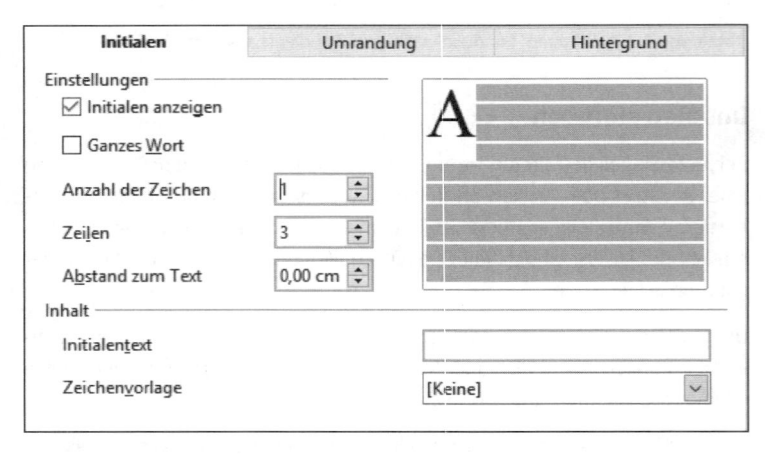

Abbildung 4.11: Festlegen, wie die Initialen aussehen sollen

Häkchen und andere Sonderzeichen einfügen

Viele Sachverhalte lassen sich leichter erfassen, wenn kleine Piktogramme genutzt werden. Gute Beispiele dafür sind etwa der Briefumschlag für „Mail", ein Häkchen für „Erfolgreich erledigt" oder auch das blaue Vögelchen für „Twitter". In OpenOffice lassen sich solche Sonderzeichen leicht in eigenen Dokumenten nutzen.

1. Um ein Sonderzeichen, beispielsweise ein Häkchen, in ein OpenOffice-Dokument einzufügen, startet man die Textverarbeitung Writer zunächst.

2. Jetzt das entsprechende Dokument öffnen.

3. Anschließend wird die Schreibmarke an die Stelle im Dokument gesetzt, an der das Zeichen eingefügt werden soll.

4. Nun folgen Klicks auf Einfügen / Sonderzeichen.

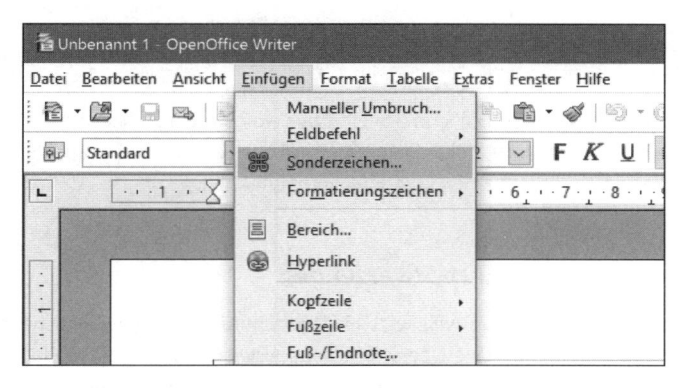

Abbildung 4.12: Sonderzeichen per Einfügen-Menü nutzen

5. Für unsere Zwecke ist die Schriftart Wingdings am besten geeignet. Nachdem man diese in der Aufklappliste eingestellt hat, werden die verschiedensten Symbole angezeigt.

6. Nun ganz nach unten scrollen – dort ist auch das Haken-Symbol zu finden. Per Mausklick wird es markiert und mit OK eingefügt. Schon ist der Haken im Dokument sichtbar.

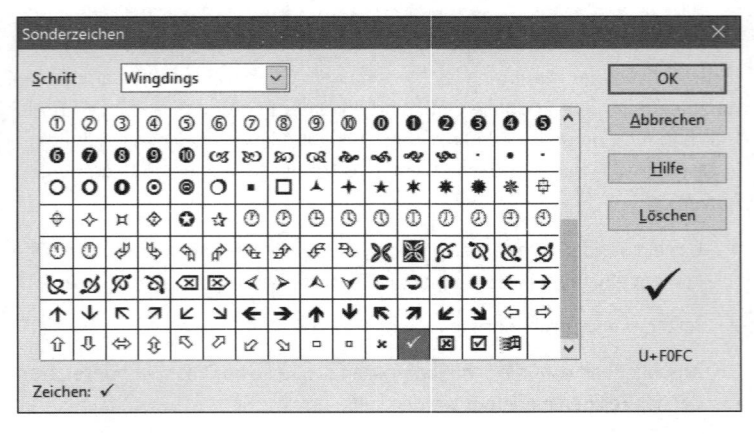

Abbildung 4.13: Das Häkchen-Symbol ist in der Wingdings-Schrift enthalten

Tipp

Noch mehr Sonderzeichen sind in der Schriftart Wingdings 2 zu finden. Ist man auf der Suche nach Pfeilen, kann man einen Blick auf Wingdings 3 werfen – falls auf dem eigenen Computer vorhanden.

3D-Schriften im WordArt-Stil erzeugen

Wer Aufmerksamkeit erregen will, setzt für Überschriften außergewöhnliche Schriften ein. Man könnte eine Überschrift beispielsweise wie ein 3D-Modell aussehen lassen. Die nötige Funktion ist in Writer schon eingebaut – und erinnert an die WordArt-Funktion von Microsoft Word.

Fontwork

Um OpenOffice-Texte mit dreidimensionalen Schriften zu schmücken, führt man die folgenden Schritte aus:

1. Zunächst in OpenOffice Writer den Befehl Ansicht / Symbolleisten / Fontwork aufrufen.

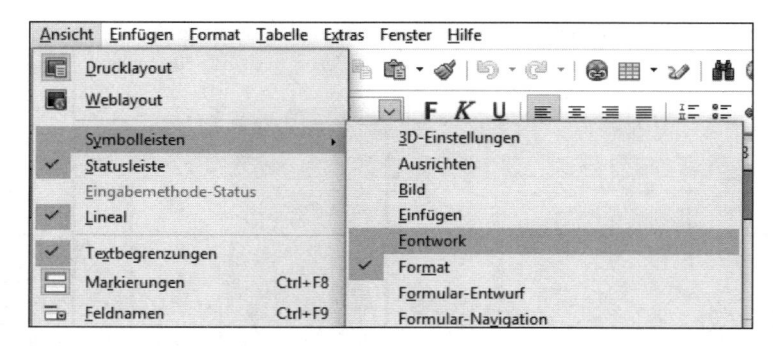

Abbildung 4.14: Die Fontwork-Symbolleiste einblenden

2. Dann auf das Symbol mit dem umrahmten Buchstaben „A" klicken, um die Fontwork Galerie zu öffnen.

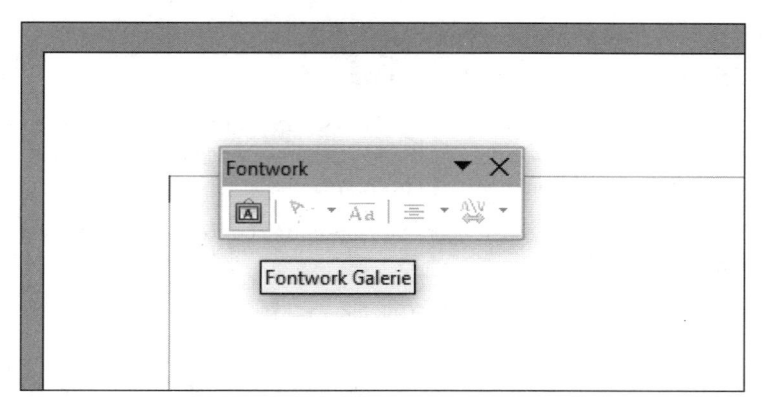

Abbildung 4.15: Per Klick auf den „A"-Button die Galerie öffnen

3. Hier die gewünschte 3D-Schrift auswählen.

4. Um den Beispieltext zu ändern, muss man jetzt doppelt auf den 3D-Schriftzug Fontwork klicken.

5. Dann den eigenen Text eingeben und mit [Esc] bestätigen.

6. Abschließend das Fontwork-Objekt markieren und mit der Maus über die Ecken die gewünschte Größe einstellen. Fertig ist der 3D-Hingucker.

Abbildung 4.16: Fertiger 3D-Text im Writer-Dokument

Sprechblasen wie im Comic einfügen

Zum Zeichnen eigener Comics greifen kreative Köpfe meist zu einem Bildbearbeitungsprogramm. Sprechblasen lassen sich darin allerdings oft nur mit Aufwand anlegen. Viel einfacher klappt das in Writer.

Um beispielsweise aus einem eigenen Urlaubsfoto einen Comic zu machen, sind folgende Schritte nötig:

1. Zunächst fügt man das gewünschte Bild per Klick auf Einfügen / Bild / Aus Datei ein.

2. Dann mit dem Befehl Ansicht / Symbolleisten / Zeichnen die Zeichenwerkzeuge einblenden.

3. Anschließend auf den Pfeil neben der Schaltfläche für Legenden (links neben der Stern-Schaltfläche) und dann auf die gewünschte Sprechblase klicken.

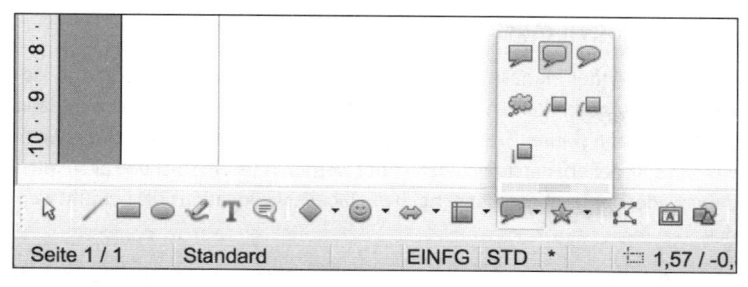

Abbildung 4.17: Gewünschte Sprechblase auswählen

4. Nun wird ins Bild geklickt und mit gedrückter Maustaste die Sprechblase aufgezogen.

5. Über die Markierungspunkte kann man jetzt noch die Größe und Richtung der Gedankenpfeile anpassen.

6. Im letzten Schritt klickt man doppelt in die Sprechblase, um den gewünschten Text einzugeben.

Abbildung 4.18: Text zur Sprechblase hinzufügen

4.2 Textfunktionen

Berechnungen machen, ohne Calc zu starten

OpenOffice Writer eignet sich nicht nur gut zum Bearbeiten von Text in Dokumenten, sondern kann auch Berechnungen ausführen. Das ist immer dann praktisch, wenn während der üblichen Texteingabe ein Zahlenwert eingegeben werden soll, der aber erst noch berechnet werden muss. In solchen Fällen muss dann weder der Taschenrechner noch die Tabellenkalkulation Calc bemüht werden.

1. Stattdessen die Taste [F2] drücken, um den Rechenmodus in Writer zu aktivieren. Dazu erscheint ein neues Eingabefeld.

2. Hier die Rechenaufgabe eingeben, zum Beispiel =120*3,4+2*sin(9). Wichtig ist, mit dem Gleichheitszeichen zu beginnen.

3. Danach mit OK bestätigen.

OpenOffice fügt so nicht die Formel, sondern deren Ergebnis an der aktuellen Cursorposition ein.

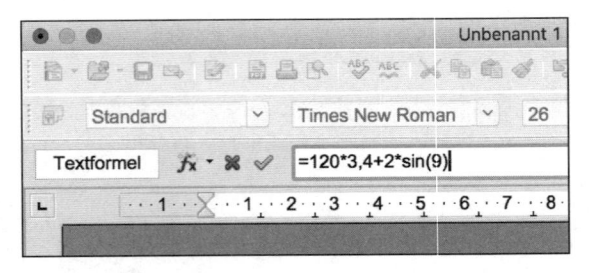

Abbildung 4.19: Berechnungen direkt in Writer

Inhaltsverzeichnis erzeugen

Längere Dokumente lassen sich leichter erfassen, wenn zu Beginn ein Inhaltsverzeichnis steht, ähnlich wie in diesem Buch. Hat man den Haupttext in Writer mittels der verschiedenen Überschriften-Ebenen strukturiert, muss man sich nicht manuell um das Anlegen eines Inhaltsverzeichnisses kümmern. Das Programm kann das Verzeichnis nämlich automatisch erzeugen.

Hier die nötigen Schritte, mit denen sich in OpenOffice Writer mithilfe der vorhandenen Überschriften automatisch ein Inhaltsverzeichnis anlegen lässt:

1. Zunächst das betreffende Dokument in Writer öffnen.

2. Jetzt den Textcursor an der Stelle platzieren, an der das Inhaltsverzeichnis eingefügt werden soll.

3. Nun folgen oben Klicks auf Einfügen / Verzeichnisse / Verzeichnisse.

4. Im nächsten Schritt kann man eine Überschrift für das Inhaltsverzeichnis eingeben. Möglich wäre etwa Inhaltsverzeichnis oder auch schlicht Inhalt.

5. Im Bereich Verzeichnis erstellen lässt sich jetzt festlegen, ob Writer das Inhaltsverzeichnis für das gesamte Dokument anlegen soll oder nur für einen bestimmten Abschnitt. Außerdem kann der Nutzer einstellen, ob nur „große" Überschriften im Inhaltsverzeichnis aufgelistet werden sollen. Will man etwa alle Überschriften der Ebenen 1 bis 3 sehen, trägt man im Feld Auswerten bis Ebene die Zahl 3 ein.

6. Zum Schluss unten auf OK klicken, fertig!

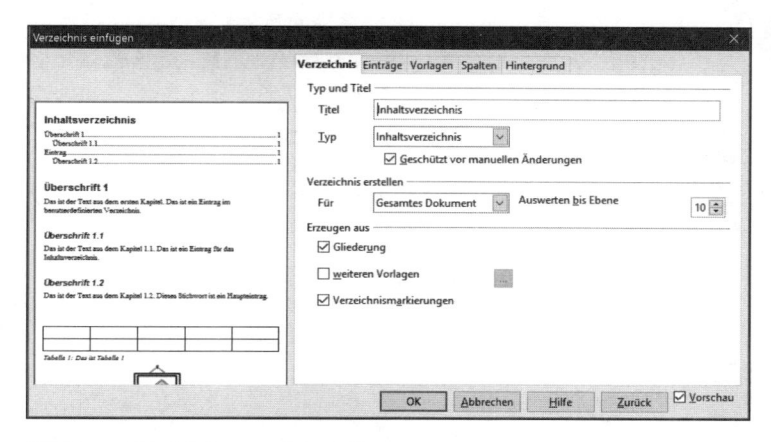

Abbildung 4.20: Inhaltsverzeichnis einfügen

Einträge im Inhaltsverzeichnis anklickbar machen

Je länger ein Dokument wird, umso mehr muss beim Blättern gescrollt werden. Einfacher geht's, wenn ein Inhaltsverzeichnis mit verknüpften Links angelegt wird. Dann reicht ein Mausklick, um ohne viel Scrollen zur gewünschten Textstelle zu springen.

Um bei OpenOffice Writer ein verlinktes Inhaltsverzeichnis anzulegen, gibt es zwei Möglichkeiten: Sollte bereits ein Verzeichnis bestehen, lässt es sich per Rechtsklick in Hyperlink-Einträge verwandeln. Nach dem Rechtsklick den Befehl *Verzeichnis bearbeiten* aufrufen. Sollte noch kein Inhaltsverzeichnis bestehen, an den Anfang des Dokuments springen und den Befehl *Einfügen / Verzeichnisse / Verzeichnisse* aufrufen.

Um das Verzeichnis anklickbar zu machen, wechselt man jetzt zum Tab *Einträge* und klickt in das erste freie Feld hinter *Struktur*. Danach folgt ein Klick auf die Schaltfläche *Hyperlink*. Dann in der Zeile *Struktur* mehrfach auf den Rechtspfeil klicken, um zum letzten Strukturfeld zu gelangen. In dieses letzte Feld klicken und erneut auf *Hyperlink* klicken. Anschließend folgt ein Klick auf *Alle* sowie auf *OK*. Das eingefügte bzw. bearbeitete Inhaltsverzeichnis wird daraufhin mit anklickbaren Hyperlinks versehen.

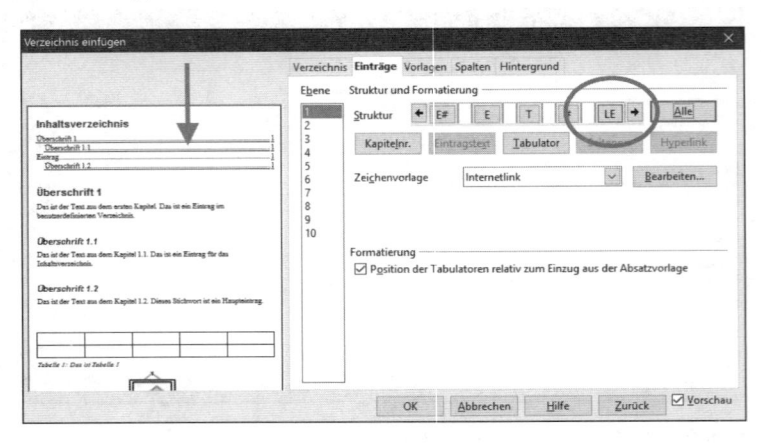

Abbildung 4.21: Inhaltsverzeichnis mit anklickbaren Einträgen

Um zur jeweiligen Textstelle zu springen, genügt es ab sofort, wenn man `Strg` gedrückt hält und mit der linken Maustaste auf den Eintrag im Inhaltsverzeichnis klickt.

4.3 Formatierung

Textformat auf andere Textstellen übertragen

Um mehrere Textabschnitte einheitlich zu formatieren, kann man das Format einfach per Pinsel übertragen. Dieses praktische Werkzeug gibt es nicht nur in Microsoft Word und Google Drive, sondern auch in Writer.

Hier findet sich der *Format übertragen*-Pinsel in der Standard-Symbolleiste rechts neben den Buttons zum Zugriff auf die Zwischenablage. Und so wird er genutzt:

1. Zuerst markiert man den Text, der bereits wie gewünscht formatiert ist.
2. Dann wird auf den Format-Kopierpinsel geklickt.
3. Jetzt noch die Ziel-Textbereiche auswählen, auf die die kopierte Formatierung angewendet werden soll.

Auf diese Weise wird der Zielbereich genauso formatiert wie der Quellbereich. So lässt sich beispielsweise ein gemeinsamer Stil für alle Überschriften realisieren – ganz ohne Formatvorlagen.

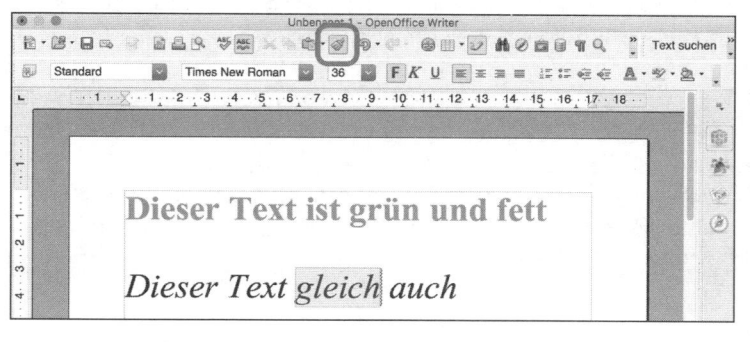

Abbildung 4.22: Formatierung übertragen

> **Tipp**
>
> **Formatierung entfernen**
>
> Wer alle Formatierungen eines Worts oder Abschnitts entfernen möchte, markiert den entsprechenden Textabschnitt und drückt danach gleichzeitig die Tasten [Strg] + [M].
>
> Writer entfernt dadurch alle bestehenden Formatierungen wie fett, kursiv oder unterstrichen auf einmal. Auch eventuell vorhandene Hyperlinks, die bei Eingabe von Webadressen automatisch eingefügt werden, verschwinden dadurch – Absatzformatierungen hingegen bleiben erhalten.

Hyperlinks entfernen

Tippt man in Writer eine Webadresse ein, wird sie automatisch in einen Hyperlink umgewandelt. Wie aber kann man diesen Link wieder zurück in normalen Text verwandeln?

Um in Writer einen Link zu entfernen, führt man die folgenden Schritte aus:

1. Zuerst mit der rechten Maustaste auf den Link klicken.
2. Im Kontextmenü findet sich neben der Möglichkeit zum Bearbeiten des Links auch die Option Hyperlink entfernen.
3. Ein Klick darauf genügt, damit aus dem verlinkten Text wieder normaler Text wird, der sich nicht mehr als Link anklicken lässt.

> **Tipp**
>
> Alternativ dazu kann man sich mit der Tastenkombination [Strg] + [M] behelfen, nachdem man den Cursor in den Link gesetzt hat. Dabei gehen allerdings auch sämtliche anderen Formatierungen verloren und müssen neu angewendet werden.

Abbildung 4.23: Hyperlink per Rechtsklick entfernen

Linien für Lückentexte einfacher ziehen

In Formularen oder Notizbereichen braucht man oft Linien, auf denen Leser später handschriftliche Ergänzungen eintragen können, etwa Name, Adresse oder Anmerkungen. Meist werden Linien mit der Tastenkombination [Umschalt] + [-] eingefügt. Für längere Linien gibt's allerdings einen besseren Trick.

Unterstrich-Linien sind vor allem in Formularen wichtig, in denen später handschriftliche Ergänzungen eingetragen werden, etwa bei Adressfeldern wie:

*Vorname:*_____ *Nachname:*_____

*Postleitzahl:*_____

Wer sie mit der Tastenkombination [Umschalt] + [-] einfügt, muss selbst darauf achten, dass die Linien exakt gleich lang sind oder an derselben Stelle aufhören. Genauer und schneller geht's mit folgendem Trick:

Unterstreichen-Modus

1. Zuerst mit der Tastenkombination [Strg] + [Umschalt] + [U] (Windows) oder [Cmd] + [U] (Mac) den *Unterstreichen*-Modus aktivieren.

2. Wird jetzt die [Tab]-Taste gedrückt, zieht Writer automatisch eine Unterstrich-Linie bis zum nächsten Tabstopp.

3. Noch einmal [Tab] verlängert die Linie bis zum darauffolgenden Tabstopp.

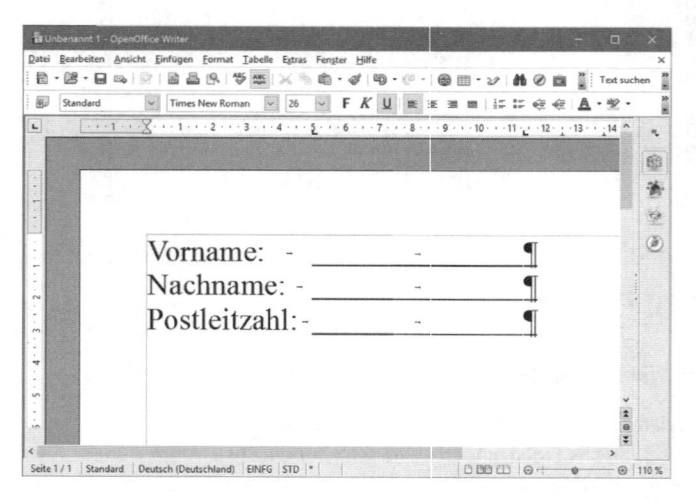

Abbildung 4.24: Unterstrichene Tabstopps für Lückentexte

Ganze Zeilen schneller unterstreichen

Zum Unterstreichen von Textpassagen gibt es eine eigene Schaltfläche. Der zu unterstreichende Text muss vorher allerdings markiert sein. Wer ganze Zeilen unterstreichen möchte, kann mit einem Trick aufs Markieren verzichten.

Um eine komplette Zeile zu unterstreichen, geht man wie folgt vor:

1. Zunächst wie gewohnt den Text eingeben.

2. Jetzt wird die Zeile mit Druck auf [Enter] abgeschlossen. Die Einfügemarke springt daraufhin in die nächste Zeile.

3. Nun drei Minuszeichen eingeben und mit Enter bestätigen. Und siehe da: Die darüber liegende Zeile wird mit einer dünnen Linie unterstrichen.

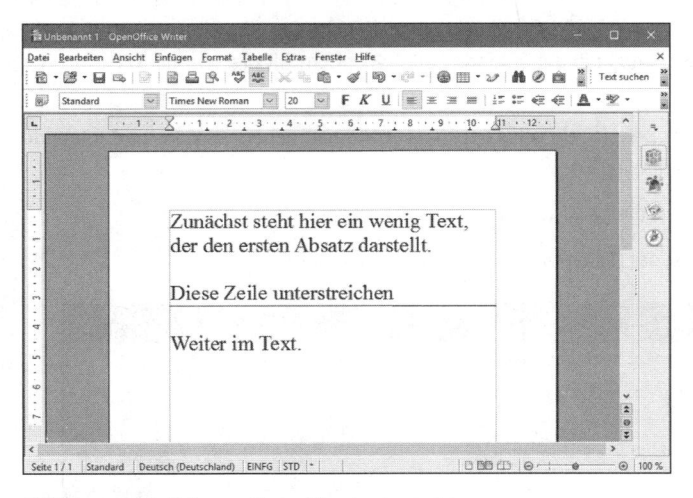

Abbildung 4.25: Zeilen per Tastenkürzel unterstreichen

Unterstreichungsarten

> **Tipp**
>
> Es gibt noch weitere Unterstreichungsarten:
>
> ▶ Für eine dicke Linie statt der Minuszeichen drei Unterstriche eingeben.
>
> ▶ Eine doppelte Unterstreichung wird mit drei Gleichheitszeichen eingefügt.
>
> ▶ Drei Sterne ergeben eine dicke und eine dünne Linie.
>
> ▶ Drei Doppelkreuze # werden zu einer dicken und einer sehr dicken Linie.

Text in anderer Farbe unterstreichen

Wer auf die *Unterstreichen*-Schaltfläche klickt oder die Tastenkombination `Strg` + `Umschalt` + `U` drückt, unterstreicht den aktuell markierten Text – und zwar immer in der Textfarbe. Mit folgendem Trick lassen sich Texte in einer alternativen Farbe unterstreichen.

Soll zum Beispiel ein schwarzer Text rot unterstrichen werden, sind folgende Schritte notwendig:

1. Zuerst die gewünschte Textpassage markieren.
2. Jetzt das Dialogfenster Format / Zeichen aufrufen.

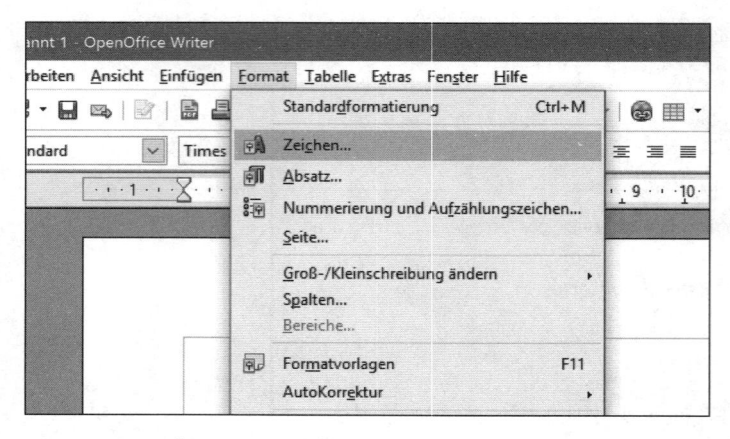

Abbildung 4.26: Öffnen des Dialogfelds Format / Zeichen

3. Nun wird zum Tab Schrifteffekt geschaltet.
4. Im Klappfeld Unterstreichung kann man dann die gewünschte Linienart und Farbe auswählen.
5. Die andersfarbige Unterstreichung wird sichtbar, sobald man das Dialogfeld per Klick auf OK bestätigt und schließt.

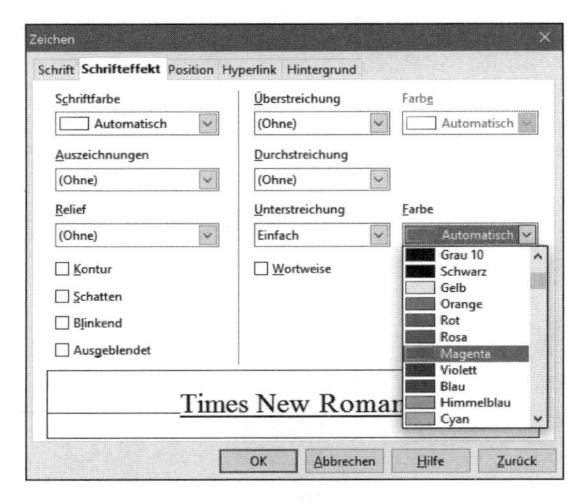

Abbildung 4.27: Farbe der Unterstreichung auswählen

Grafiken im Hintergrund bis zum Seitenrand anzeigen

Dass Textdokumente mit Grafiken geschmückt werden können, ist kein Geheimnis. Wer eine Grafik aber in den Hintergrund legen und sie bis zum Blattrand ausdrucken möchte, muss tiefer in die Trickkiste greifen. Bei OpenOffice Writer geht das über ein Anpassen der Einstellung beim Seitenrand und der Funktion *Umrandung*.

Um bei OpenOffice Writer zum Beispiel ein Foto als formatfüllende Hintergrundgrafik zu verwenden, sind folgende Schritte notwendig:

1. Zuerst den Menübefehl Format / Seite aufrufen und zum Tab Hintergrund wechseln.

2. Im Feld Als den Eintrag Grafik wählen und über den Button Auswählen die gewünschte Grafikdatei heraussuchen.

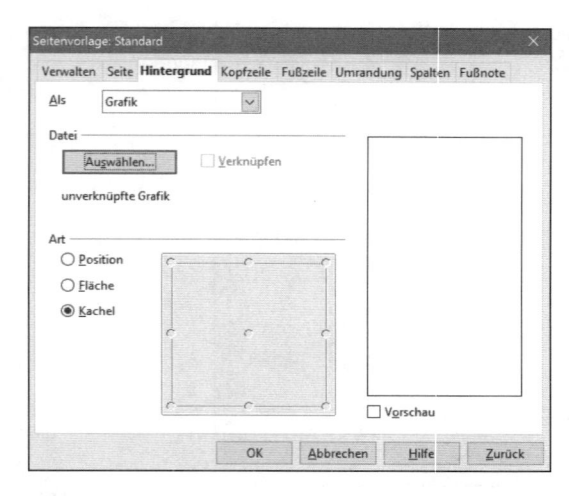

Abbildung 4.28: Grafik für den Hintergrund auswählen

3. Damit OpenOffice die Hintergrundgrafik bis zum Rand druckt, zum Tab Seite wechseln und unten links alle Seitenränder auf 0,0 cm einstellen.

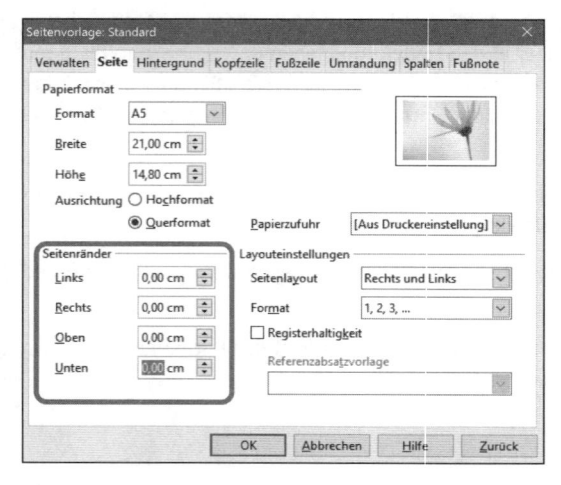

Abbildung 4.29: Seitenränder für den Hintergrund zurücksetzen

4. Da jetzt auch der Text bis zum Rand läuft, zum Tab Umrandung wechseln und hier im Bereich Standard die Option Komplette Umrandung aktivieren. Das geht oben links mit dem zweiten von fünf nebeneinander angezeigten quadratischen Buttons.

5. Nun im Bereich Abstand zum Inhalt die gewünschten Seitenränder definieren, zum Beispiel 2,00 cm.

6. Anschließend wird im Feld Linie: Stil die Einstellung - kein - ausgewählt, sodass die erzeugte Rahmenlinie unsichtbar wird.

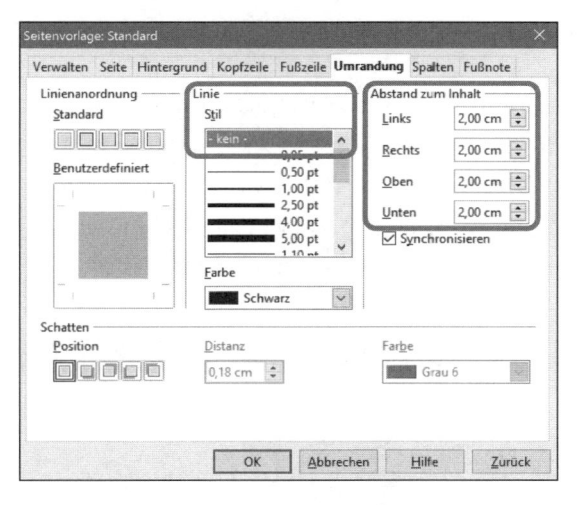

Abbildung 4.30: Unsichtbaren Rahmen einfügen

Der Text wird damit trotz formatfüllender Hintergrundgrafik mit dem gewünschten Seitenrand formatiert.

Tipp

Wichtig beim Ausdruck: Der Effekt wirkt nur, wenn der Drucker in der Lage ist, bis zum Blattrand zu drucken.

Randbemerkungen einfügen

Wenn man mit mehreren Personen gemeinsam an OpenOffice-Dokumenten arbeitet, müssen Entwürfe und erste Versionen oft kommentiert werden. Änderungsvorschläge und andere Anmerkungen lassen sich am besten per Randbemerkung anbringen. Mit Rahmen und passenden Formatvorlagen ist das kein Problem.

Um OpenOffice-Writer-Texte mit Randbemerkungen zu versehen, führt man die folgenden Schritte aus:

1. Als Erstes den Befehl Format / Seite aufrufen und dort zum Tab Seite wechseln.

2. Hier den Seitenrand verbreitern, um Platz für Randbemerkungen zu schaffen. Die Änderung dann mit Klick auf OK bestätigen.

3. Jetzt mit Einfügen / Rahmen im Randbereich einen Rahmen platzieren.

4. Im Fenster Formatvorlagen (Taste F11 oder Klick am rechten Fensterrand auf das zweite Symbol von oben) dem Rahmen die Vorlage Marginalie zuweisen.

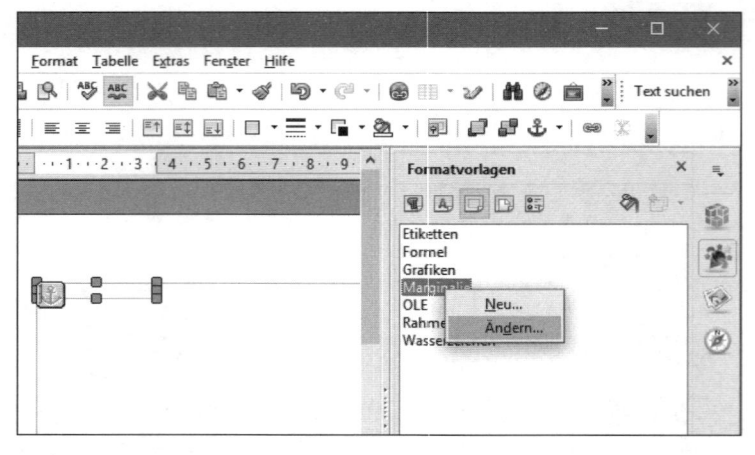

Abbildung 4.31: Zuweisen der Formatvorlage Marginalie

5. Dann mit der rechten Maustaste auf die Vorlage Marginalie klicken, um aus dem Kontextmenü den Befehl *Ändern* aufzurufen.

6. Im dann angezeigten Dialogfeld zum Tab Typ schalten.

7. Hier wird im Feld Position: Horizontal die Position Von links um 0,50 *cm* zu Seitenrand links bzw. Von rechts um 0,50 *cm* zu Seitenrand rechts festgelegt.

Fertig ist die eigene Vorlage für Randbemerkungen!

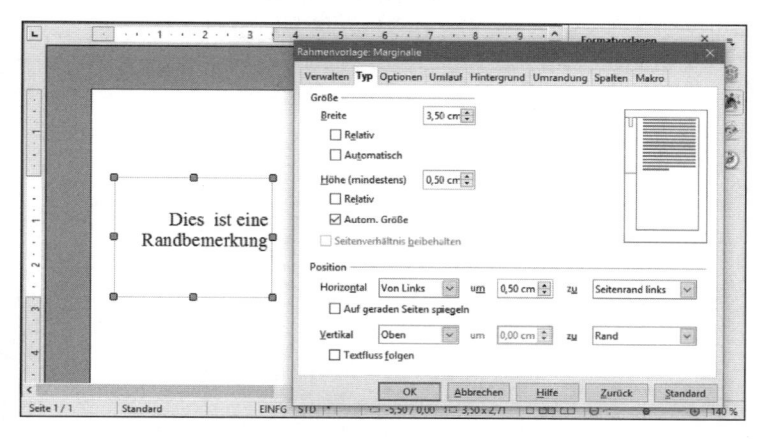

Abbildung 4.32: Position der Randnotiz einstellen

Wichtige Absätze nicht voneinander trennen

Wer mit Writer einen Text schreibt und ausdruckt, kann sich darauf verlassen, dass sich die Textverarbeitung automatisch um den passenden Seitenumbruch kümmert.

Es gibt jedoch Textbereiche, die nicht getrennt werden sollten, zum Beispiel Aufzählungen. Damit das nicht passiert, lassen sich Absätze so schützen, dass sie immer zusammen auf einer Seite stehen.

Absätze vor unerwünschten Trennungen zu bewahren, ist einfach:

1. Zuerst müssen die Absätze markiert werden. Dazu in den ersten Absatz klicken und mit gedrückter Maustaste über die weiteren Absätze fahren.

2. Dann den Befehl Format / Absatz aufrufen und in das Register Textfluss wechseln.

3. Dort das Kontrollkästchen Absätze zusammenhalten mit einem Haken versehen und per Klick auf OK bestätigen.

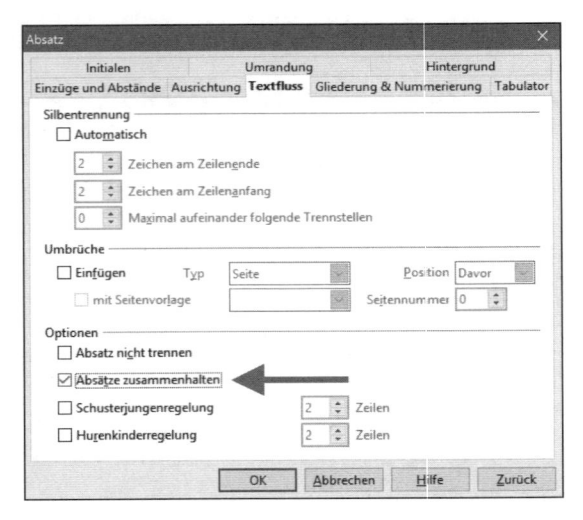

Abbildung 4.33: Einstellung zum Zusammenhalten von Absätzen

Rutschen die gekennzeichneten Absätze ans Seitenende, werden sie jetzt immer komplett auf die nächste Seite verschoben.

Tipp

Im Dialogfenster gibt es noch weitere Optionen zum Schützen von Absätzen. Mit *Absatz nicht trennen* wird die Trennung innerhalb eines Absatzes vermieden. Die Kontrollkästchen *Schusterjungenregelung* und *Hurenkindregelung* verhindern, dass lediglich einzelne Zeilen eines Absatzes ein-

> sam am Seitenende (Schusterjunge) oder am Seitenanfang (Hurenkind) erscheinen. Steht beispielsweise die letzte Zeile eines Absatzes auf einer neuen Seite, wird der Umbruch so versetzt, dass zum Beispiel mindestens drei Zeilen auf die neue Seite kommen.

Standardformate verwenden

OpenOffice bietet Formatvorlagen an, um Texte mit wenigen Mausklicks in Form bringen zu können. Mit Formatvorlagen lassen sich einzelne Wörter, aber auch komplette Absätze oder Dokumente bequem formatieren. Wer die Standardvorlagen variiert, anstatt neue Formatvorlagen anzulegen, möchte aber vielleicht irgendwann wieder die Standardwerte der Druckformatvorlagen verwenden.

Die Standardeinstellung lässt sich jederzeit wieder zurückholen:

1. Zunächst die Seitenleiste einblenden, falls sie momentan nicht zu sehen ist. Das geht per Klick auf Ansicht / Seitenleiste.

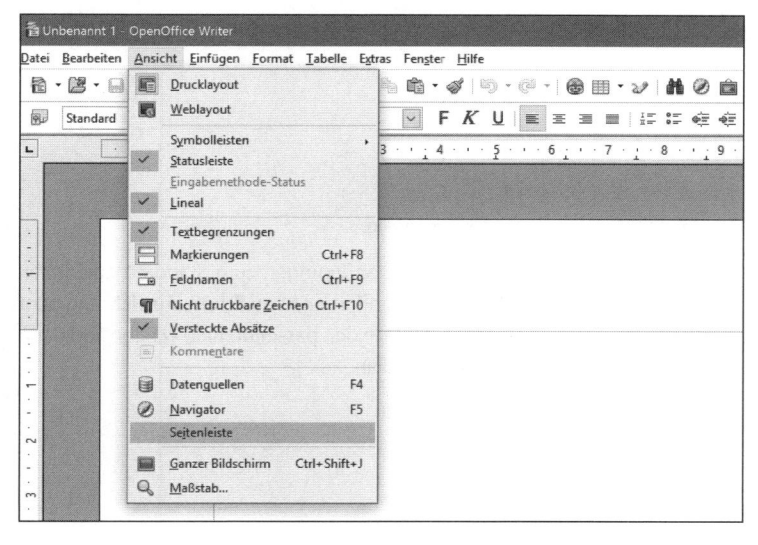

Abbildung 4.34: Seitenleiste einblenden

2. Dort wird jetzt zur Ansicht Formatvorlagen geschaltet, indem man rechts außen auf das zweite Symbol von oben klickt. Alternativ kann man auch einfach auf F11 drücken, um die Liste der Formatvorlagen anzuzeigen.

3. Anschließend mit der rechten Maustaste die betreffende Vorlage auswählen und im Kontextmenü *Ändern* anklicken.

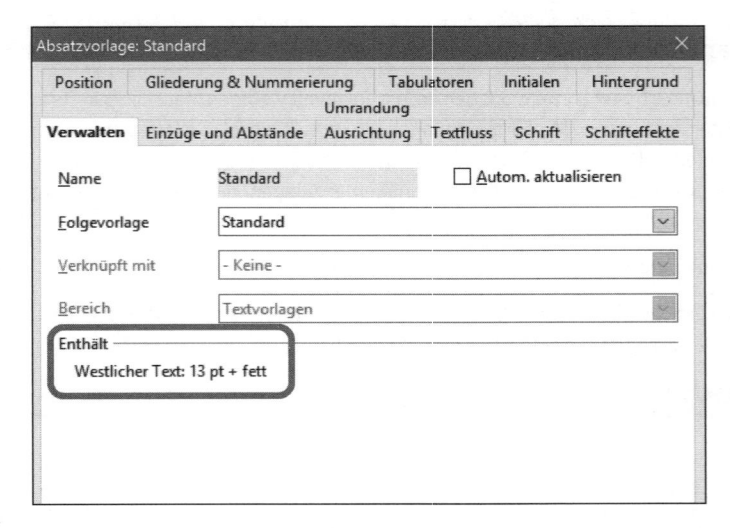

Abbildung 4.35: Formatvorlage ändern

4. Danach zum Tab Verwalten wechseln.

5. Unterhalb von Enthält sind die Veränderungen zum Standard erkennbar. Von hier aus lassen sich gezielt Veränderungen an Schrift, Ausrichtung oder Textfluss rückgängig machen: Einfach den passenden Tab wählen und darin jeweils den Button Standard anklicken.

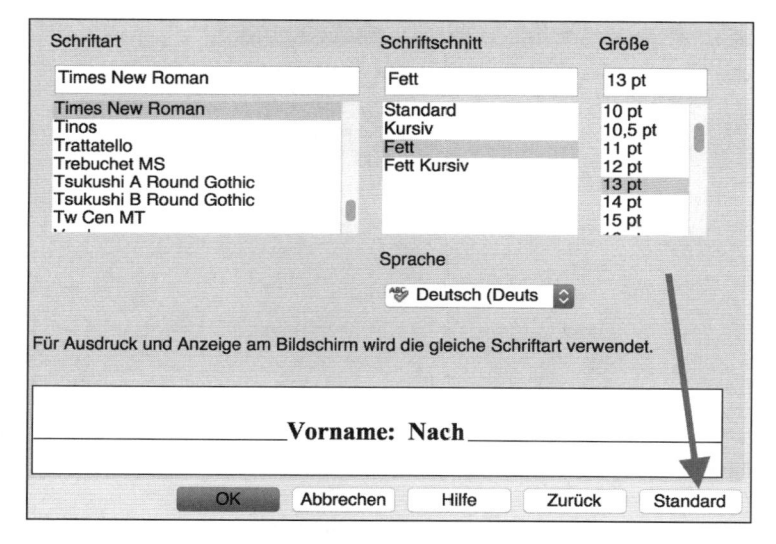

Abbildung 4.36: Details der Vorlage auf Standard zurücksetzen

Textbereiche nicht drucken

Es kann mitunter sinnvoll sein, einzelne Textpassagen eines Dokuments vom Ausdruck auszuschließen, etwa vertrauliche Informationen oder Hinweise. OpenOffice Writer kann das mit einem Trick.

1. Dazu im Menü Einfügen die Funktion Rahmen aufrufen.

2. Jetzt in den eingefügten Rahmen den Text eingeben, der zwar auf dem Bildschirm zu sehen sein soll, aber nicht ausgedruckt werden darf.

3. Anschließend den Rahmen markieren und im Menü Format die Funktion Rahmen/Objekt auswählen.

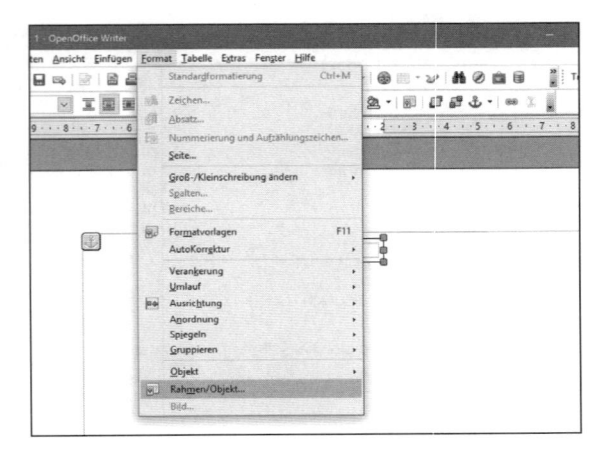

Abbildung 4.37: Rahmen formatieren

4. Hier den Tab Optionen in den Vordergrund holen.

5. Um den Druck nun zu verhindern, muss man im Bereich Eigenschaften den Haken vor der Option Drucken entfernen.

Ab sofort erscheint der Absatz in keinem Ausdruck mehr.

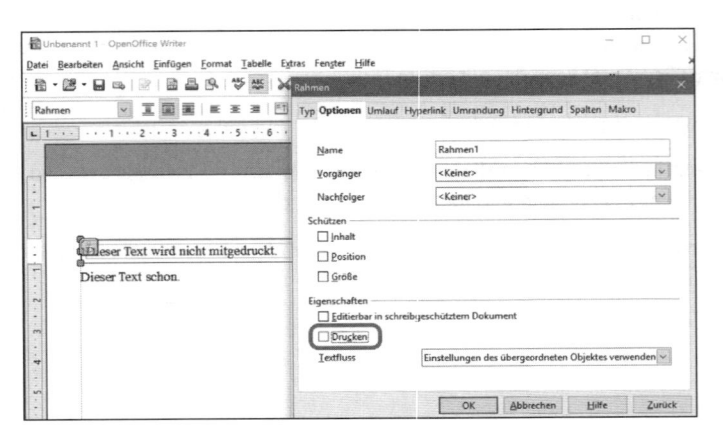

Abbildung 4.38: Textbereich vom Druck ausschließen

Eigene Farben für Text oder Hintergrund

Über die Palette lassen sich Texte mit individuellen Text- oder Hintergrundfarben formatieren. Allerdings ist die Farbauswahl nicht sehr üppig. Wer andere als die Standardfarben benötigt, mischt sich einfach eigene Farben.

Um eigene Textfarben zu definieren, helfen folgende Schritte:

1. Zunächst in OpenOffice Writer den Befehl Extras / Einstellungen aufrufen.
2. Nun im Zweig OpenOffice auf Farben klicken.
3. Im folgenden Fenster gibt man der neuen Farbe einen passenden Namen und trägt den RGB-Wert ein.
4. Alternativ lässt sich die Farbe auch per Klick auf Bearbeiten aus der Farbliste auswählen.
5. Nach Klicks auf OK und Hinzufügen erscheint die eigene Kreation in der Standard-Farbpalette von OpenOffice.

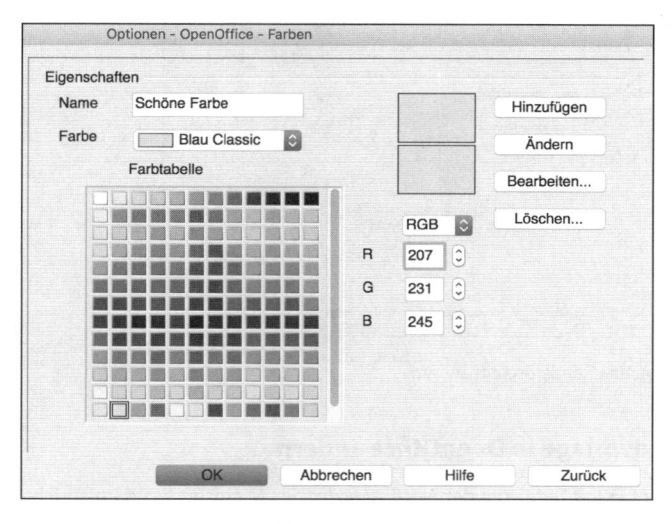

Abbildung 4.39: Eigene Farben für die Farbpalette

Standardschriftart ändern

Wie in Word lässt sich auch in OpenOffice Writer die standardmäßig genutzte Schriftart leicht anpassen – wenige Klicks reichen dazu aus.

1. Als Erstes wird oben auf Extras / Einstellungen geklickt.
2. Jetzt links zum Bereich OpenOffice Writer, Grundschriften (westlich) navigieren.
3. Auf der rechten Seite findet man dort die fünf Standardschriften für verschiedene Textarten. Die oberste Einstellung wird geändert. Hier lässt sich auf Wunsch auch die Standard-Schriftgröße konfigurieren.
4. Zum Schluss unten auf OK klicken – fertig.

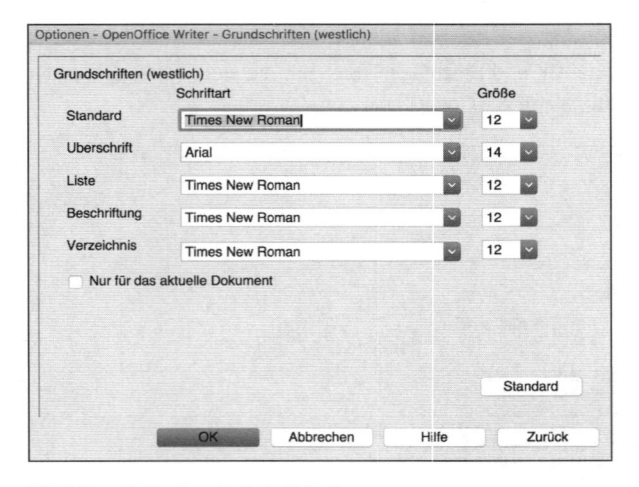

Abbildung 4.40: Standardschrift ändern

Standardvorlage in OpenOffice ändern

Writer kennt keine Datei, die der *Normal.dotm* aus Microsoft Word entspricht. In dieser Datei sind in Word alle Standardeinstellungen enthalten, etwa gewünschter Zeichensatz, Absatzformate usw. Wird ein neuer Text erstellt, arbeitet

Word so lange mit diesen Standardformatierungen, bis ausdrücklich andere Formatierungen verwendet werden.

Bei Writer muss man hingegen wie folgt vorgehen, um die Standards für Formatierungen festzulegen:

1. Zunächst Writer öffnen und die gewünschten Formate für Schrift und Absatz festlegen.

2. Anschließend das leere Textdokument mithilfe der Funktion Datei / Dokumentvorlage / Speichern speichern.

3. Nun wird auf Datei / Dokumentvorlage / Verwalten geklickt.

4. Auf der linken Seite auf Meine Vorlagen doppelklicken.

5. Danach mit der rechten Maustaste auf die gerade erstellte Vorlage klicken und im Kontextmenü die Option Als Standardvorlage setzen auswählen.

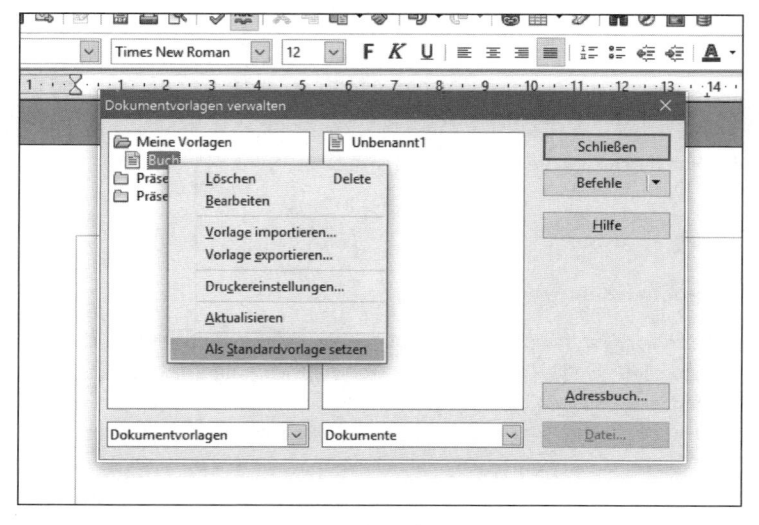

Abbildung 4.41: Standardvorlage einrichten

Textbereiche schützen

Wer in Writer eine Textpassage vor Überschreiben oder Veränderungen jeder Art schützen möchte, etwa innerhalb eines Formulars, muss die Textpassage nur entsprechend formatieren. Dazu geht man wie folgt vor:

1. Als Erstes den gewünschten Textabschnitt markieren.
2. Jetzt im Menü Einfügen die Funktion Bereich aufrufen.

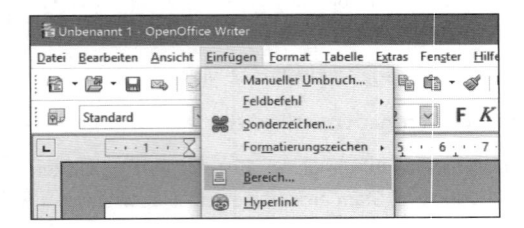

Abbildung 4.42: Bereich einfügen

3. Danach unter Neuer Bereich eine möglichst aussagekräftige Erläuterung für den Abschnitt eingeben, etwa Geschützter Bereich.
4. Nun durch Klick die Option Schützen aktivieren.

> **Tipp**
>
> **Optional: Kennwortschutz**
>
> Wer mag, kann den Schutz nun sogar noch durch ein Kennwort sichern. Dazu ebenfalls die Option *Mit Kennwort* aktivieren und das gewünschte Kennwort eingeben (sogar zweimal). Dann lässt sich der Schutz nur noch durch Eingabe dieses Kennworts wieder aufheben. Nach Bestätigen durch *OK* ist im markierten Bereich nun keine Korrektur mehr möglich. Spezielle Text- oder Kombinationsfelder lassen sich allerdings nach wie vor verändern, was gerade für Formulare aber auch sinnvoll ist.
>
> Um den geschützten Bereich zu entriegeln, mit [F5] den Navigator von OpenOffice aufrufen, auf das Pluszeichen vor *Bereiche* klicken und im Kon-

textmenü des aktuellen Bereichs *Bearbeiten* auswählen. Danach die Option *Geschützt* deaktivieren und gegebenenfalls das vereinbarte Kennwort eingeben.

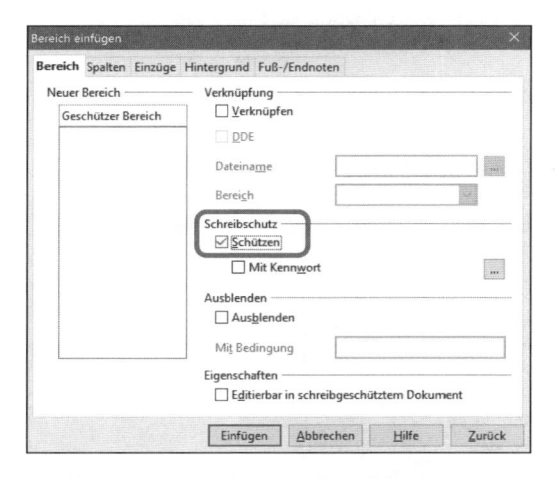

Abbildung 4.43: So wird der Bereich geschützt

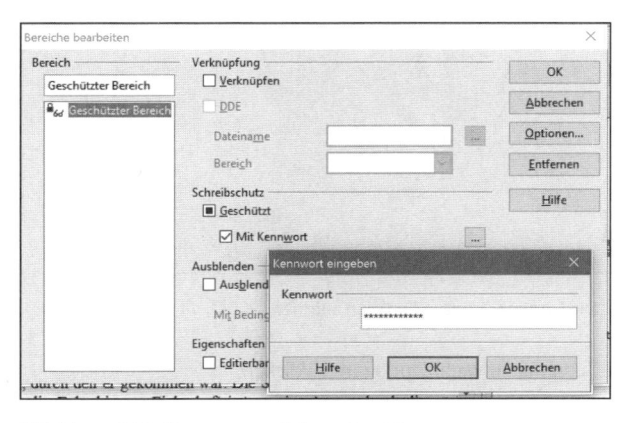

Abbildung 4.44: Kennwortgeschützter Bereich

4.4 Suchen & Ersetzen

Formatvorlagen ersetzen

Mit dem Befehl *Suchen & Ersetzen* lassen sich in OpenOffice Writer nicht nur Wörter austauschen. Über die erweiterten Optionen sind auch Formatvorlagen schnell gewechselt.

Um im gesamten Dokument die Formatvorlagen zu wechseln, geht man wie folgt vor:

1. Zunächst den Befehl *Bearbeiten / Suchen & Ersetzen* aufrufen.

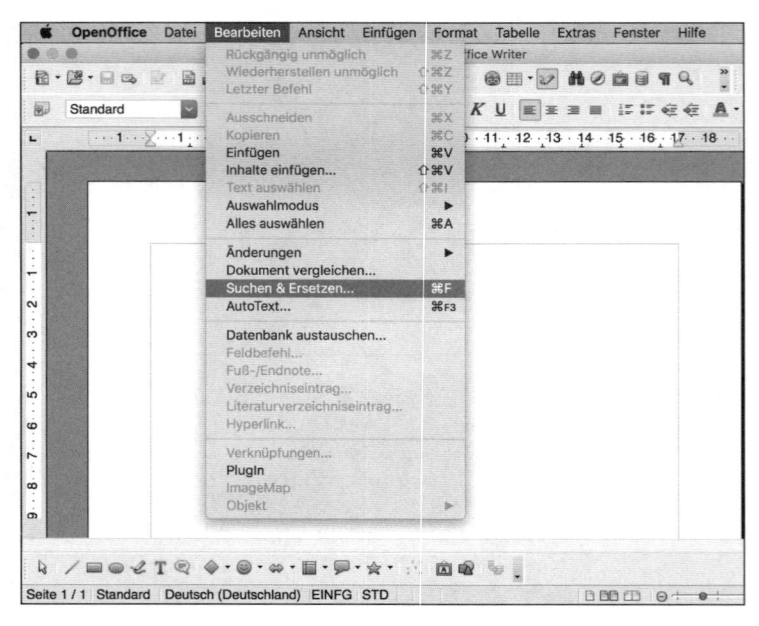

Abbildung 4.45: Die *Suchen & Ersetzen*-Funktion aufrufen

2. Hier auf die Schaltfläche Mehr Optionen … klicken.

3. Im unteren Bereich des Dialogfensters wird jetzt der Eintrag *Suche nach Vorlagen* markiert.

4. In der Auswahlliste stehen alle derzeit im Dokument verwendeten Formatierungen zur Verfügung. Hier die gewünschte Formatierung auswählen und unter Ersetzen *durch* das neue Format festlegen.

5. Ein Klick auf *Ersetzen* startet den Austausch.

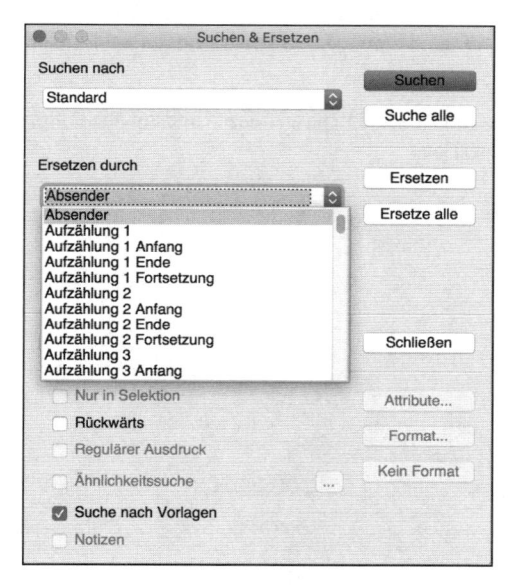

Abbildung 4.46: Auch Vorlagen lassen sich ersetzen

Mit der Suchfunktion ähnliche Begriffe finden

Die Suchfunktion findet nur das, was im Feld *Suchen* vorgegeben wurde. Wird nach „Buch" gesucht, springt OpenOffice Writer zwar zum Eintrag „Buch", nicht aber zu „Büchern". Eigentlich logisch, da die Textverarbeitung nicht zwischen Singular und Plural unterscheiden kann. Dass es auch anders geht, zeigt die Ähnlichkeitssuche.

Mit einem Trick findet OpenOffice Writer auch ähnlich geschriebene Begriffe. Das hört sich nach einer intelligenten Suchfunktion an, dahinter stecken aber nur raffinierte Regeln für den Tausch einzelner Buchstaben. Um beispielsweise in einem Rutsch „Buch" und „Bücher" zu finden, sind folgende Schritte notwendig:

Ähnlichkeitssuche

1. Zuerst in OpenOffice Writer den Befehl *Bearbeiten / Suchen & Ersetzen* aufrufen und den Suchbegriff Buch eintragen. Anschließend auf *Mehr Optionen ...* klicken.

2. Dort das Kontrollkästchen *Ähnlichke*itssuche ankreuzen und auf den Button mit den drei Punkten (...) klicken.

Abbildung 4.47: Nach ähnlichen Begriffen suchen

3. Im nächsten Fenster im Feld *Zeichen tauschen* den Wert 1 eintragen. Damit wird festgelegt, dass genau ein Zeichen des Originalsuchbegriffs an der Fundstelle anders sein darf, also statt „Buch" zum Beispiel auch „Büch" (aber auch „Such" oder „Tuch").

4. Im Feld *Zeichen hinzufügen* wird jetzt der Wert 2 eingetragen, damit OpenOffice auch Begriffe findet, die zwei Buchstaben mehr aufweisen, also statt „Buch" auch „Bücher".

5. Der Wert *Zeichen entfernen* sollte auf 0 stehen, damit keine Wörter mit weniger Buchstaben gefunden werden.

6. Das Kontrollkästchen *Kombinieren* angekreuzt lassen und das Fenster mit Klick auf OK schließen.

7. Beim Klick auf *Suchen* findet OpenOffice neben „Buch" jetzt auch „Bücher" – aber auch viele andere ähnliche Begriffe, die den Tauschregeln entsprechen, zum Beispiel „Becher" oder „Wucher".

Überflüssige Leerzeilen löschen

Über die Zwischenablage von Windows lassen sich beliebige Texte in das OpenOffice-Writer-Fenster einfügen. Oft enthält das Dokument aber überflüssige Leerzeichen, die nach dem Import manuell wieder entfernt werden müssen. Schneller geht's mit der *Suchen & Ersetzen*-Funktion und regulären Ausdrücken.

Reguläre Ausdrücke helfen

Die folgenden Schritte sind nötig:

1. Um die Leerzeilen in einem Dokument zu entfernen, den Menübefehl *Bearbeiten / Suchen & Ersetzen* aufrufen oder die Tastenkombination [Strg] + [F] drücken.

2. Anschließend auf den Button Mehr Optionen ⊠ klicken und einen Haken bei der Option Regulärer Ausdruck setzen.

3. Ins Feld Suchen nach wird die folgende Zeichenfolge eingetippt: ^$

4. Das Feld Ersetzen durch bleibt leer. Mit einem Klick auf Ersetze alle werden alle überflüssigen Leerzeilen aus dem Dokument entfernt.

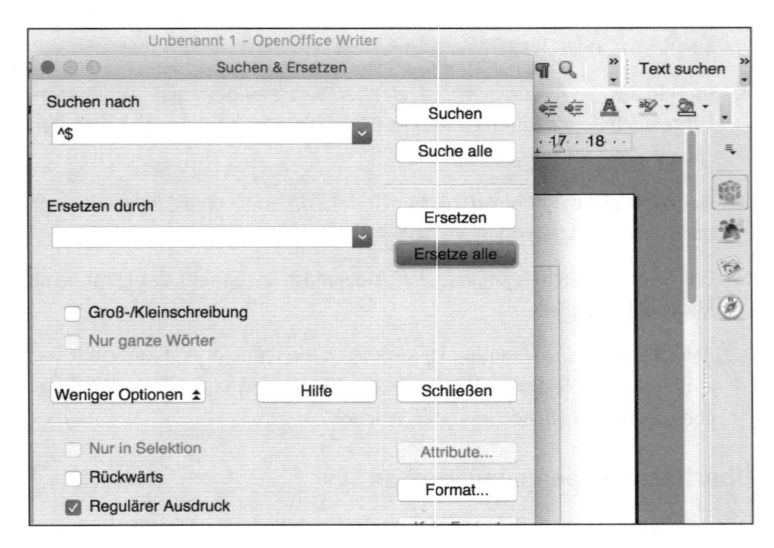

Abbildung 4.48: Reguläre Ausdrücke zum Suchen verwenden

Web

Reguläre Ausdrücke sind ein mächtiges Werkzeug zum Erkennen und Bearbeiten von Text. Was es damit genau auf sich hat und welche Zeichen man zu welchen Mustern zusammensetzen kann, wird auf der folgenden Website anschaulich und mit Beispielen erklärt:

http://go.schieb.de/regex-hilfe

Doppelte Leerzeichen entfernen

Wenn man schnell einen längeren Text in OpenOffice abtippt, kommt es häufig zu doppelten Leerzeichen. Wie man die wieder loswird, zeigt dieser Tipp.

So werden überflüssige Leerzeichen in OpenOffice gelöscht:

1. Zuerst das Dokument in OpenOffice öffnen und auf das Bearbeiten-Menü klicken.
2. Hier findet man auch den Punkt Suchen & Ersetzen. Alternativ kann man die Tastenkombination [Strg] + [F] nutzen.
3. Nun unter Suchen nach zwei Leerzeichen und im Feld Ersetzen durch ein einzelnes Leerzeichen eintippen.

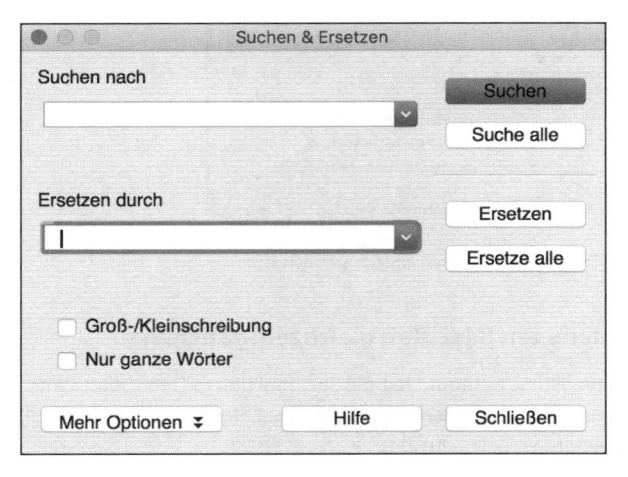

Abbildung 4.49: Leerzeichen ersetzen

4. Jetzt über den Button Ersetze alle das Löschen der doppelten Leerzeichen anstoßen.

Tipp

Doppelte Leerzeichen lassen sich schon während der Eingabe verhindern. Dazu auf *Extras / AutoKorrektur-Einstellungen / Optionen* klicken und hier den Haken bei *Doppelte Leerzeichen ignorieren* setzen. Zum Schluss mit Klick auf *OK* bestätigen.

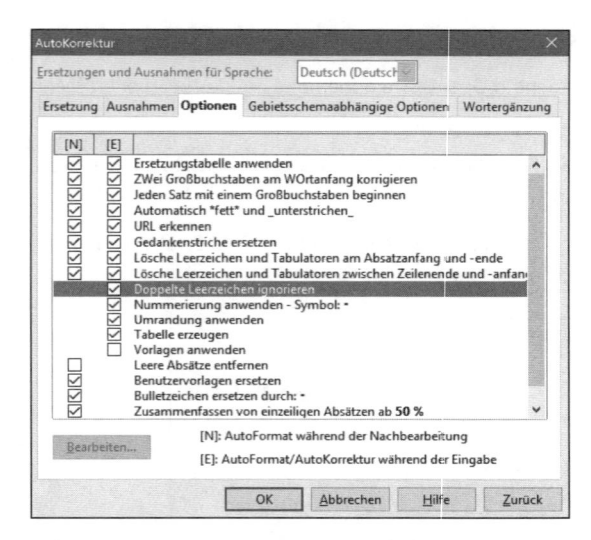

Abbildung 4.50: Doppelte Leerzeichen einfach ignorieren

Nach verschiedenen Begriffen gleichzeitig suchen

Schon in der normalen Ausführung hat die Suchfunktion in OpenOffice Writer einiges auf Lager. Wer nach mehreren Ausdrücken auf einen Rutsch suchen will, nutzt dazu sogenannte reguläre Ausdrücke.

Hier ein Beispiel, wie die Suche nach mehreren Begriffen gleichzeitig funktioniert. Sucht man in einem langen Dokument nach Ortsnamen und will alle Textstellen finden, die entweder „Düsseldorf" oder „Köln" enthalten, geht das wie folgt:

1. Zunächst wird das betreffende Dokument geöffnet.
2. Jetzt oben in der Menüleiste auf Bearbeiten / Suchen & Ersetzen klicken.
3. Es folgt ein Klick auf den Button Mehr Optionen ⊠.
4. Jetzt einen Haken bei Regulärer Ausdruck setzen.

5. In das Suchfeld gibt man jetzt die Ortsnamen ein und trennt sie mit einem Pipe-Zeichen, etwa so: Düsseldorf|Köln.

6. Dann wird auf den Suchen-Button geklickt, sodass Writer alle Vorkommen eines dieser Wörter markiert.

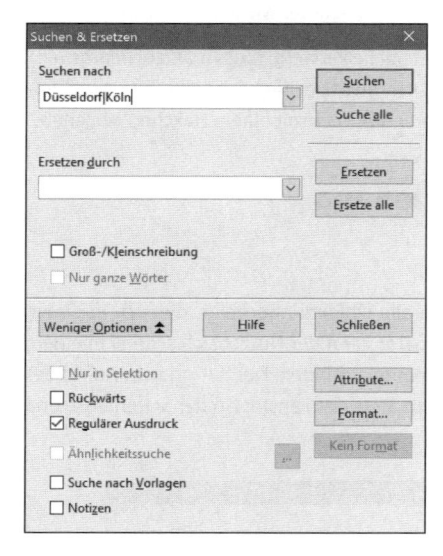

Abbildung 4.51: Mehrere Begriffe auf einmal suchen mit regulären Ausdrücken

Tipp

Das Pipe-Zeichen lässt sich in Windows durch Drücken von [AltGr] + [<] eintippen; Mac-Nutzer erzeugen es mit der Tastenkombination [Alt] + [7].

Suche mit Platzhaltern

Reguläre Ausdrücke, wie sie in den vorigen Tipps genutzt wurden, sind noch viel vielseitiger: Wer mag, kann auch mit sogenannten Platzhaltern (Jokern) suchen.

Der Punkt „." steht dabei als Platzhalter für jedes beliebige Zeichen, der Stern „*" hingegen steht für mehrere Zeichen.

Sucht man zum Beispiel nach dem Begriff „M.ier", werden Begriffe wie „Maier" und „Meier" gefunden. Wird hingegen nach „Bon*" gesucht, fördert die Recherche sowohl Ergebnisse wie „Bonn" als auch Begriffe wie „Bonität" zutage.

Damit Writer solche Platzhalter in der Suche versteht, muss man auf *Bearbeiten / Suchen & Ersetzen* klicken, dann das Dialogfeld per Klick auf *Mehr Optionen* ⊠ aufklappen und dort die Option *Regulärer Ausdruck* mit einem Häkchen versehen.

4.5 Ansicht und Bedienung

Das steckt im Navigator

Im sogenannten Navigator werden alle Objekte angezeigt, die sich in einem Dokument befinden. Mit dem Navigator kann der Nutzer sich schnell in einem Dokument bewegen und darin Elemente auffinden. Der Button zum Aufruf des Navigators findet sich auf der rechten Seite des Fensters in der Seitenleiste und sieht aus wie ein Kompass.

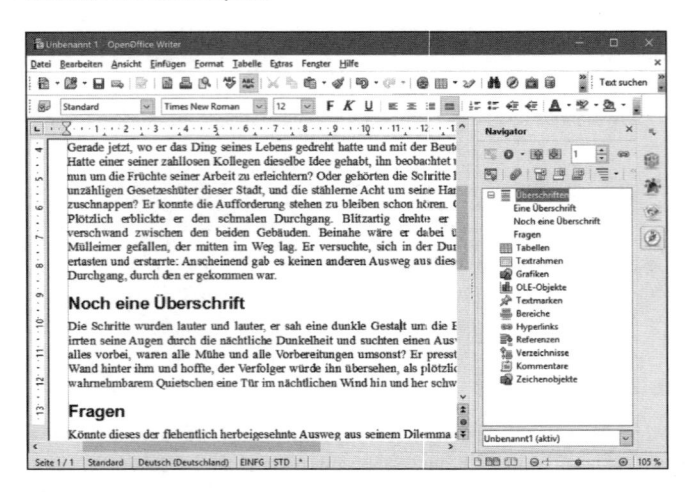

Abbildung 4.52: Der Navigator in OpenOffice Writer

Im Navigator sieht man Listen mit Überschriften, Tabellen, Lesezeichen, Grafiken, Textrahmen und anderen Elementen. Klickt man bei einem der Elementtypen auf das Pluszeichen, wird die zugehörige Liste aufgeklappt.

Ein Doppelklick auf eines der im Navigator angezeigten Elemente bewirkt, dass Writer direkt zur entsprechenden Stelle im Dokument springt.

> **Tipp**
>
> **Kapitel umsortieren per Navigator**
>
> Dokument-Kapitel lassen sich durch Umsortieren der Überschriften per Navigator neu anordnen. Dazu wird auf das Symbol *Inhaltsansicht* geklickt. Anschließend die fragliche Überschrift auswählen. Über die Buttons *Kapitel hoch* und *Kapitel hinunter* kann der Abschnitt jetzt an eine neue Position im Dokument verschoben werden.

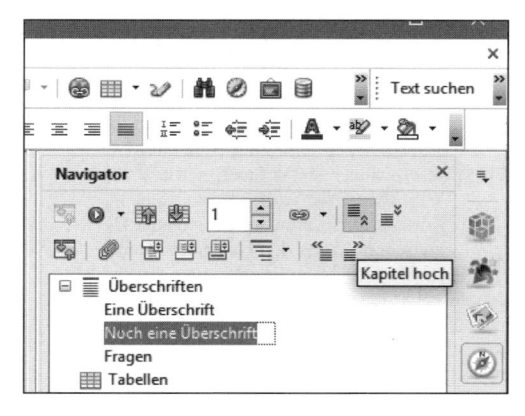

Abbildung 4.53: Kapitel im Dokument verschieben

Bedingte Trennstriche einblenden

Die automatische Silbentrennung von OpenOffice Writer arbeitet recht zuverlässig. Nur bei exotischen oder unbekannten Begriffen klappt die Trennung nicht so problemlos. In diesem Fall kann der Nutzer durch Drücken von `Strg` + `Trennstrich` (Windows) bzw. `Cmd` + `Trennstrich` (OS X) einen sogenannten bedingten Trennstrich einfügen.

Der bleibt zunächst unsichtbar – es sei denn, das zugehörige Wort befindet sich genau am Ende einer Zeile. Dann weiß Writer durch den manuell eingefügten Trennstrich, dass das Wort oder der Ausdruck an dieser Stelle getrennt werden kann.

Bei der Durchsicht des Dokuments ist es aber wichtig, die ansonsten unsichtbaren bedingten Trennstriche auch dann sichtbar zu machen, wenn sie gerade nicht am Ende einer Zeile stehen. Das klappt, wenn man die Tastenkombination `Strg` + `F8` drückt – oder alternativ auf *Ansicht / Markierungen* klickt. Schon blendet Writer die Trennstrich-Steuerzeichen mit einer grauen Hintergrundfarbe ein.

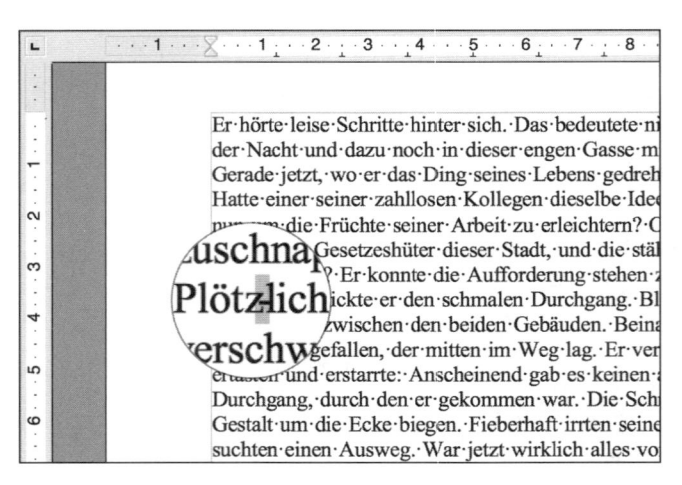

Abbildung 4.54: Bedingte Trennstriche sichtbar machen

Anzahl der Rückgängig-Schritte erhöhen

Per Klick auf *Bearbeiten / Rückgängig* kann der Nutzer in einem OpenOffice-Dokument die zuletzt ausgeführte Aktion widerrufen – sei es nun eine Texteingabe, ein Verschieben oder eine Formatierung. Das Rückgängig-Machen klappt auch mehrfach.

Standardmäßig ist nach 100 Rückgängig-Schritten allerdings Schluss: Denn OpenOffice merkt sich normalerweise nur die letzten 100 ausgeführten Aktionen des Nutzers.

Will man mehr Schritte rückgängig machen können, muss man den sogenannten Rückgängig-Puffer erhöhen. Das geht mit wenigen Klicks. Wir zeigen, wie:

1. Zuerst ein OpenOffice-Programm starten, im Beispiel ist das Writer.
2. In der Menüleiste wird jetzt auf Extras / Einstellungen (Windows) bzw. OpenOffice / Einstellungen (OS X) geklickt.

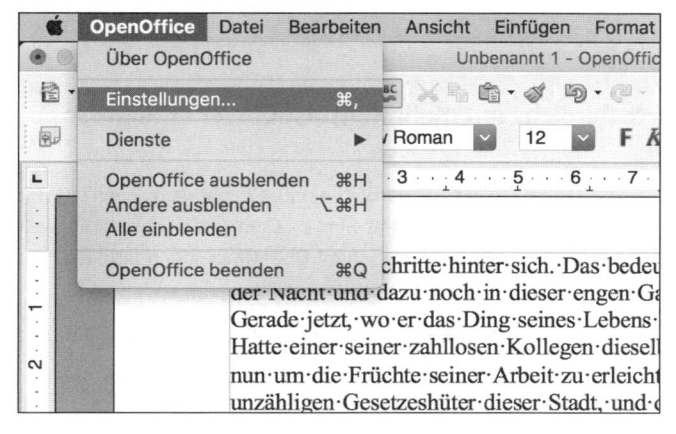

Abbildung 4.55: So erreicht man die Einstellungen

3. Links navigiert man dann zum Bereich OpenOffice / Arbeitsspeicher.
4. Auf der rechten Seite kann man die Zahl der Rückgängig-Schritte dann bei *Anzahl der Schritte* erhöhen.
5. Die Änderung wird wirksam, sobald man zum Schluss unten auf OK klickt.

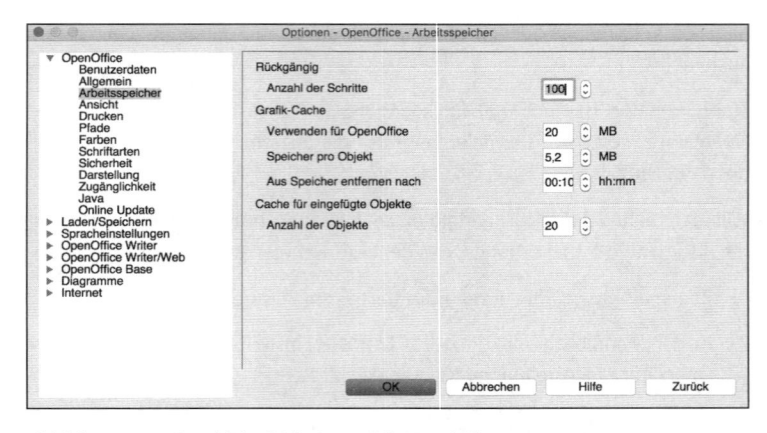

Abbildung 4.56: Anzahl der Rückgängig-Schritte erhöhen

Markierte Bereiche mit mehr Kontrast besser erkennbar machen

Um einen Text oder ein Objekt zu bearbeiten, muss es zuerst mit der Tastatur oder per Maus markiert, also ausgewählt werden. Damit man sehen kann, welcher Bereich momentan markiert ist, zeichnet OpenOffice einen farbigen Hintergrund darüber und rahmt die jeweilige Passage ein.

Für manche ist dieser Markierungsstil aber schlecht zu lesen. Mehr Kontrast gibt's, wenn man folgende Schritte ausführt:

1. Zunächst Writer starten.
2. Dann folgen oben in der Menüleiste Klicks auf Extras / Einstellungen.
3. Jetzt zum Bereich OpenOffice / Ansicht umschalten.
4. Auf der rechten Seite findet sich dann eine Option namens Auswahl: Transparenz. Diesen Haken muss man entfernen.
5. Dann unten auf OK klicken und probeweise Text im Dokument markieren. Die Auswahl erfolgt jetzt invertiert, also normalerweise Weiß auf Schwarz.

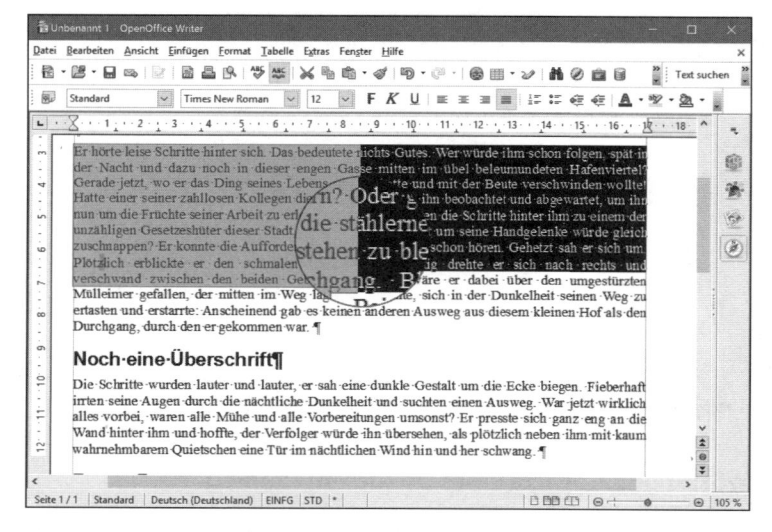

Abbildung 4.57: Ausgewählten Text besser erkennbar machen

Text ohne Formatierung einfügen

Über die Zwischenablage kann man aus anderen Programmen Textinhalte in ein Writer-Dokument kopieren. Dabei werden nicht nur die reinen Textinfos übertragen, sondern – je nach Quelle – auch die Formatierung des Textes. Wer das nicht will, muss beim Einfügen einen Trick anwenden.

Statt der normalen Tastenkombination [Strg] + [V] drückt man in einem solchen Fall einfach [Strg] + [Umschalt] + [V]. OpenOffice fragt dann nach, in welchem Format man die Inhalte aus der Zwischenablage einfügen will. Aus der Liste wählt man dann die Option *Unformatierter Text* und bestätigt per Klick auf *OK*.

Per Maus geht das ebenfalls: Oben in der Standard-Symbolleiste findet sich der *Einfügen*-Button. Rechts daneben ist ein Aufklapp-Pfeil zu sehen. Ein Klick darauf zeigt ein kleines Menü an, über das man ebenfalls Inhalte als unformatierten Text an der aktuellen Cursorposition einfügen kann.

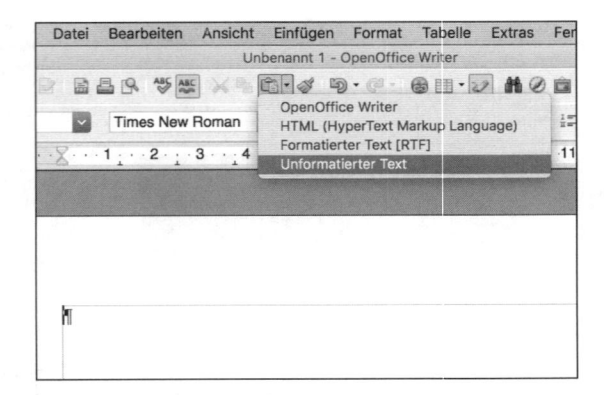

Abbildung 4.58: Als unformatierten Text einfügen per Symbolleiste

Wörter und Absätze eines Dokuments zählen

Im Gegensatz zu LibreOffice zählt OpenOffice die Anzahl der Wörter im aktuellen Dokument nicht automatisch, um sie in der Statusleiste anzuzeigen. Hier muss die entsprechende Funktion manuell aufgerufen werden. Hier die nötigen Schritte:

1. Das betreffende Dokument zunächst öffnen.
2. Jetzt oben auf Extras / Wörter zählen klicken.

Wer noch mehr Statistiken zur momentan geöffneten Datei braucht, ruft die erweiterten Zahlenwerte ab. Das geht per Klick auf *Datei / Eigenschaften / Statistik / Aktualisieren*.

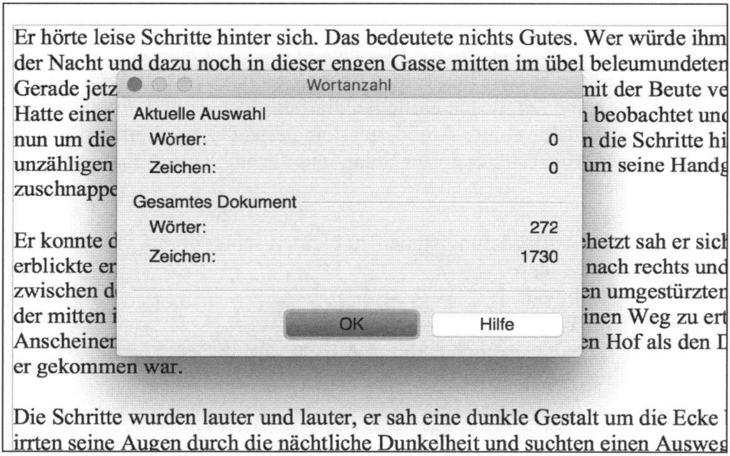

> Er hörte leise Schritte hinter sich. Das bedeutete nichts Gutes. Wer würde ihm
> der Nacht und dazu noch in dieser engen Gasse mitten im übel beleumundeter
> Gerade jetzt... nit der Beute ve
> Hatte einer... beobachtet und
> nun um die... n die Schritte hi
> unzähligen... um seine Handg
> zuschnappe...
>
> Er konnte d... hetzt sah er sich
> erblickte er... nach rechts und
> zwischen d... en umgestürzter
> der mitten i... inen Weg zu ert
> Anscheiner... n Hof als den D
> er gekommen war.
>
> Die Schritte wurden lauter und lauter, er sah eine dunkle Gestalt um die Ecke
> irrten seine Augen durch die nächtliche Dunkelheit und suchten einen Auswe<

Dialog "Wortanzahl":
- Aktuelle Auswahl — Wörter: 0, Zeichen: 0
- Gesamtes Dokument — Wörter: 272, Zeichen: 1730
- OK / Hilfe

Abbildung 4.59: Wörter zählen in OpenOffice Writer

4.6 Tastatur

OpenOffice Writer lässt sich nicht nur per Maus gut bedienen, sondern auch mit der Tastatur – manchmal sogar schneller. In diesem Abschnitt stellen wir praktische Tastenkürzel vor, die die tägliche Arbeit mit der Textverarbeitung von OpenOffice leichter machen.

Absätze flott verschieben

Oft schreibt man ein längeres Dokument und stellt später beim Korrekturlesen fest, dass ein bestimmter Absatz doch besser weiter oben oder unten stehen würde. Anstelle jetzt die Zwischenablage per Ausschneiden und Einfügen zu bemühen, kann der Nutzer den fraglichen Absatz einfach direkt an die gewünschte Position verschieben.

Das geht, sobald der Textcursor innerhalb des Absatzes steht, der verschoben werden soll. Jetzt `Strg` + `Alt` (Windows) bzw. `Cmd` + `Alt` (OS X) gedrückt halten und die Pfeiltasten `Pfeiloben` und `Pfeilunten` drücken. Damit wird der Absatz jedes Mal weiter nach oben bzw. unten gerückt.

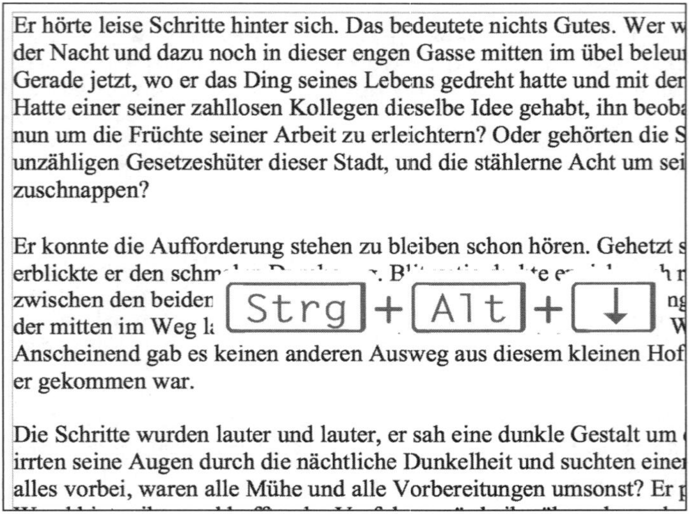

> Er hörte leise Schritte hinter sich. Das bedeutete nichts Gutes. Wer w
> der Nacht und dazu noch in dieser engen Gasse mitten im übel beleu
> Gerade jetzt, wo er das Ding seines Lebens gedreht hatte und mit der
> Hatte einer seiner zahllosen Kollegen dieselbe Idee gehabt, ihn beob:
> nun um die Früchte seiner Arbeit zu erleichtern? Oder gehörten die S
> unzähligen Gesetzeshüter dieser Stadt, und die stählerne Acht um sei
> zuschnappen?
>
> Er konnte die Aufforderung stehen zu bleiben schon hören. Gehetzt s
> erblickte er den schm⸺ ⸺ ⸺ ⸺. B⸺ ⸺ ⸺ h r
> zwischen den beide⌈ Strg ⌉+⌈ Alt ⌉+⌈ ↓ ⌉ ng
> der mitten im Weg l⸺ ⸺ ⸺ ⸺ ⸺ W
> Anscheinend gab es keinen anderen Ausweg aus diesem kleinen Hof
> er gekommen war.
>
> Die Schritte wurden lauter und lauter, er sah eine dunkle Gestalt um
> irrten seine Augen durch die nächtliche Dunkelheit und suchten einer
> alles vorbei, waren alle Mühe und alle Vorbereitungen umsonst? Er ¡

Abbildung 4.60: Absätze per Tastatur verschieben

Lange Passagen eines Dokuments einfacher markieren

Mit der Maus ist das Auswählen (Markieren) von Inhalten in einer Datei meistens einfach. Es sei denn, es handelt sich gleich um Dutzende oder Hunderte Seiten. Ein falscher Klick reicht da und schon kann man von vorn mit dem Markieren beginnen.

Einfacher geht's über die Tastatur. Folgende Schritte helfen weiter:

1. Zunächst wird der Textcursor mit den Pfeiltasten oder per Mausklick an die Anfangsstelle der Markierung gesetzt.

2. Jetzt die F8-Taste drücken. Damit schaltet man den sogenannten Erweitern-Modus von OpenOffice Writer ein.

3. Nun kann man in Ruhe durch das Dokument navigieren und die Stelle suchen, an der die Auswahl enden soll. Ein Klick an diese Stelle markiert alles, was zwischen Start- und Endposition steht.

4. Ist die Markierung wie gewünscht erstellt, beendet ein erneuter Druck auf die F8-Taste den Erweitern-Modus wieder.

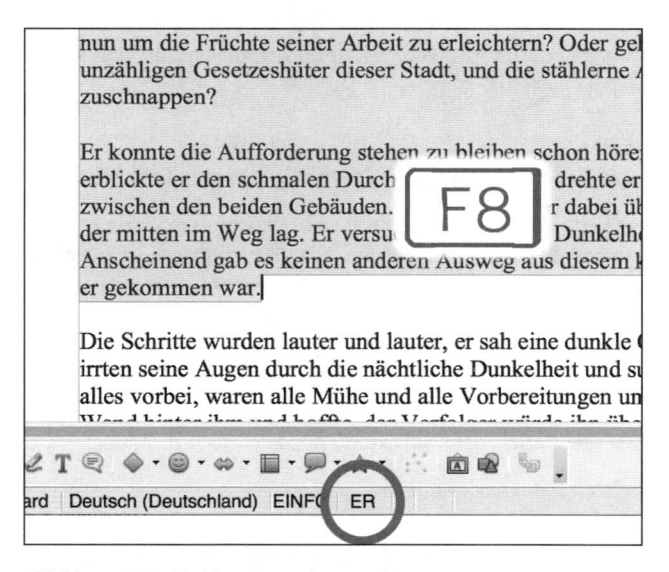

Abbildung 4.61: Markierung erweitern per Tastatur

Schnell zur soeben bearbeiteten Cursorposition zurückkehren

Öffnet man in Writer ein Dokument erneut, das man zuvor bearbeitet hatte, springt die Ansicht automatisch wieder zu der Stelle, an der man zuletzt etwas geändert hatte. Klappt das mal nicht automatisch, gibt's dafür ein Tastenkürzel.

Ein Druck auf Umschalt + F5 reicht aus, damit Writer die Markierung wieder an die Stelle setzt, an der sie beim letzten Schließen der Datei stand.

> **Tipp**
>
> Im Gegensatz zu Microsoft Word klappt das allerdings nur für die letzte Position, sodass mehrfaches Drücken des Tastenkürzels nicht zu vorherigen Bearbeitungsstellen führt.

Absätze und Zeichen schneller formatieren per Tastatur

Will man beim Verfassen oder Formatieren eines Dokuments in Writer Zeit sparen, kann man hervorzuhebenden Stellen, etwa Überschriften oder sonstigen besonders zu formatierenden Passagen, nicht nur per Maus Formatvorlagen zuweisen. Das klappt schneller und einfacher auch per Tastatur.

Dazu muss man die Formatvorlagen, die zum Einsatz kommen sollen, zunächst einmalig mit entsprechenden Tastenkürzeln ausstatten. Das geht so:

1. Zunächst Writer starten, dann auf Extras / Anpassen klicken.

2. Nun zum Tab Tastatur navigieren.

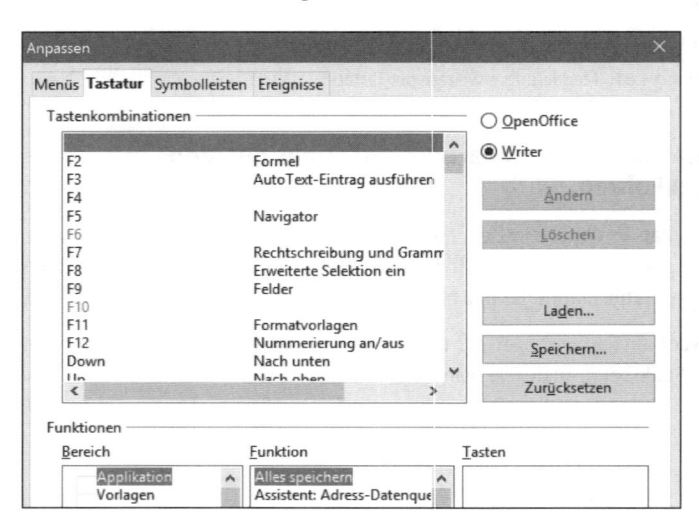

Abbildung 4.62: Tastenkombinationen anpassen

3. Unten links wird im Feld *Bereich* ganz nach unten gescrollt, bis der Eintrag Vorlagen sichtbar wird.

4. Davor steht ein Pluszeichen, womit dieser Eintrag aufgeklappt wird.

5. Für jeden Formatvorlagentyp findet sich hier ein Eintrag. Im Beispiel wollen wir Tastenkürzel für Absatzvorlagen zuweisen, also klicken wir auf Absatz.

6. Daraufhin zeigt die Liste daneben alle im aktuellen Dokument definierten Absatz-Formatvorlagen an. Hiervon eine auswählen, indem sie per Mausklick markiert wird.

7. Jetzt in der großen Liste oben die gewünschte Tastenkombination suchen und markieren.

8. Ein Klick auf *Ändern* weist diese Tastenkombination der markierten Formatvorlage zu.

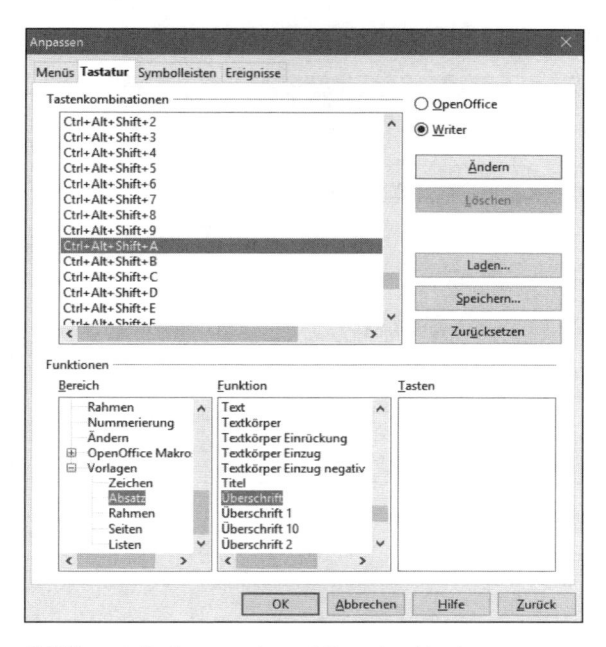

Abbildung 4.63: Formatvorlage mit Tastenkombination ausstatten

Ab sofort genügt das Setzen des Cursors in einen bestimmten Absatz, gefolgt vom Drücken der definierten Tastenkombination, damit diesem Absatz die entsprechende Formatierung zugewiesen wird. Genauso funktioniert das Ganze auch mit Zeichenformatierungen – nur muss man hier die Buchstaben oder Zeichen vorher markieren.

Liste mit allen Tastenkürzeln in Writer abrufen

In OpenOffice Writer gibt es so viele Abkürzungen, die man per Tastatur nutzen kann, dass man sie sich unmöglich alle merken kann. Im Falle eines Falles kann man sie aber nachschlagen. Denn in Writer ist eine Komplettliste mit allen definierten Tastenkombinationen enthalten, die genutzt werden können.

Diese Komplettliste ist etwas versteckt, aber nicht unauffindbar. Um sie anzuzeigen, klickt man auf *Extras / Anpassen* und wechselt dann zum Tab *Tastatur*. Rechts oben muss man jetzt noch die Option *Writer* markieren, sodass alle in der OpenOffice-Textverarbeitung verwendbaren Tastenkürzel aufgelistet werden.

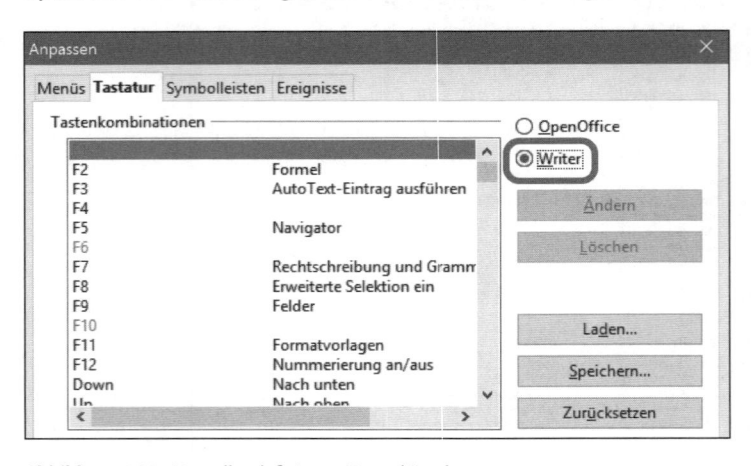

Abbildung 4.64: Liste aller definierten Tastenkürzel

> **Tipp**
>
> Wenn man wissen will, was das Drücken einer bestimmten Tastenkombination bewirkt, öffnet man zunächst die Liste aller Kürzel, wie zuvor beschrieben, und drückt dann einfach die fragliche Kombination auf der Tastatur. OpenOffice markiert dann die entsprechende Funktion in der Liste, sofern die gedrückte Tastenkombination definiert ist.

4.7 Tabellen

Für kleine Tabellen, die man direkt in einem Textdokument erstellen will, muss es nicht immer gleich die Tabellenkalkulation Calc sein. Writer selbst hat nämlich ebenfalls Tabellenfunktionen eingebaut.

Verhindern, dass Writer Tabellentext als Zahl erkennt

Erstellt man in einem Dokument eine Tabelle und gibt einige Daten ein, muss die automatische Erkennung von Zahlen nicht immer funktionieren. Das erkennt man dann daran, dass in der Tabelle plötzlich Datumsangaben an Stellen stehen, wo gar kein Datum gemeint war – oder Ziffern werden rechtsbündig ausgerichtet, obwohl der Zahlenwert unwichtig ist, wie etwa bei Postleitzahlen.

In diesem Fall ist es sicher besser, wenn man die automatische Zahlenerkennung in OpenOffice Writer einfach deaktiviert. Hier die passenden Schritte:

1. Zunächst das Dokument öffnen, das die Tabelle enthält.
2. Jetzt folgt ein Rechtsklick auf eine beliebige Stelle in der Tabelle.
3. Hier wird der Haken bei der Option Zahlenerkennung entfernt.

Ab sofort herrscht Ruhe, denn Ausdrücke, die aussehen wie ein Datum oder eine Zahl, werden ab sofort nicht mehr von selbst als Zahl formatiert.

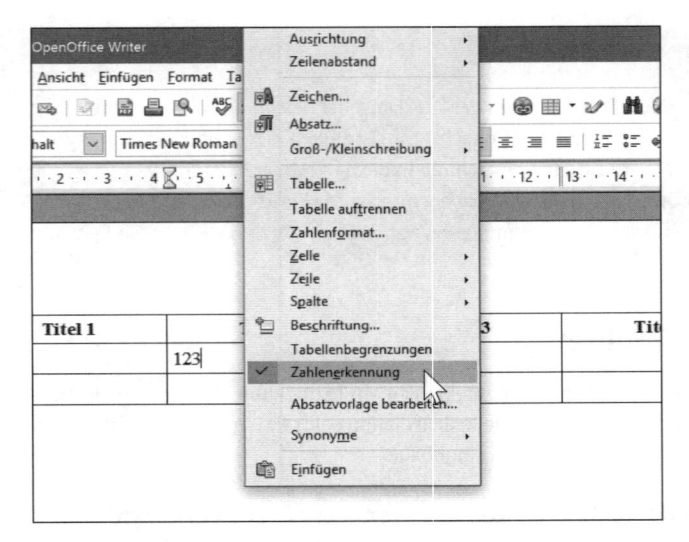

Abbildung 4.65: Zahlen nicht als solche erkennen lassen

Über und unter einer Tabelle eine neue Zeile einfügen

Oft will man nach dem Einfügen einer Tabelle in ein Dokument mit normalem Text weiterarbeiten. Das ist aber gar nicht so einfach. Denn klickt man in Writer hinter das Ende einer Tabelle, fügt ein Druck auf [Enter] oder [Tab] bloß eine neue Zeile in die Tabelle ein.

Damit der Zeilenumbruch nicht das Einfügen einer neuen Tabellenzeile bewirkt, sondern normaler Text unter der Tabelle eingetippt werden kann, muss man gleichzeitig [Alt] + [Enter] drücken.

Tipp

Dieser Trick klappt auch zu Beginn der Tabelle: Zuerst setzt man den Fokus in die obere linke Tabellenzelle, dann wird auf [Alt] + [Enter] gedrückt. Schon fügt Writer vor der Tabelle eine leere Zeile ein.

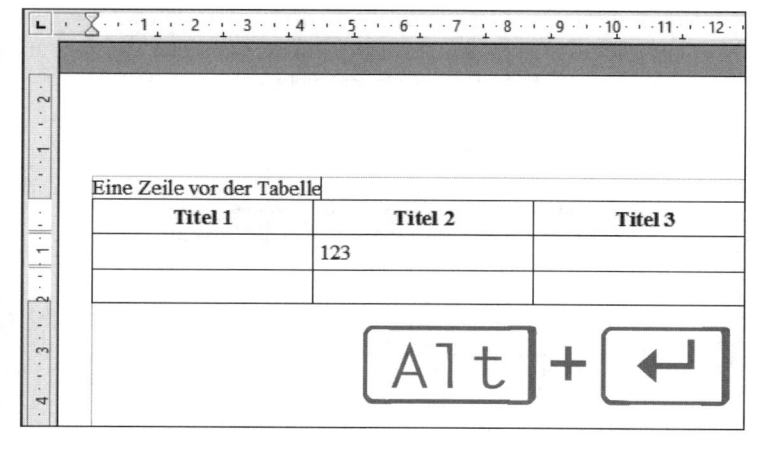

Abbildung 4.66: Neue Zeile bei einer Tabelle einfügen

Tabelle per Maus an eine andere Stelle verschieben

Für das perfekte Layout müssen Tabellen oft verschoben werden. Das ist aber gar nicht so einfach: Die Tabelle muss umständlich markiert, ausgeschnitten und an der neuen Position wieder eingefügt werden. Einfacher geht es mit einem Rahmen um die Tabelle. Dann lässt diese sich mit der Maus frei verschieben.

Damit das funktioniert, erstellt man einen Rahmen um die Tabelle. Das geht mit folgenden Schritten:

1. Als Erstes öffnet man die Datei, die die zu verschiebende Tabelle enthält.

2. Jetzt irgendwo in die Tabelle klicken, sodass dort der Fokus aktiv wird.

3. Per Druck auf [Strg] + [A] markiert man nun die gesamte Tabelle samt allen Zellen.

4. Dann in der Menüleiste auf Einfügen / Rahmen klicken.

5. Als Nächstes wird zum Tab Umrandung geschaltet.

6. Im Feld Linie: Stil scrollt man jetzt ganz nach oben, sodass der Eintrag - kein - sichtbar wird und angeklickt werden kann.

7. Nach einem Klick auf *OK* wird links oben in der Tabellenecke ein Anker-Icon eingeblendet. Dieses Symbol lässt sich leicht bei gedrückter Maustaste an eine beliebige Stelle des Dokuments verschieben.

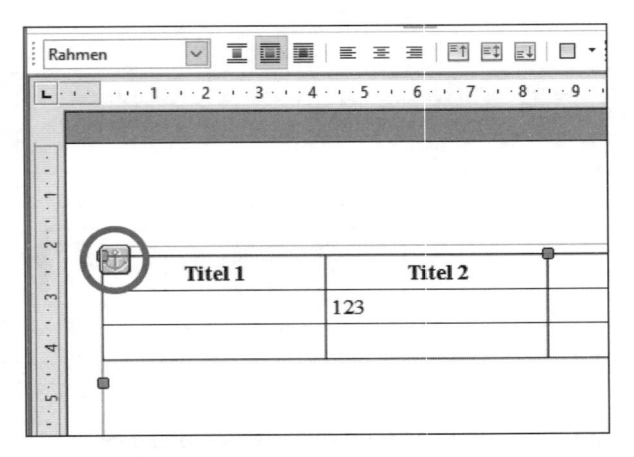

Abbildung 4.67: Per Rahmen lässt sich die Tabelle verschieben

Tipp

Text und Tabelle nebeneinander anordnen

Auch das Platzieren von Text neben Tabellen ist mit einem Rahmen möglich. Normalerweise gibt es pro Absatz nämlich die Beschränkung auf entweder einen Textabsatz oder eine Tabelle.

Neue Tabelle gleich in einem Rahmen anlegen

Wenn man keine bestehende Tabelle in einen Rahmen einpacken will, sondern eine neue Tabelle gleich mit einem Rahmen erstellen möchte, gelingt das mit diesen Schritten:

1. Zuerst wird oben in der Menüleiste auf *Einfügen / Rahmen* geklickt.
2. Jetzt einen Buchstaben eintippen, zum Beispiel ein Leerzeichen.
3. Nun kann die Tabelle per Klick auf *Tabelle / Einfügen / Tabelle* mit der gewünschten Anzahl Zeilen und Spalten angelegt werden.
4. Hat Writer die Tabelle eingefügt, kann man das soeben eingetippte Zeichen wieder löschen.
5. Dank des Rahmens wird die Platzierung der Tabelle plötzlich extrem flexibel – und sie kann auch von normalem Text umflossen werden.

> **Tipp**
>
> Zum besonders schnellen Einfügen einer neuen Tabelle gibt's auch das Tastenkürzel [Strg] + [F12]. So kann man sich den Griff zur Maus sparen.

Inhalt von Tabellenspalten über mehrere Seiten laufen lassen

Sollen zwei voneinander unabhängige Texte nebeneinander stehen, kann man die Spaltenfunktion von Writer vergessen. Denn im Gegensatz zum Normalfall sollen die Inhalte hier eben ausnahmsweise nicht automatisch von der linken in die rechte Spalte fließen. Auch hier hilft wieder der Einsatz einer (unsichtbaren) Tabelle weiter.

Um die zweispaltige Layout-Tabelle anzulegen, klickt man zuerst an der gewünschten Stelle im Dokument, an der die Tabelle eingefügt werden soll.

1. Jetzt auf *Tabelle / Einfügen / Tabelle* klicken.
2. Die Option *Zeilen* wird auf den Wert 1 gestellt; bei *Spalten* müssen 2 (oder je nach Bedarf noch mehr) festgelegt werden.

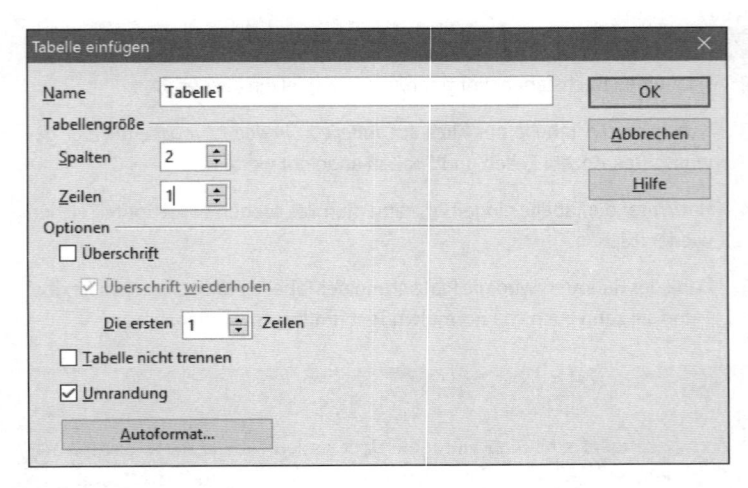

Abbildung 4.68: Zweispaltige Tabelle mit Layout-Funktionen

3. Nach Klick auf *OK* wird die Layout-Tabelle in das Dokument eingefügt.

Damit die soeben eingefügte Tabelle den Text ordentlich auf mehrere Seiten umbricht, muss man nun noch eine Einstellung ändern:

4. Zunächst auf *Tabelle / Tabelleneigenschaften* klicken.

5. Dann zum Tab *Textfluss* umschalten.

6. Hier einen Haken bei der Option *Trennung der Tabelle an Seiten- und Spaltenenden zulassen* setzen und mit *OK* bestätigen.

Nun steht die noch leere Tabelle bereit und wartet auf ihre Inhalte.

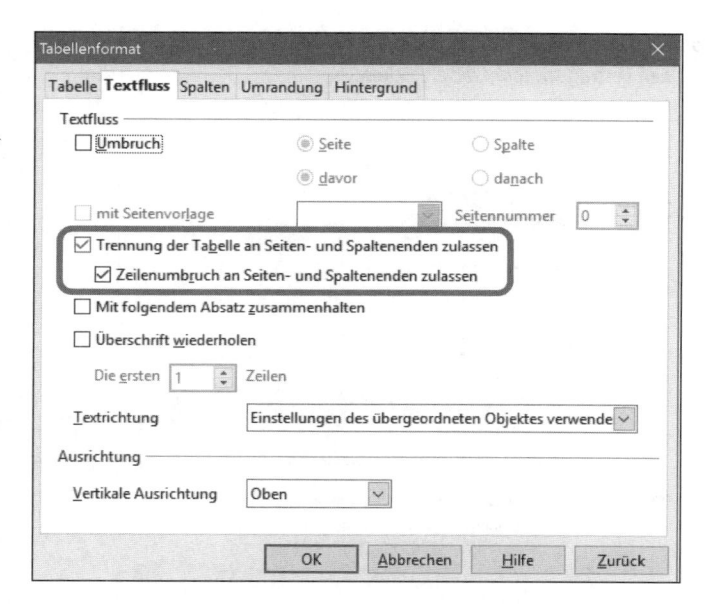

Abbildung 4.69: Einstellen, dass die Tabelle auf mehrere Seiten umbrechen darf

4.8 Rechtschreibprüfung

Wörter ins Benutzerwörterbuch eintragen

Auch Writer kann nicht jedes Wort und jeden Ausdruck kennen, der in einem Dokument vorkommt – besonders dann nicht, wenn es sich um eingedeutschte Fremdwörter oder um Fachausdrücke handelt.

In diesem Fall muss man das mit einer roten Schlängellinie markierte Wort manuell ins Wörterbuch eintragen. So hört die Rechtschreibprüfung auf, den Begriff ständig als „falsch" einzustufen und anzukreiden.

In Writer ist es einfach, ein richtig geschriebenes, aber vom Programm falsch bewertetes Wort in das Wörterbuch einzufügen: Man muss nur mit der rechten

Maustaste auf den Begriff klicken, dann auf das Untermenü *Hinzufügen* zeigen und dort den Eintrag *standard.dic* anklicken.

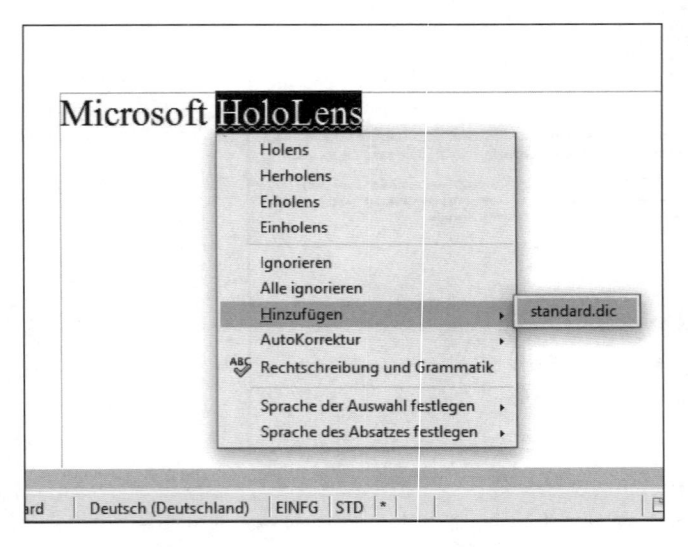

Abbildung 4.70: Unbekannte Wörter ins Wörterbuch eintragen

Sprache festlegen, damit überhaupt geprüft wird

Wer in Writer eine Rechtschreibkorrektur ausführt, staunt mitunter nicht schlecht: Nur Bruchteile einer Sekunde nach dem Beginn der Prüfung erscheint schon der Hinweis *Die Rechtschreibprüfung ist abgeschlossen*. In Wahrheit wurde aber gar nichts geprüft.

Hintergrund: OpenOffice richtet sich nach der im Dokument eingestellten Sprache. Falls dort nicht Deutsch gewählt wurde, ist die Überprüfung deshalb rasch beendet. Um die Sprache festzulegen, führt man folgende Schritte aus:

1. Zunächst im Menü Extras (Windows) oder OpenOffice (OS X) auf Einstellungen klicken.

2. Nun links Spracheinstellungen / Sprachen auswählen und schließlich die gewünschte Sprache aktivieren.

3. Mit Klick auf OK bestätigen.

Die gewählte Sprache gilt automatisch für alle neu erstellten Dokumente.

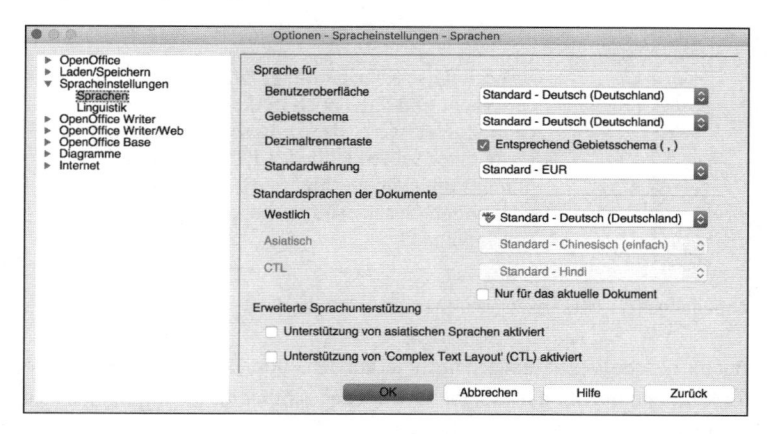

Abbildung 4.71: Sprache für die Rechtschreibprüfung festlegen

Schlängellinien einfach ausblenden

Ist Rechtschreibung für das aktuelle Dokument nicht von Belang, dann stören die roten Wellen unter manchen Wörtern und Begriffen nur. Und was noch schlimmer ist: Sie sind beim Bearbeiten des Designs im Weg.

Deswegen können Writer-Nutzer die Ergebnisse der Rechtschreibprüfung auch einfach ausblenden. Dazu steht ein entsprechender Button direkt in der Standard-Symbolleiste zur Verfügung.

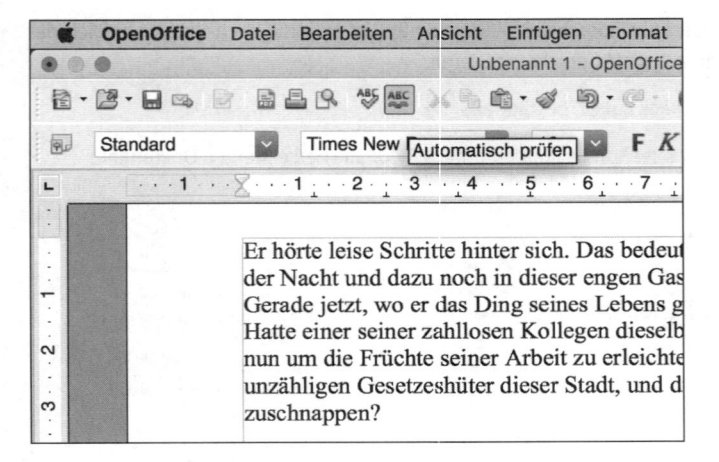

Abbildung 4.72: Rote Schlängellinien ein- oder ausblenden

Auf die gleiche Weise – einfach nochmal auf den Button klicken – kann man die Rechtschreibung übrigens später auch wieder sichtbar machen, wenn man sie dann doch braucht und/oder sehen will.

4.9 Speichern

Ganz einfach OpenOffice-Sicherungen anlegen

Nichts ist ärgerlicher, als den frisch geschriebenen Brief, die Bewerbung oder die mit dem PC geschriebene Diplomarbeit durch einen Programmabsturz zu verlieren. Gut, wenn man in solchen Situationen auf eine Sicherheitskopie zurückgreifen kann. Das Office-Paket von Microsoft erstellt diese Backups automatisch beim Speichern von Dokumenten. Nutzer von OpenOffice müssen die praktische Funktion erst manuell einschalten.

Das geht aber ganz schnell. Einfach die folgenden Schritte ausführen:

1. Zunächst in Writer den Befehl Extras / Einstellungen (Windows) bzw. OpenOffice / Einstellungen (OS X) aufrufen.

2. Dort wird jetzt zum Bereich Laden/Speichern / Allgemein gewechselt.

3. Sobald hier ein Haken bei Sicherungskopie immer erstellen gesetzt ist, nutzt auch OpenOffice die praktische Sicherheitsfunktion.

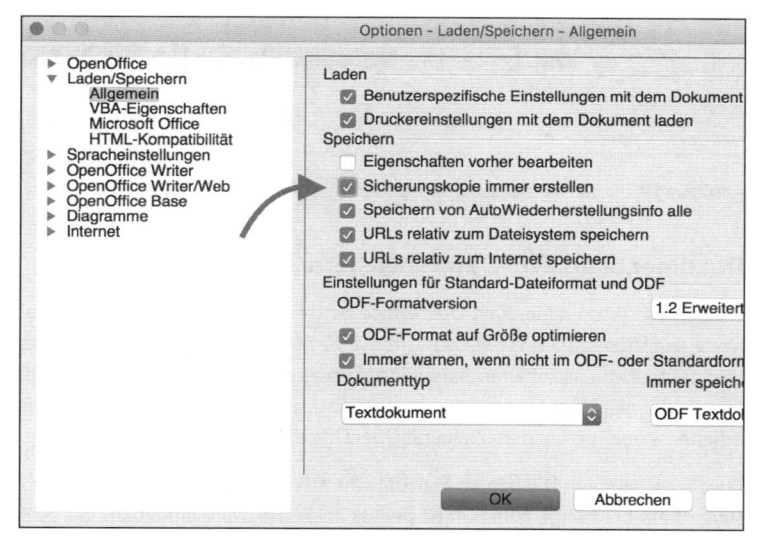

Abbildung 4.73: Schalter für die Sicherungskopie einschalten

Bei jedem Speichervorgang legt das Programm eine Kopie des Dokuments in der jeweils letzten Version an. Die vorherige Sicherung wird dabei überschrieben, sodass im Falle eines Falles stets die letzte Version des Dokuments verfügbar bleibt.

Tipp

Die Backups mit der Endung *.bak legt OpenOffice im Ordner %appdata%\OpenOffice\4\user\backup (Windows) bzw. ~/Library/Application Support/OpenOffice/4/ user/backup (OS X) an. Um die Datei öffnen zu können, muss die Dateiendung nur in die entsprechende OpenOffice-Endung umbenannt werden, zum Beispiel *.odt für OpenOffice-Writer- oder *.ods für OpenOffice-Calc-Dokumente.

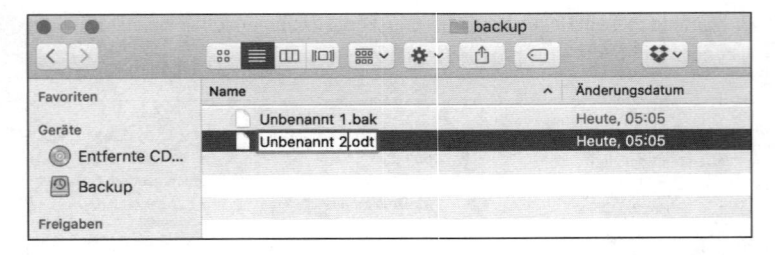

Abbildung 4.74: Auf Backup-Dateien zugreifen

Dokumente als PDF-Datei speichern

Ähnlich wie Word kann auch OpenOffice Writer Dateien direkt als PDF-Dokument exportieren. Die Verwendung des PDF-Formats beim Verschicken oder Veröffentlichen von Inhalten hat einige Vorteile: So müssen Schriftarten beim Empfänger nicht erst installiert werden und auch das Layout bleibt eins zu eins erhalten – egal, ob auf dem Zielgerät OpenOffice installiert ist oder nicht.

Zum Speichern von Dateien als PDF braucht man in OpenOffice keine Erweiterung, denn die nötige Funktion ist bereits in die Software eingebaut. So geht man vor:

1. Als Erstes wird das Dokument, das man im PDF-Format speichern will, per Doppelklick geöffnet.

2. Jetzt oben in der Menüleiste auf Datei / Exportieren als PDF klicken. Damit erscheint ein Dialogfeld mit mehreren Tabs.

3. Sobald unten auf den Exportieren-Button geklickt wird, fragt das Programm nach einem Dateinamen und Ordner, unter dem die PDF-Version der Datei gespeichert werden soll.

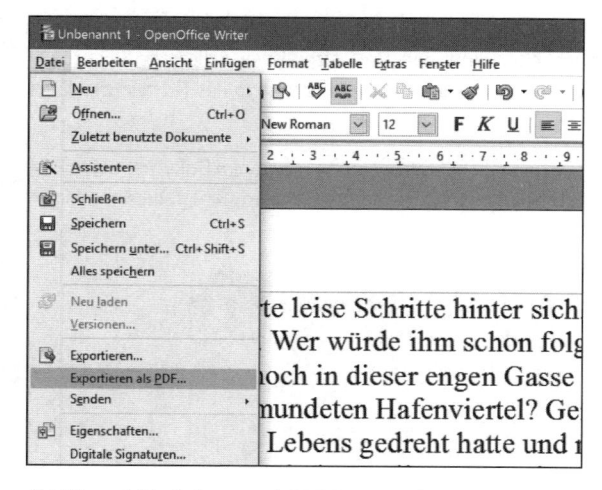

Abbildung 4.75: Dokument als PDF-Datei speichern

Nur bestimmte Seiten als PDF sichern

Nicht immer will man in der PDF-Datei alle Seiten haben, die im Quelldokument enthalten sind. Hier einige Beispiele, für die es praktisch ist, nur eine bestimmte Seitenanzahl als PDF zu speichern:

- Leseproben, die nur die ersten paar Seiten eines Manuskripts beinhalten
- Cover (Deckblätter), die im Original auf der ersten Seite stehen und jetzt separat als PDF gespeichert werden sollen
- Schnelles Weitergeben von Inhaltsverzeichnissen

In OpenOffice lässt sich genau festlegen, welche Seiten in der PDF-Version eines exportierten Dokuments enthalten sein sollen. Dazu wird im Dialogfeld *PDF Optionen*, das man über *Exportieren als PDF* (siehe vorheriger Abschnitt) erreicht, zum Tab *Allgemein* geschaltet. Oben links findet sich hier die Überschrift *Bereich*, unter der man drei Optionen findet:

- *Alle:* Exportiert das gesamte Dokument als PDF. Dies ist die Standardeinstellung.

- *Seiten:* Damit wird das Textfeld daneben aktiviert. Hier kann der Nutzer jetzt die gewünschten Seiten eintippen. Um beispielsweise die erste Seite sowie die fünfte bis achte Seite zu speichern, muss man in das Textfeld den Wert 1, 5-8 eintragen.
- *Auswahl:* Diese Option macht Sinn, wenn man zuvor im Dokument eine Passage mit der Maus markiert hat. In diesem Fall wird genau diese markierte Auswahl ins PDF übernommen.

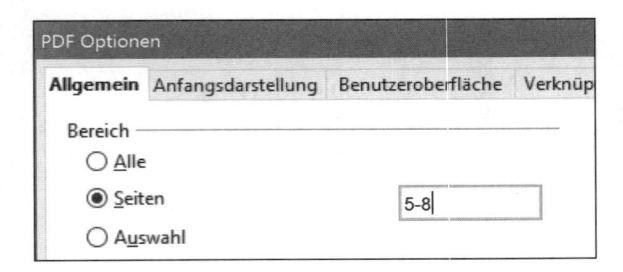

Abbildung 4.76: Nur einige Seiten des Dokuments als PDF speichern

PDF-Größe verringern, indem Bilder geschrumpft werden

Ist eine PDF-Datei nicht zum Ausdrucken in der Druckerei gedacht, müssen enthaltene Grafiken auch nicht mit voller Auflösung (Anzahl der Bildpunkte) exportiert werden. Das spart Dateigröße und damit sowohl Übertragungszeit im Internet als auch Speicherplatz beim Sichern.

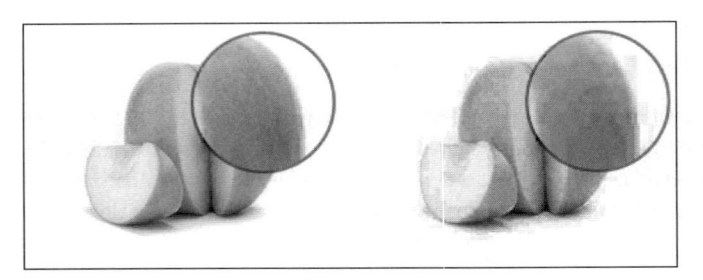

Abbildung 4.77: Verlustfreie und verlustbehaftete Komprimierung (Bildquelle: tuicool.com)

Wie genau OpenOffice beim PDF-Export mit Bildern in einem Dokument umgehen soll, wird ebenfalls im Dialogfeld *PDF Optionen*, das über *Exportieren als PDF* aufgerufen wird, gesteuert. Hier stehen auf dem Tab *Allgemein* unter der Überschrift *Grafiken* folgende Optionen zur Auswahl:

- *Verlustfreie Komprimierung:* Damit bleiben alle Grafiken qualitativ in der Originalauflösung erhalten.

- *Optimiert für JPEG Komprimierung:* Diese Variante ist verlustbehaftet und schrumpft gleichmäßige Farbflächen. Wie stark die Komprimierung ausfallen soll, wird durch den Prozentwert angegeben. Die JPEG-Komprimierung eignet sich besonders für Fotos. Stellt man einen Wert zwischen 80 und 90 Prozent ein, stellt das meist einen guten Kompromiss zwischen der Qualität und der Dateigröße dar.

Wird darüber hinaus ein Haken bei *Grafikauflösung verringern* gesetzt, schrumpft OpenOffice ungeachtet des Grafik-Dateiformats die Pixelzahl der Bilder. Zur Anzeige auf einem Monitor genügt eine Auflösung von 300 DPI (Pixel pro Zoll); zum Ausdruck sollten es mindestens 600 DPI sein.

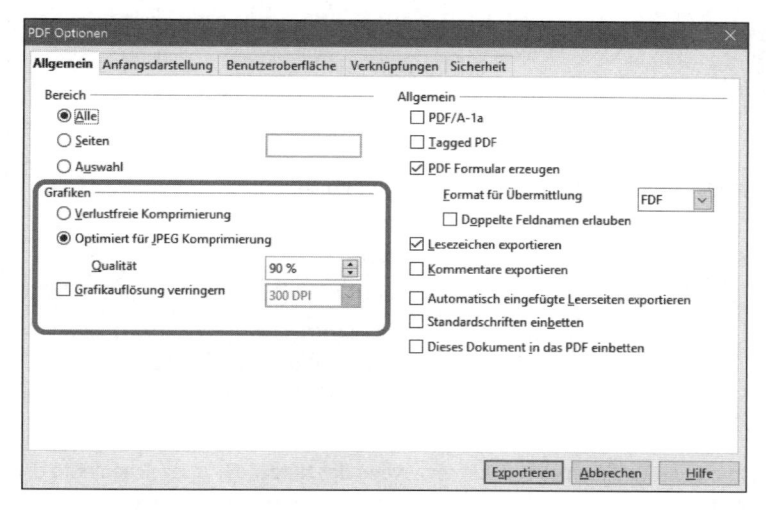

Abbildung 4.78: Grafikoptionen für den PDF-Export

Festlegen, wie das PDF beim Öffnen angezeigt werden soll

In OpenOffice hat der Nutzer volle Kontrolle darüber, wie eine erzeugte PDF-Datei später beim Betrachter geöffnet wird. Das Dokument könnte beispielsweise

- die gesamte Seitenhöhe zeigen,
- so breit wie möglich dargestellt werden,
- mit einer genau festgelegten Vergrößerungsstufe (Zoom) geöffnet werden.

Diese Optionen lassen sich im Dialogfeld *PDF Optionen* unter dem Tab *Anfangsdarstellung* festlegen.

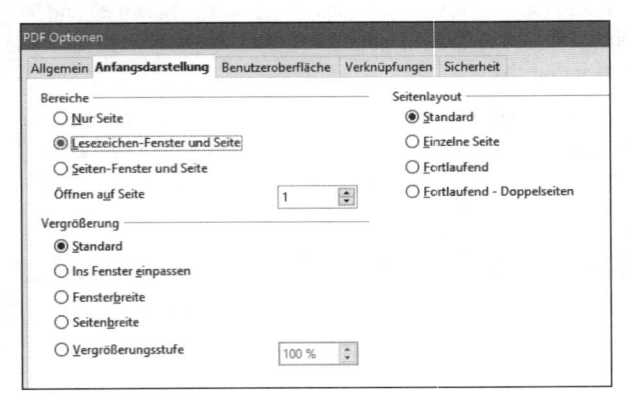

Abbildung 4.79: Anfangsdarstellung beim PDF-Export

Tipp

OpenOffice kann auch enthaltene Lesezeichen, etwa Überschriften, als Navigation mit in die PDF-Datei übernehmen. Dazu unter *Exportieren als PDF / Allgemein* den Haken bei *Lesezeichen exportieren* setzen.

In diesem Fall kann es sinnvoll sein, wenn der Nutzer die Lesezeichenleiste direkt beim Öffnen des PDF-Dokuments zu sehen bekommt. Das lässt sich unter *Anfangsdarstellung / Bereiche / Lesezeichen-Fenster und Seite* einschalten.

PDF-Dokument per Kennwort schützen

Manchmal will man ein PDF nur zum Anzeigen weitergeben, aber gleichzeitig verhindern, dass der Empfänger die Datei ausdrucken oder verändern kann. In diesem Fall vergibt man am besten ein Kennwort, das das Dokument schützt.

In OpenOffice ist das Schützen einer zu exportierenden PDF-Datei leicht: Im Dialogfenster im Dialogfeld *PDF Optionen* schaltet man einfach zum Tab *Sicherheit* und klickt hier auf den Button *Passwörter setzen*.

Anschließend lassen sich zwei unterschiedliche Kennwörter hinterlegen:

▶ Das Öffnen-Passwort wird bei jedem Versuch abgefragt, die Datei zur Ansicht auf dem Bildschirm anzuzeigen. Ohne das korrekte Kennwort kann also niemand eine so geschützte Datei ansehen. Will man als Autor das Öffnen und Betrachten zulassen, lässt man das Feld für das Öffnen-Passwort also leer.

▶ Mit dem *Rechte-Passwort* wird gesteuert, ob der Nutzer alle Rechte über die Datei erhält oder – wenn er das Kennwort nicht kennt – ob die nachfolgend festgelegten Einschränkungen gültig bleiben.

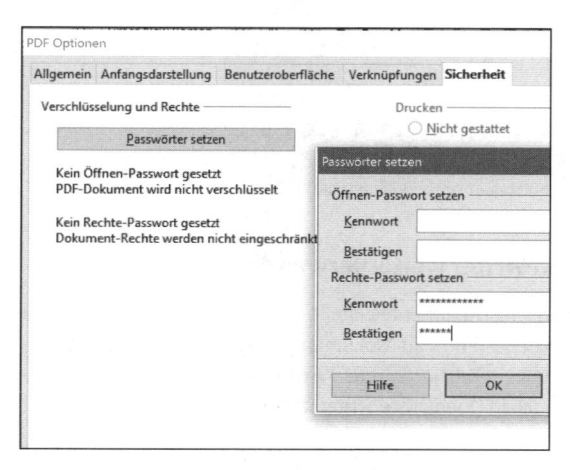

Abbildung 4.80: Passwort für die PDF-Datei hinterlegen

Ist einmal ein Rechte-Passwort hinterlegt, kann man jetzt entscheiden, welche Aktionen der Betrachter der exportierten PDF-Datei ausführen darf. Zum Beispiel kann man das Drucken einschränken oder verhindern sowie das Bearbeiten oder Ändern von Seiten unterbinden und sogar das Kopieren von Text oder Bildern in die Zwischenablage lässt sich steuern. Die zugehörigen Optionen werden auf der rechten Seite im Tab *Sicherheit* freigeschaltet, sobald man das Rechte-Passwort eingerichtet hat.

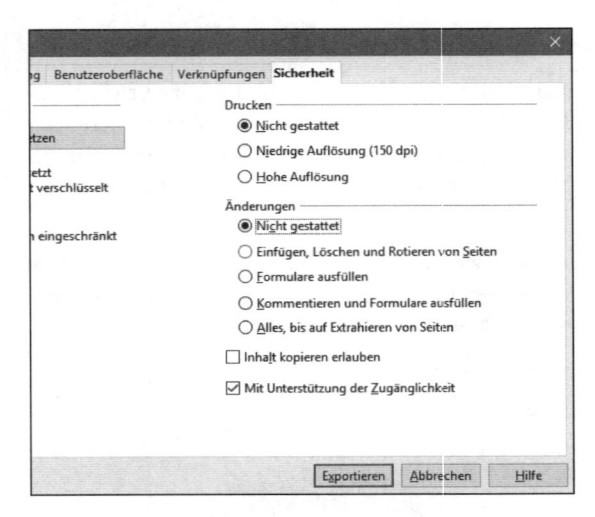

Abbildung 4.81: Sicherheitseigenschaften anpassen

Word-Vorlagen in Writer weiterverwenden

Wer immer wieder ähnliche Dokumente erstellt, zum Beispiel Rechnungen oder Anschreiben, greift dazu bestimmt auf Dokumentvorlagen zurück. In Word werden diese mit der Dateiendung *.dotx* oder *.dotm* gespeichert. Solche Word-Vorlagen lassen sich auch in OpenOffice Writer nutzen.

Um eine Word-Vorlage in Writer weiterzuverwenden, muss man sie als OpenOffice-Dokumentvorlage speichern. Und das geht so:

1. Zuerst startet man OpenOffice Writer.

2. Jetzt oben in der Menüleiste auf Datei / Öffnen klicken.

3. Nun navigiert man zum Ordner, in dem die Vorlagen gespeichert sind. Microsoft Word legt dazu manchmal im Benutzerprofil einen Ordner namens *Benutzerdefinierte Office-Vorlagen* an.

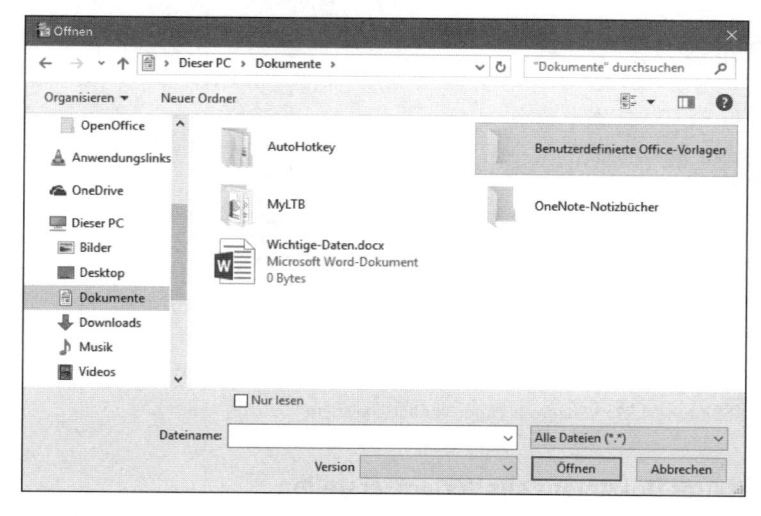

Abbildung 4.82: Ordner für eigene Word-Vorlagen finden

4. Hat man die gewünschte Vorlage herausgesucht, folgt ein Klick auf den *Öffnen*-Button.

5. Eventuelle Formatierungsprobleme kann man jetzt manuell korrigieren.

6. Nun wird das Dokument als Writer-Vorlage gespeichert. Dazu auf Datei / Speichern unter klicken und dann im Feld Dateityp den Eintrag ODF Textdokumentvorlage (.ott) (*.ott) auswählen.

7. Jetzt noch einen passenden Namen für die Vorlage eintippen und dann auf Speichern klicken.

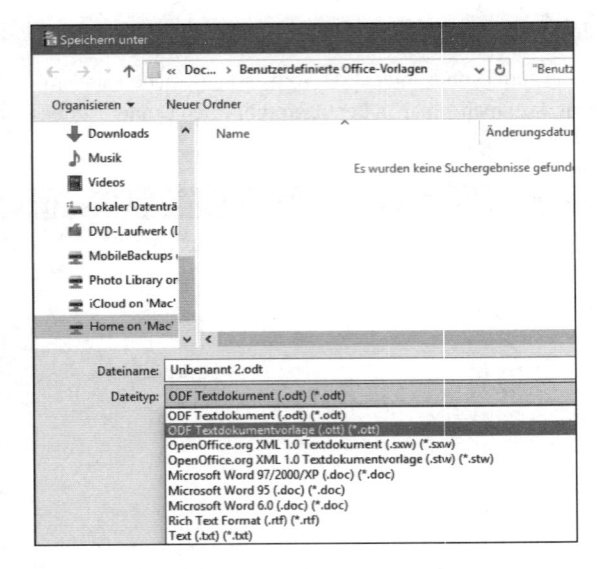

Abbildung 4.83: Vorlage als Writer-Vorlage speichern

Neues Dokument aus Vorlage erstellen

Beim Anlegen eines neuen Writer-Dokuments muss man nicht unbedingt ein leeres Blatt Papier vorfinden, sondern kann auch auf vorbereitete Vorlagen zurückgreifen – etwa solche, die man wie gerade beschrieben aus dem Word-Format umgewandelt hat.

Um ein neues Dokument mithilfe einer Vorlage anzulegen, führt man die folgenden Schritte aus:

1. Zunächst wird OpenOffice Writer gestartet, etwa per Startmenü.

2. Jetzt oben in der Menüleiste auf Datei / Neu / Vorlagen und Dokumente klicken.

3. Nun wird die gewünschte Dokumentvorlage aus der Liste herausgesucht.

4. Nach einem Klick auf *Öffnen* zeigt Writer ein neues Dokument an, das auf der angegebenen Vorlage basiert.

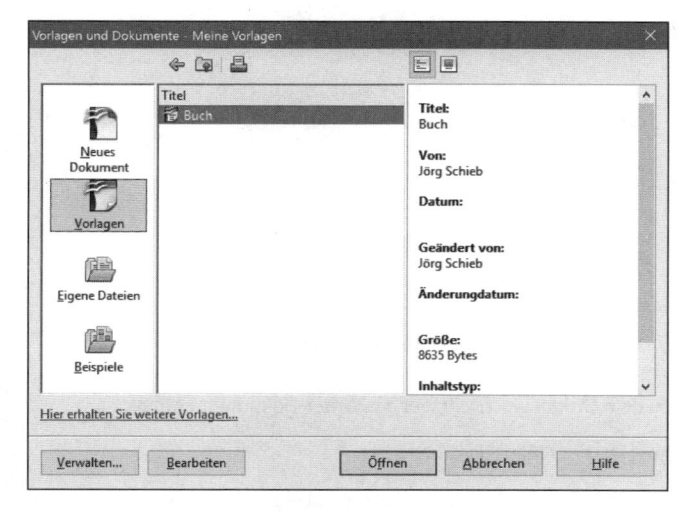

Abbildung 4.84: Neues Dokument mit Vorlage erstellen

Alle Bilder aus einem Dokument speichern

Wer bei einem umfangreichen OpenOffice-Dokument die eingebetteten Fotos als separate Bilddateien speichern möchte, hat viel zu tun. Normalerweise muss dazu jedes Foto einzeln markiert und mit dem Befehl *Grafik speichern* als Bild abgelegt werden. Das geht auch einfacher.

Denn in Wirklichkeit ist eine OpenDocument-Datei nur ein ZIP-komprimierter Ordner. Man kann ihn also entpacken und die Bilder einfach kopieren. Hier die nötigen Schritte:

Windows

1. In Windows wird zunächst ein neues Explorer-Fenster geöffnet.
2. Jetzt oben zum Tab Ansicht schalten und dort einen Haken bei Dateinamenerweiterungen setzen, falls nötig.

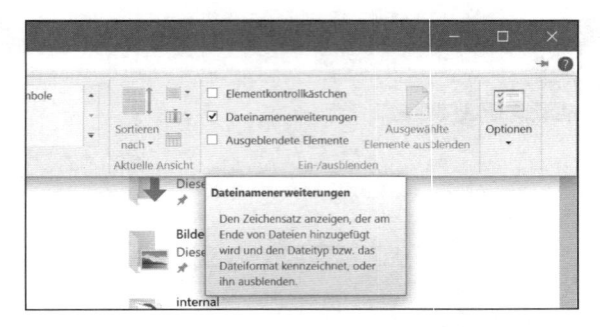

Abbildung 4.85: Dateinamenerweiterungen im Explorer einblenden

3. Nun zu dem Ordner wechseln, der das Writer-Dokument enthält.
4. Die Datei jetzt per Mausklick markieren.
5. Dann [Strg]+[C], [Strg]+[V] drücken, um eine Kopie zu erstellen.
6. Die Kopie jetzt mit der rechten Maustaste anklicken und dann umbenennen.
7. Dabei wird die Dateiendung von *.odt zu *.zip geändert.
8. Die anschließende Rückfrage bestätigen.
9. Nun kann man die Datei per Rechtsklick entpacken.
10. Danach in den entpackten Ordner wechseln, worin sich ein Unterordner namens Pictures findet.

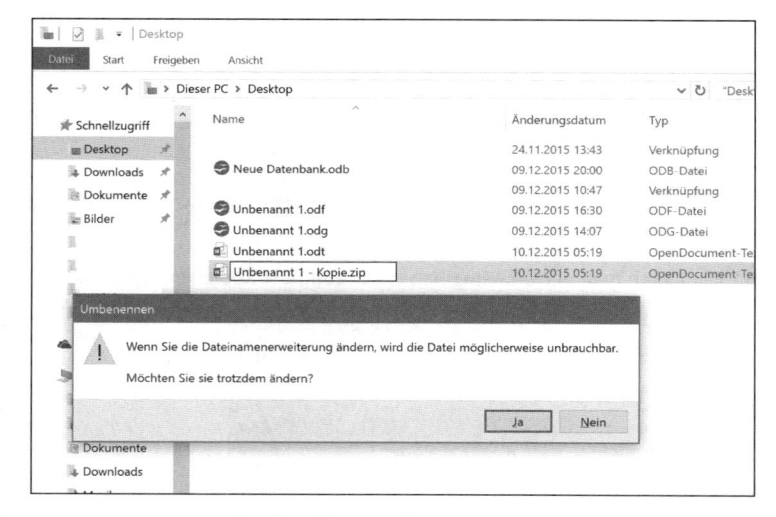

Abbildung 4.86: Dateiendung der OpenOffice-Datei ändern

In diesem Ordner liegen alle verwendeten Bilddateien und können von dort einfach über die Zwischenablage kopiert und woanders weiterverwendet werden.

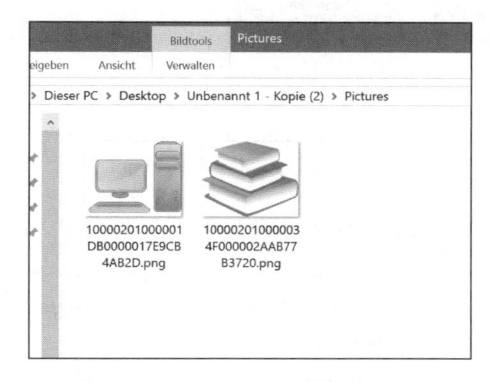

Abbildung 4.87: Bilder aus dem Dokument-Ordner weiterverwenden

4.9 Speichern

OS X

Am Mac klappt das Entpacken der OpenOffice-Datei ähnlich. So geht man vor:

1. Zunächst ein Finder-Fenster mit dem Ordner öffnen, in dem das Dokument gespeichert ist.
2. Jetzt klickt man die Datei mit der rechten Maustaste an und wählt dann Duplizieren.
3. Nun kann man per Umbenennen die Endung der Kopie von *.odt auf *.zip ändern.
4. Die entsprechende Rückfrage wird per Klick auf .zip verwenden bestätigt.

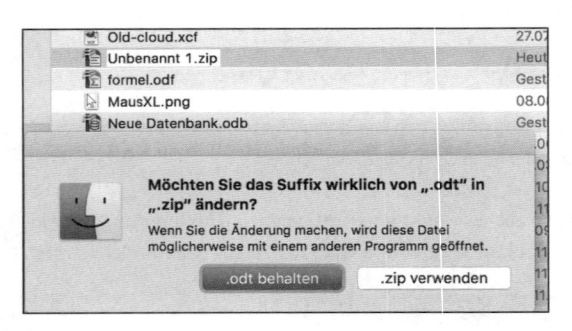

Abbildung 4.88: Ändern der Dateiendung im Finder bestätigen

Nun lässt die Datei sich entpacken. Dann kann ein Blick in den Unterordner *Pictures* geworfen werden, wo man die enthaltenen Bilddateien vorfindet.

Immer automatisch im Word-Format speichern

Wer vorranging mit Kollegen zusammenarbeitet, die nur Microsoft Office im Einsatz haben, muss das Dateiformat nicht bei jedem Speichervorgang manuell aufs Word-Format umstellen. Viel zu schnell vergisst man das mal.

Stattdessen kann man in diesem Fall das Standardformat so festlegen, dass alle Dateien automatisch im Word-Format gespeichert werden. Hier die Schritte, die man dazu ausführen muss:

1. Als Erstes wird OpenOffice gestartet.

2. Jetzt oben in der Menüleiste auf Extras / Einstellungen (Windows) bzw. OpenOffice / Einstellungen (Mac) klicken.

3. Nun zum Bereich Laden/Speichern / Allgemein umschalten.

4. Jetzt kann festgelegt werden, dass das Dateiformat Textdokument immer als Word 97/2000/XP (.doc) gespeichert werden soll.

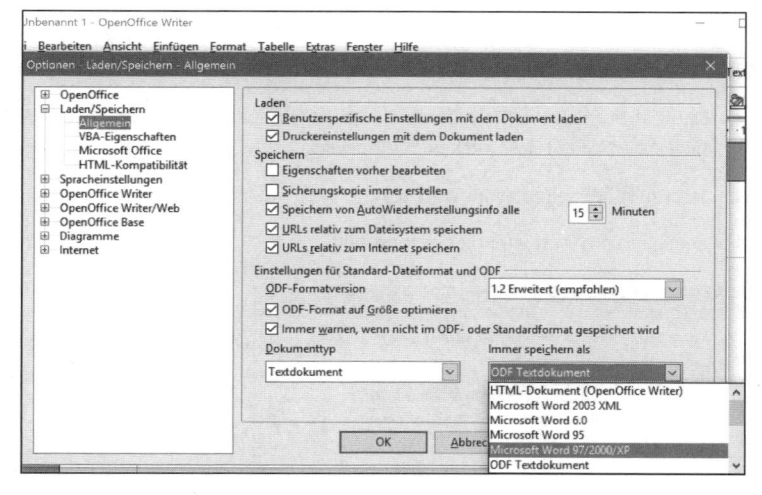

Abbildung 4.89: Writer beim Speichern immer *.doc* verwenden lassen

Tipp

OpenOffice kann *.docx*-Dateien (man beachte das „x") zwar öffnen, aber nicht speichern. Ein Speichern im *.doc*-Format führt aber ebenfalls zum Ziel, nämlich Dateien zu erzeugen, die Word versteht und öffnen kann.

4.10 Seitenlayout

Mehrere Seiten auf ein Blatt verkleinern

Um Platz und Papier zu sparen, lassen sich in Writer mehrere Seiten verkleinert auf einem Blatt drucken. Werden zum Beispiel DIN-A4-Seiten auf das halb so große A5-Format verkleinert, braucht der Druckvorgang nur die Hälfte der Papiermenge.

So lassen sich beispielsweise zwei Seiten im A5-Format nebeneinander drucken:

1. Zunächst den Befehl Datei / Seitenansicht aufrufen.
2. Dann in der Seitenansicht-Symbolleiste links neben der Option *Seitenansicht schließen* auf das Drucken-Symbol klicken.
3. Jetzt zum Tab Seitenlayout wechseln.
4. Bei Seiten pro Blatt wird hier 2 eingestellt.

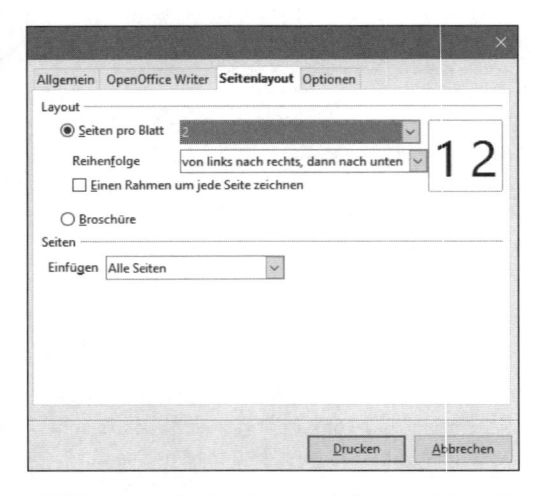

Abbildung 4.90: Per Querformat mehr Seiten auf einem Blatt drucken

Normseite einrichten

Bei Autoren, Journalisten, Übersetzern und Lektoren gilt die Normseite als Berechnungsgrundlage für Honorare. Eine Normseite besteht aus 30 Zeilen à 60 Anschlägen, also rund 1.800 Zeichen. Wer Texte in Normseiten abrechnet, kann mit OpenOffice Writer eine Vorlage basteln, auf die pro Seite genau eine Normseite passt.

Folgende Schritte sind hierzu notwendig:

1. Ein neues Dokument öffnen, das Kürzel bt eingeben und [F3] drücken. Damit wird ein Blindtext mit exakt 1.732 Zeichen eingefügt. Wer möchte, kann weitere 68 Zeichen ergänzen, um genau auf 1.800 Anschläge zu kommen.

2. Mit [Strg] + [A] wird jetzt der gesamte Text markiert und eine proportionale Schrift mit gleich großen Zeichen zugewiesen, am besten Courier New in der Größe 11 Punkt.

3. Nun den Befehl Format / Absatz aufrufen und bei Einzüge und Abstände den Zeilenabstand auf Zweizeilig setzen.

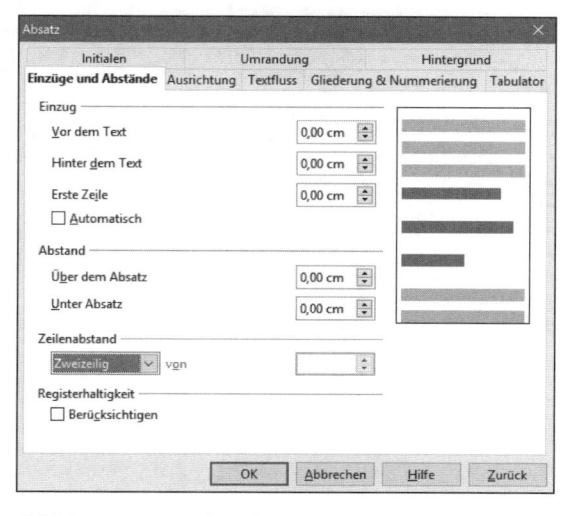

Abbildung 4.91: Das Absatzformat muss auf zweizeilig gestellt werden

4. Die Textmarkierung aufheben und den Befehl Format / Seite aufrufen. Auf dem Tab Seite die folgenden Seitenränder einstellen: Links: 3 cm, Rechts: 4 cm

Damit passen maximal 60 Zeichen in eine Zeile.

Um das zu überprüfen, markiert man eine Zeile, die möglichst wenig Leerzeichen enthält, und ermittelt die Zeichenanzahl mit *Extras / Wörter zählen*. Sollten es nicht genau 60 Zeichen sein, den Seitenrand entsprechend vergrößern oder verkleinern. Anschließend den oberen bzw. unteren Seitenrand so anpassen, bis alle 30 Zeilen auf eine Seite passen – fertig ist die eigene Normseite.

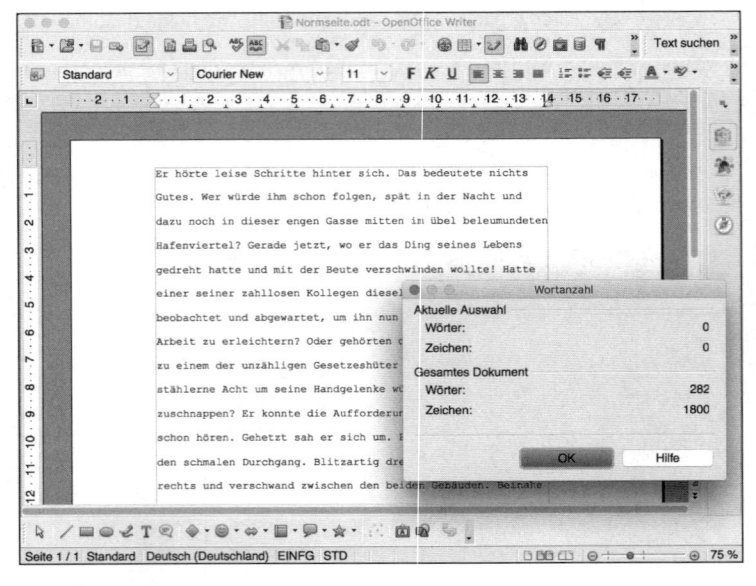

Abbildung 4.92: Die Normseite ist fertig

Seiten automatisch durchnummerieren

Bei der Nummerierung von Seiten hinkt OpenOffice Writer dem Platzhirsch Word hinterher. Um Seiten automatisch zu nummerieren, ist beim Gratis-Office etwas mehr Arbeit erforderlich.

Bei Word reicht zum Einfügen von Seitenzahlen ein Klick auf die Schaltfläche *Seitenzahl*. Bei OpenOffice braucht man mehr Klicks. Damit bei mehrseitigen Dokumenten automatisch die richtige Seitenzahl eingefügt wird, die folgenden Schritte ausführen:

1. Zuerst den Befehl Einfügen / Fußzeile / Standard aufrufen. Soll die Seitenzahl nicht unten, sondern oben auf jeder Seite erscheinen, wählt man stattdessen *Kopfzeile*.

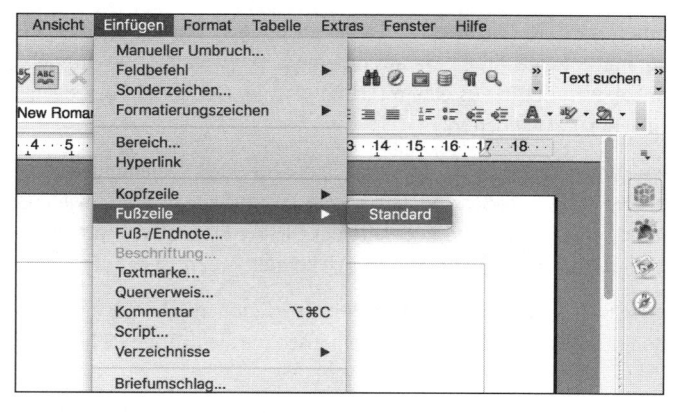

Abbildung 4.93: Fußzeile einfügen

2. Dann in die Fußzeile klicken und die Schreibmarke an der Stelle platzieren, an der die Seitenzahlen erscheinen sollen.

3. Anschließend den Befehl Einfügen / Feldbefehl / Seitennummer aufrufen.

4. Nun kann die Seitenzahl markiert und an die gewünschte Schriftart und Größe angepasst werden.

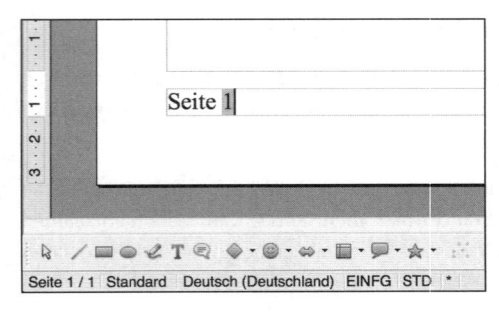

Abbildung 4.94: Seitenzahl-Feld in die Fußzeile einfügen

Broschüre ausdrucken

Ein Dokument im DIN-A4-Format zu Papier zu bringen, ist für Textverarbeitungsprogramme keine große Herausforderung. Schwieriger sind spezielle Druckformate, wenn etwa aus einem DIN-A4-Blatt im Querformat ein kleines A5-Heftchen gefaltet werden soll.

Denn dann kommt es darauf an, die Seiten in der richtigen Reihenfolge auszudrucken: letzte Seite, erste Seite, vorletzte Seite, zweite Seite usw. Erschwerend kommt hinzu, dass Vorder- und Rückseite der DIN-A4-Blätter wechselseitig in den Drucker gelegt werden müssen. Hört sich kompliziert an, ist es auch.

Es geht aber auch einfacher. OpenOffice Writer verfügt nämlich über eine Sonderfunktion, die beim Prospektdruck automatisch für die richtige Reihenfolge sorgt:

1. Hierzu im Dialogfenster Datei / Drucken zum Tab Seitenlayout wechseln.

2. Jetzt die Optionen Broschüre und Einfügen: Vorderseiten / rechte Seiten auswählen und damit zunächst die vorderen Seiten des Prospekts drucken.

3. Die bedruckten Seiten anschließend erneut in den Drucker legen und mit den Optionen Broschüre und Einfügen: Rückseiten / linke Seiten die Rückseiten drucken.

4. Die fertigen Seiten aufeinanderlegen, in der Mitte heften und fertig ist die Broschüre.

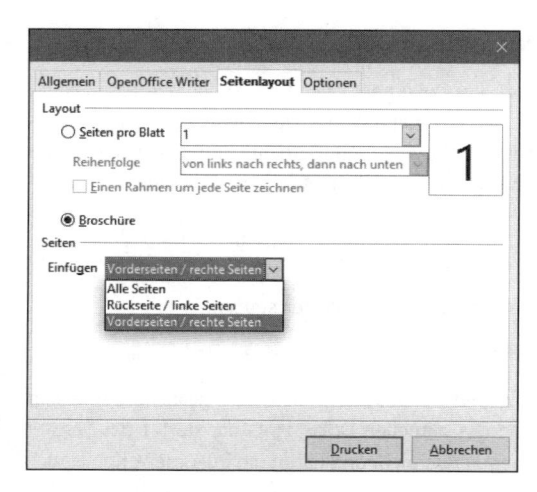

Abbildung 4.95: Broschüren-Optionen beim Ausdruck aktivieren

4.11 Zusammenarbeit

Dokumente mit OpenOffice verkleinern

Word-Dokumente können ganz schön groß werden. Besonders die Funktionen zum Nachverfolgen von Änderungen und zum Speichern vorheriger Versionen oder das Anlegen von Vorschaubildern blähen Word-Dateien unnötig auf. Wer es schlanker mag, kann Word-Dokumente mit OpenOffice Writer kleiner machen.

1. Dazu wird das Word-Dokument zunächst in Writer geöffnet.

2. Jetzt mit dem Befehl Datei / Speichern unter wieder im Word-Format speichern.

Das Öffnen und Speichern in OpenOffice wirkt wie eine Waschanlage: Überflüssiger Ballast wird beim Neu-Speichern aus der Datei entfernt – übrig bleibt eine schlanke Datei ohne Überflüssiges. Nur auf das Layout sollte man Acht geben, damit es hinterher noch stimmt.

Dokument per E-Mail senden

Oft kommt es vor, dass man ein Dokument oder eine Tabelle per E-Mail an jemanden versenden muss. Der manuelle Weg – Dokument speichern, E-Mail-Programm starten, neue Nachricht verfassen, Datei anhängen, E-Mail-Adresse eingeben und senden – ist etwas umständlich. Mit OpenOffice geht das schneller und einfacher.

So sendet man eine Datei als Anlage einer E-Mail:

1. Ein OpenOffice-Programm, zum Beispiel Writer, starten.

2. Jetzt das Dokument öffnen, das per E-Mail gesendet werden soll.

3. Dann wird auf *Datei / Senden / Dokument als E-Mail* geklickt. Damit legt OpenOffice eine Kopie des aktuellen Dokuments an, startet das Fenster zum Verfassen einer neuen Nachricht und hängt die Dokument-Kopie auch gleich an.

4. Nun noch die Empfänger-Adresse eingeben und die Nachricht senden – fertig!

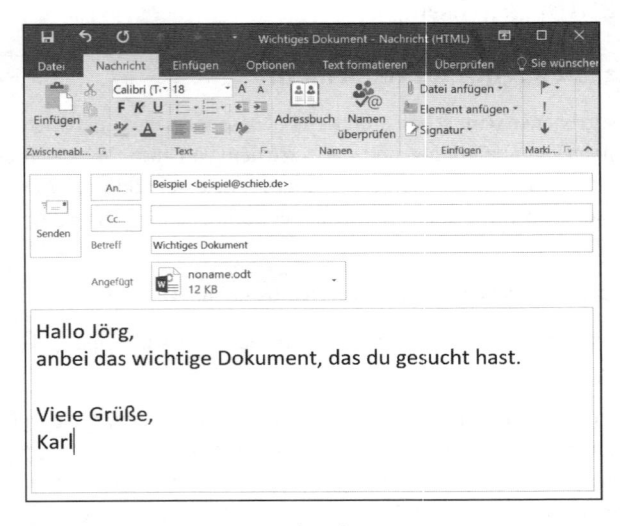

Abbildung 4.96: Datei per E-Mail senden

Man kann dabei einstellen, ob das Dokument als OpenDocument-Datei (*.odt*), Microsoft-Word-Datei (*.doc*) oder PDF-Datei angehängt werden soll. Zusätzlich wird die Datei automatisch ZIP-komprimiert und dadurch schön handlich klein.

Mit WordPad im OpenOffice-Format speichern

Das OpenDocument-Format von OpenOffice wird immer häufiger zum Datenaustausch verwendet. Doch was tun, wenn kein OpenOffice installiert ist? Dann reicht auch das Windows-eigene Textprogramm WordPad.

Seit Windows 7 lassen sich Textdateien mit Bordmitteln im ODT-Format speichern. Und zwar so:

1. Zunächst WordPad starten und per Kopieren und Einfügen aus der Zwischenablage die Inhalte ins WordPad-Fenster kopieren, die als OpenOffice-Datei gespeichert werden sollen.

2. Dann den Befehl *Datei / Speichern unter* aufrufen.

3. Nun als Dateityp den Eintrag *OpenDocument-Text* wählen.

4. Die neue ODT-Datei lässt sich ohne Konvertierung direkt in OpenOffice öffnen.

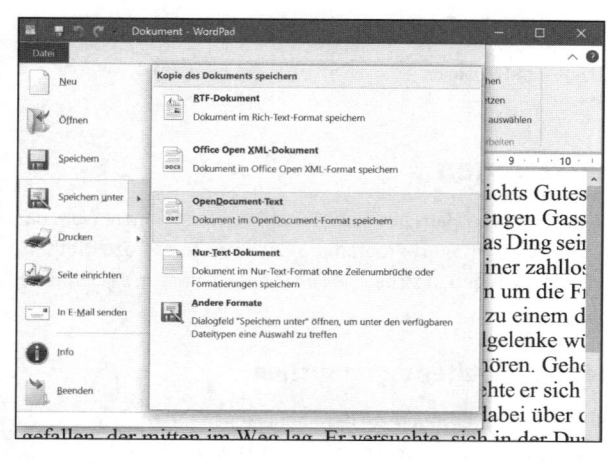

Abbildung 4.97: Dateien per WordPad als OpenDocument speichern

RTF als universelles Textformat

Wer Textdokumente mit anderen Computerbenutzern austauschen möchte, hört häufig die Beschwerde: „Ich konnte die Datei nicht öffnen!" Schuld daran ist die Tatsache, dass nahezu jede Textverarbeitung – und zu allem Überfluss auch noch jede Programmversion – ein anderes Dateiformat verwendet, sprich: Texte, Formatierungen und Extras auf andere Art und Weise speichert.

Damit kommen andere Textprogramme nur dann klar, wenn sie dieses Dateiformat auch unterstützen, etwa durch einen entsprechenden Konverter.

Das Dateiformat von Microsoft ist weit verbreitet. Auch die kostenlose Software OpenOffice kommt damit klar. Wer jedoch auf Nummer sicher gehen will, speichert ein Textdokument im Rich Text Format, kurz RTF genannt. Dieses standardisierte Dateiformat wird von nahezu allen Textprogrammen unterstützt. Probleme beim Austauschen von Textdokumenten gibt es damit nur sehr selten. Dazu beim Speichern die Option *Dateityp* verwenden und *Rich Text Format* auswählen. Bilder werden allerdings nicht mitgespeichert.

Abbildung 4.98: Logo für RTF-Dateien

4.12 Erweiterungen

OpenOffice enthält schon von Haus aus eine Vielzahl von Funktionen. Wem das nicht ausreicht, der kann sein Büro-Programm noch erweitern. Dazu gibt's im Internet viele Add-Ons, mit denen sich neue Funktionen in Writer, Calc und Co. einbauen lassen.

Nach Updates für Erweiterungen suchen

Damit die installierten Erweiterungen auf dem neuesten Stand bleiben, enthält OpenOffice eine automatische Suchmaschine für Updates.

1. Um nach aktualisierten Versionen von Erweiterungen zu suchen, wird OpenOffice als Erstes gestartet.
2. Jetzt oben in der Menüleiste auf Extras / Extension Manager klicken.
3. Nun werden alle installierten Add-Ons sichtbar.
4. Ein Klick auf den Button Auf Updates prüfen sucht dann im Internet, ob es inzwischen neuere Versionen für eine Erweiterung gibt.

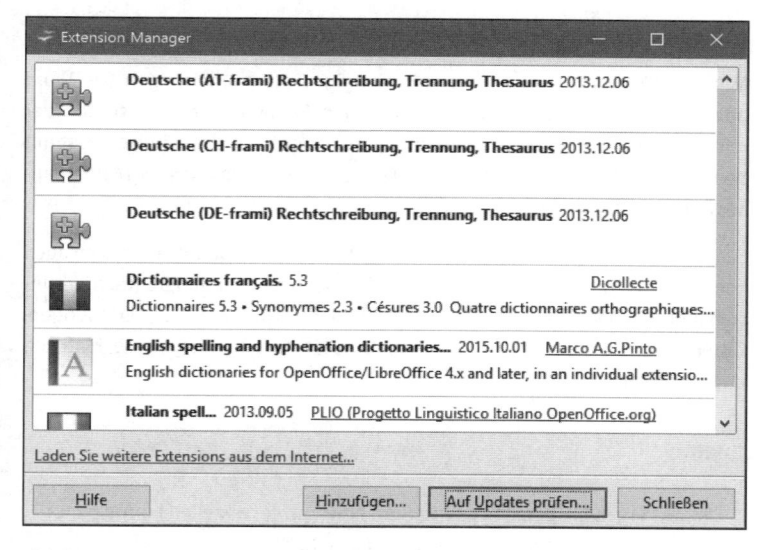

Abbildung 4.99: Updates für Erweiterungen suchen

5. Manche Erweiterungen lassen sich per Direkt-Download auf den neuesten Stand bringen, bei anderen ist der Umweg über einen Browser und die jeweilige Website erforderlich. Hat man ein Update dann heruntergeladen, öffnet man den *Downloads*-Ordner im Explorer oder Finder und doppelklickt anschließend auf das geladene Update. Damit wird es in OpenOffice installiert.

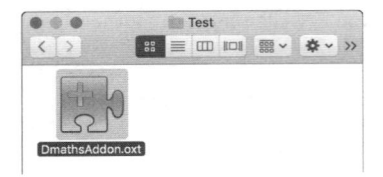

Abbildung 4.100: Erweiterungen auf den neuesten Stand bringen

Mit dem Dmaths-Tool mathematische Formeln optimieren

Mathematiker haben es nicht leicht. Gängige Textverarbeitungen wie Word oder OpenOffice Writer sind zwar mit einem Formeleditor ausgestattet; der reicht aber nur für simple Formeln und Gleichungen aus der Schulzeit. Erst mit den richtigen Erweiterungen werden Textverarbeitungen auch für Mathematiker interessant.

Für OpenOffice Writer ist die Erweiterung Dmaths ideal. Damit lassen sich auch komplizierte Formeln und Gleichungen ins Dokument einfügen. Nach der Installation ist OpenOffice fit für Profi-Funktionen wie Binominal-Verteilungen, Gitter, Graphen, geometrische Figuren, Vektoren, Gleichungssysteme, Matrizen und vieles mehr.

> **Web**
>
> Dmaths ergänzt OpenOffice Writer um einen professionellen Formeleditor und kann von folgender Adresse heruntergeladen werden:
> *http://go.schieb.de/dmaths-oxt*

1. Nach dem Download doppelklickt man auf die Datei DmathsAddon.oxt, um die Erweiterung in OpenOffice zu installieren.

2. Bevor man dem Lizenzvertrag zustimmen kann, muss man durch den gesamten Text blättern. Erst dann wird der Akzeptieren-Button aktiviert.

3. Nach einem kompletten Neustart von OpenOffice findet der Nutzer in Writer einige neue Symbolleisten, über die man Formeln perfekt einfügen und formatieren kann.

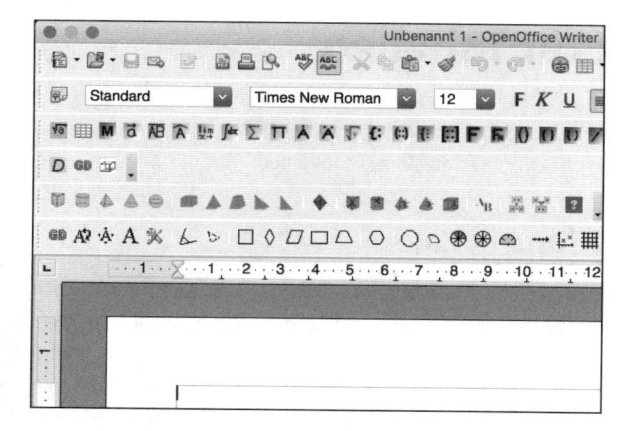

Abbildung 4.101: Dmaths-Symbolleisten in OpenOffice Writer

PDF-Dateien in Writer öffnen und bearbeiten

Seit Office 2013 können PDF-Dateien endlich auch zum Bearbeiten geöffnet werden. In OpenOffice hingegen ist das Editieren von PDFs normalerweise nicht möglich. Es sei denn, man nutzt eine Erweiterung.

> **Web**
>
> Für den korrekten PDF-Import ist das Add-On *PDF Import for Apache OpenOffice* zuständig. Es kann gratis von der folgenden Website heruntergeladen werden:
> *http://go.schieb.de/pdf-import-openoffice*

Nach dem Download wird doppelt auf die Add-On-Datei geklickt, um die Erweiterung zu installieren. Dann noch ans Ende des Lizenzvertrags scrollen und das Lesen anschließend bestätigen.

Ab sofort lassen sich PDF-Dateien ohne Probleme auch mit OpenOffice öffnen und bearbeiten.

5 Calc für Tabellen

Neben Writer gehört auch eine Tabellenkalkulation zum Apache-OpenOffice-Paket. Wie man sie effektiv nutzt, erklären die folgenden Tipps.

5.1 Einführung in Calc

Die Tabellenkalkulation OpenOffice Calc steht ihrem Vorbild Microsoft Excel in nichts nach. Wenn man die Tricks der Software kennt und beherrscht, kann man jede Menge Zeit sparen. Durch den Einsatz von Formeln klappt die Berechnung großer Datenmengen ohne viel Aufwand. Ist OpenOffice installiert, lässt sich Calc per Klick auf *Start / Alle Apps / OpenOffice / OpenOffice Calc* (Windows) aufrufen. Am Mac startet man einfach die OpenOffice-App und klickt dann auf *Tabellendokument*. Anschließend findet man sich in einem Fenster ähnlich dem folgenden wieder:

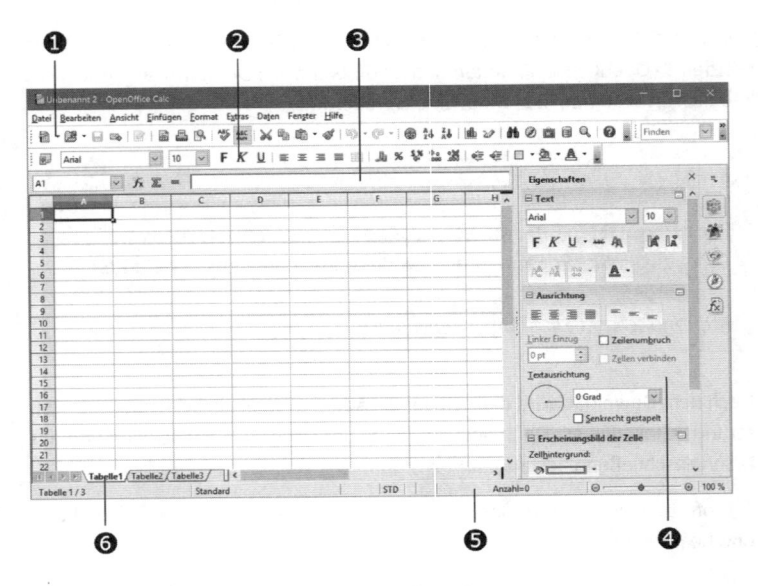

Abbildung 5.1: Das Hauptfenster von OpenOffice Calc

Das Calc-Fenster ist in mehrere Bereiche aufgeteilt:

- Zuoberst wird die Standard-Symbolleiste 1 angezeigt. Mit ihr kann der Nutzer Tabellen erstellen, öffnen, speichern und drucken. Außerdem gibt's einen schnellen Zugriff auf die Zwischenablage und die Sortierung von Zellen.

- Die Zeile darunter bietet Tools zur Formatierung 2, wie etwa die Auswahl der Schriftart und -größe, die Ausrichtung von Zellinhalten sowie die Formatierung von Zahlen.

- Die dritte Zeile besteht aus der Eingabezeile 3. Hier lassen sich Formeln durch Eintippen bearbeiten und verändern.

- Wie in Writer findet sich auf der rechten Seite eine Seitenleiste 4 mit kontextbezogenen Tools – etwa zur Ausrichtung und zum Anpassen der Darstellung von Tabellenzellen. Was die Seitenleiste sonst noch so auf dem Kasten hat, dazu später mehr.

- Am unteren Fensterrand finden sich ebenfalls zwei Leisten. Die unterste 5 ist die Statusleiste. Sie gibt an, welche Tabelle man gerade bearbeitet. Zudem lassen sich hier ultraschnelle Berechnungen ausführen, indem man einfach mehrere Zellen markiert.

- Direkt über der Statusleiste ist für jede Tabelle in der geöffneten Arbeitsmappe ein Tab zu sehen 6. Per Maus lassen sich diese Tabs verschieben und per Rechtsklick ändern.

Daten eingeben

Das Eintippen von Informationen in eine Calc-Tabelle ist sehr einfach: Man doppelklickt auf eine Zelle und gibt dann den gewünschten Wert ein. Zum Schluss auf `Enter` drücken, sodass der Wert übernommen wird.

Im Gegensatz zu dem senkrechten Balken, der in Writer die aktuelle Position des Cursors anzeigt, verwendet OpenOffice Calc zur Markierung der aktuellen Zelle einen dicken Rahmen, ähnlich wie in Excel.

Viele oft genutzte Datentypen werden von Calc automatisch erkannt – wie zum Beispiel die folgenden:

- Zahlen
- Geldbeträge
- Datumsangaben
- Text

> **Tipp**
>
> **Die Eingabezeile**
>
> Was man in eine Zelle eintippt, erscheint sowohl in der Zelle selbst als auch oben in der Eingabezeile. Stimmt etwas mit dem Inhalt einer Zelle nicht, wird oben in der Eingabezeile immer der unformatierte Wert angezeigt. Außerdem lassen sich Daten hier schnell bearbeiten – besonders, wenn man einmal mehr Platz braucht, als man direkt in der Tabelle hat.

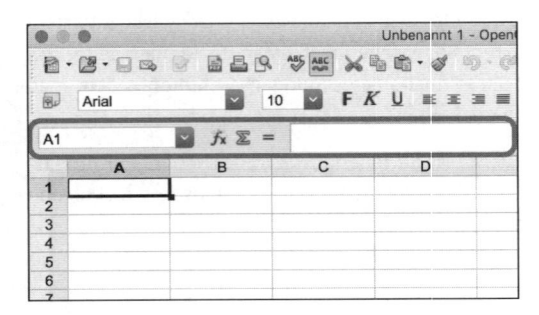

Abbildung 5.2: Die Eingabezeile

Zum Bearbeiten von Zellinhalten hat der Nutzer mehrere Möglichkeiten:

- Auf die Zelle doppelklicken
- [F2] drücken
- Den Fokus in die Eingabezeile setzen

Die automatische Datentyp-Erkennung

Ein eingebautes Regelwerk hilft OpenOffice Calc beim Erkennen der eingegebenen Informationen. Die meisten Regeln sind einfach, sodass Calc das, was man eintippt, meistens richtig erkennen kann.

> **Tipp**
>
> Damit Geldbeträge und Datumsangaben korrekt interpretiert werden, sollten die regionalen Einstellungen im Betriebssystem richtig eingestellt sein. Denn OpenOffice „bedient" sich dort, um beispielsweise zu wissen, welche Zeichen als Dezimalkomma oder Tausenderpunkt gelten sollen.

Im Folgenden geben wir einen Überblick über die verschiedenen Datentypen und erklären, was man tun kann, damit Calc eine bestimmte Zelle unter Garantie als einen bestimmten Datentyp behandelt.

Text
Soll in einer Tabellenzelle einfacher Text erscheinen, sollte man ihn einfach eintippen. Calc ist schlau genug, um den Unterschied zwischen Datumswerten, Formeln, Zahlen, Zeitangaben und Text zu erkennen.

Passt ein eingegebener Wert in keine andere Kategorie, wird der Datentyp automatisch auf *Text* gestellt. Beispielsweise sind Eingaben wie `Bericht`, `Verkaufsdaten 2016` und `Ergebnisse 3. Quartal` allesamt Text.

> **Tipp**
>
> Will man ausnahmsweise, dass Calc eine Zahl ebenfalls als Text behandelt, muss man als erstes Zeichen ein Hochkomma eintippen. Zum Ausprobieren einfach mal `1234` und `'1234` in zwei Zellen eintippen – so sieht man den Unterschied.

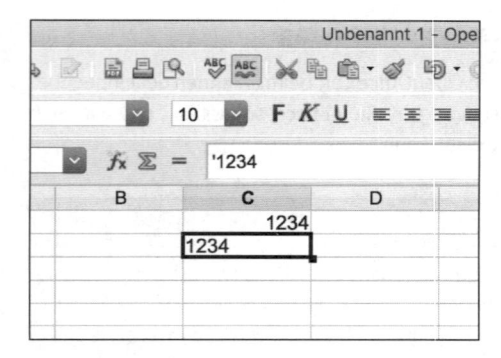

Abbildung 5.3: Unterschied zwischen numerischen Zahlen und Zahlen als Text

Bei jeder Texteingabe ruft man auch die automatische Rechtschreibprüfung von OpenOffice auf den Plan. Denn Tippfehler können damit oft korrigiert werden. Alternativ wird die automatische Korrektur deaktiviert, sodass die Prüfungen nur auf manuelle Anforderung hin ausgeführt werden.

Standardmäßig wird alles Eingegebene durch die Rechtschreibprüfung „gejagt". Findet OpenOffice einen vermutlich falsch geschriebenen Begriff, erscheint eine rote Schlängellinie. Man kann dann auf die jeweilige Zelle klicken und den Schreibfehler beheben.

Falsche Fehler ignorieren

Doch was, wenn das, was man eingetippt hat, sehr wohl stimmt – und OpenOffice ist bloß auf dem Holzweg, weil der Begriff nicht im Wörterbuch steht? In diesem Fall hat der Nutzer zwei Möglichkeiten:

- ▶ Entweder man gibt an, dass Calc den Begriff einfach ignorieren soll.
- ▶ Oder man fügt das Wort in das Benutzerwörterbuch ein.

In beiden Fällen muss zuerst doppelt auf die betreffende Zelle geklickt werden, sodass sie zur Bearbeitung aktiviert wird. Anschließend auf den Begriff rechtsklicken, wo die beiden Optionen der Rechtschreibprüfung angeboten werden.

> **Tipp**
>
> Arbeitet man mit großen Tabellen oder einem etwas leistungsschwachen Mobilgerät, könnte man die Rechtschreibprüfung aus Leistungsgründen komplett abschalten. Dazu einfach oben in der Standard-Symbolleiste auf das *ABC*-Symbol mit der roten Wellenlinie klicken. In diesem Fall kann man die Rechtschreibprüfung immer noch manuell über die [F7]-Taste starten.

Zahlen

Zahlen sind schon schwieriger zu verarbeiten als Text. Folgende Regeln werden von OpenOffice Calc beim Bewerten des Datentyps genutzt:

- Wird etwas eingegeben, das aussieht wie eine Zahl, wird sie wie erwartet erkannt. Sprich: 1000, 1,23 und 4,56777 werden allesamt als Ganzzahlen bzw. Kommazahlen erkannt und so formatiert.

- Steht vor oder hinter einer Zahl das Euro-Zeichen €, wird der Wert als Geldbetrag erkannt und entsprechend als Währung ausgezeichnet. So wird aus €199 der Wert 199,00 €.

- Wer mag, kann Tausenderstellen mit dem Tausenderpunkt trennen; sobald man den Wert aber speichert, wird der Tausenderpunkt entfernt.

- Prozentwerte werden erkannt, sobald hinter einer Zahl das Prozentzeichen erscheint. Damit kann man dann auch rechnen.

- Häufig benötigte Brüche kann man ebenfalls direkt eintippen. So wird aus 1¾ automatisch *1,75*.

> **Tipp**
>
> Beim Eintippen von Brüchen sollte man darauf achten, dass Windows und andere Systeme die Brüche manchmal durch Sonderzeichen ersetzen. Das muss man dann durch Druck auf [Strg] + [Z] sofort rückgängig machen.

- Für Mathematiker und andere Experten wird sogar die Eingabe von Zahlen in der Exponentialschreibweise unterstützt.
- Negative Zahlen werden einfach durch Voranstellen eines Minuszeichens erzeugt.

Datumswerte

Tippt man Zahlen ein und trennt sie mit einem Schrägstrich, Punkt oder Bindestrich, versucht OpenOffice Calc, daraus ein Datum zu machen. Das klappt natürlich nur dann, wenn die Monate und Tageszahlen innerhalb des erlaubten Bereichs liegen.

> **Tipp**
>
> Wie Datumswerte angezeigt werden, richtet sich nach den Regionseinstellungen des Betriebssystems. Alle Daten werden intern immer im gleichen Format gespeichert.

Zeitangaben

Gibt man zwei oder drei Zahlen ein, die durch einen Doppelpunkt getrennt sind, macht Calc eine Uhrzeit daraus. Beispielsweise wird 12:34 als *12:34:00* formatiert.

Daten bearbeiten

Wer viele Zahlen tippt, macht schon mal Fehler. Das ist nicht weiter schlimm, denn natürlich lassen sie sich beheben. Ob man sich gerade im Bearbeitungsmodus befindet, erkennt man an dem blinkenden Textcursor innerhalb der Zelle.

Hier einige Tipps zum Umgang mit dem Bearbeitungsmodus:

- Um den Inhalt einer Zelle zu bearbeiten, markiert man sie zunächst per Maus oder mit den Pfeiltasten der Tastatur und doppelklickt dann darauf oder drückt auf F2.

- Innerhalb einer Zelle lässt sich der Textcursor jetzt mit `Pfeillinks` und `Pfeilrechts` verschieben.
- Hingegen sollte man vermeiden, auf `Pfeiloben` oder `Pfeilunten` zu drücken. Denn dadurch wird der dicke Zellcursor zur Nachbarzelle verschoben.
- Um den gesamten Inhalt der Zelle zu markieren, die Zelle zunächst zum Bearbeiten öffnen und dann `Strg` + `A` drücken.
- Über `Strg` + `X`, `Strg` + `C` und `Strg` + `V` hat man Zugriff auf die Zwischenablage.
- Wer einen Zeilenumbruch innerhalb der Zelle benötigt, drückt einfach `Strg` + `Enter`.
- Ein einfacher Druck auf `Enter` beendet den Bearbeitungsmodus und die vorgenommenen Änderungen werden übernommen.
- Wer die Eingaben abbrechen und nicht übernehmen will, drückt stattdessen auf `Esc`.
- Merkt man erst nach dem Druck auf `Enter`, dass die Änderung doch falsch war, muss man über `Strg` + `Z` die Rückgängig-Funktion bemühen.

Tipp

Zum Bearbeiten von langen Textbereichen oder komplexen Formeln eignet sich die Eingabezeile eher als die Zelle selbst.

Suchen & Ersetzen

Innerhalb einer Arbeitsmappe lassen sich Werte automatisiert suchen und durch andere ersetzen. Dazu drückt man auf `Strg` + `F` und zeigt so das Dialogfeld *Suchen & Ersetzen* an.

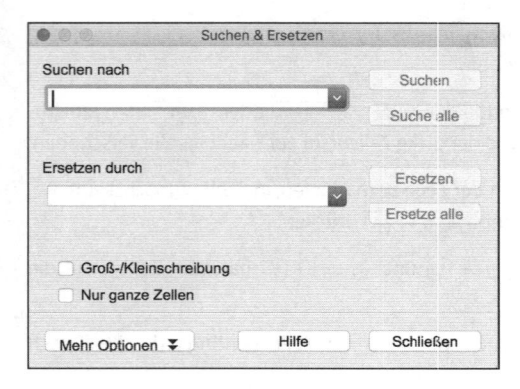

Abbildung 5.4: Das *Suchen & Ersetzen*-Dialogfeld in Calc

Zellen mit Kommentaren versehen

Eine gute Tabelle ist selbsterklärend und braucht keine großen Kommentare zur Erklärung der Bedienung. Manchmal will man aber trotzdem Daten in eine Tabelle integrieren, die beim Ausdrucken oder Präsentieren unsichtbar bleiben sollen.

Dafür gibt es die Kommentar-Funktion. In OpenOffice Calc lassen sich Kommentare mit wenigen Klicks einfügen. Das geht wie folgt:

1. Zunächst markiert man die Zelle, zu der ein Kommentar hinzugefügt werden soll.

2. Jetzt oben in der Menüleiste auf Einfügen / Kommentar klicken. Alternativ kann auch die Tastenkombination [Strg] + [Alt] + [C] (Windows) oder [Alt] + [Cmd] + [C] (OS X) verwendet werden.

> **Tipp**
>
> Hat eine Zelle einen Kommentar, wird in ihrer oberen rechten Ecke eine kleine rote Markierung sichtbar.

Abbildung 5.5: Kommentar für eine Zelle anzeigen

Um den für eine bestimmte Zelle gespeicherten Kommentar anzuzeigen, muss man die Zelle mit der rechten Maustaste anklicken und im Kontextmenü den Befehl *Kommentar anzeigen* wählen.

Kommentare lassen sich, solange sie auf dem Bildschirm sichtbar sind, per Klick bearbeiten. Will man einen Kommentar wieder loswerden, genügt ein Rechtsklick und der Aufruf von *Kommentar löschen*.

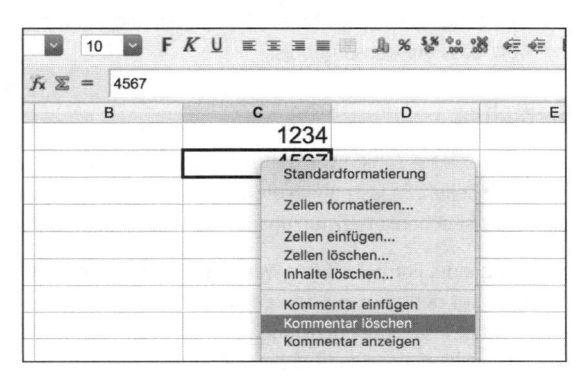

Abbildung 5.6: Kommentar per Rechtsklick löschen

5.2 Formeln

Die eigentliche Stärke jeder Tabellenkalkulation sind nicht die statischen Zellwerte, sondern die Möglichkeit, mit den eingegebenen Festwerten Berechnungen anzustellen. Dazu bedient man sich der Formeln.

Kennzeichen für Formeln

Calc behandelt den Inhalt einer Zelle als Formel, wenn das erste eingegebene Zeichen ein Gleichheitszeichen = ist.

In einer Formel stehen die Grundrechenarten zur direkten Verwendung bereit und können über ihre jeweiligen Rechenzeichen genutzt werden:

- \+ zum Zusammenrechnen
- \- zum Abziehen
- * zum Malnehmen
- / zum Teilen

Außerdem gibt es jede Menge Funktionen (im mathematischen Sinne). Sie haben einen oder mehrere Eingangswerte, sogenannte Parameter, und ermitteln daraus einen Ausgangswert, das Funktionsergebnis.

Sich auf Zellen beziehen

In Formeln kann man nicht nur feste Zahlenwerte zum Berechnen nutzen, sondern auch den Inhalt anderer Zellen. So lassen sich die Daten aus verschiedenen Zellen kombinieren, um ganze Rechenketten aufzubauen.

Wie greift man nun innerhalb einer Formel auf den Wert einer anderen Zelle zu? Dazu werfen wir einen Blick auf den oberen und den linken Rand der Tabelle. Hier finden sich eine horizontale Leiste mit Buchstaben und eine vertikale Leiste mit Ziffern. Die Tabellenspalten sind also durchbuchstabiert und die Zeilen werden von Calc durchnummeriert. Aus der Kombination eines Buchstabens und einer Zahl ergibt sich genau eine Zelle, also zum Beispiel C5 – die dritte Zelle von links in der fünften Zeile von oben.

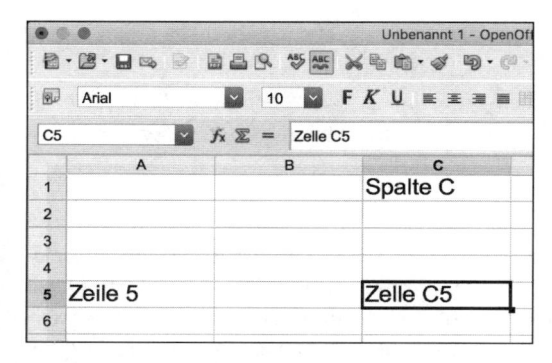

Abbildung 5.7: Zell-Koordinaten aus Buchstaben und Zahlen

Hier ein einfaches Beispiel für eine Formel:

1. Zunächst in Zelle A1 die Zahl 50 eintragen.

2. Jetzt in Zelle B1 die Formel =A1 eintragen.

3. Beim Bestätigen per Druck auf ⌈Enter⌉ erscheint in B1 ebenfalls die Zahl 50. Der Vorteil der Formel: Ändert man jetzt testweise die Zahl in A1 auf 30, wird der angezeigte Wert in B1 ebenfalls auf 30 aktualisiert – automatisch, dank des Zellbezugs.

Relative und absolute Adressierung

Relativer Bezug

Der Zellbezug in der Formel von eben (=A1) wird relativer Zellbezug genannt. Der Unterschied zur absoluten Adressierung wird nicht sofort erkenntlich, sondern erst dann, wenn man Zellen mit solchen Formeln kopiert oder verschiebt.

Wird die relative Adressierung genutzt, aktualisiert Calc die Referenzen in den Formeln, sodass sie auf Zellen mit dem gleichen relativen Abstand zeigen. Klingt kompliziert? Hier ein Beispiel:

Angenommen, wie im obigen Beispiel steht in B1 die Formel =A1. Kopiert man die Zelle B1 jetzt nach C1, aktualisiert OpenOffice Calc die Formel automatisch auf =B1 – eine Zelle weiter nach rechts.

> **Tipp**
>
> Jedes Mal, wenn in einem Zellbezug nur Buchstaben und Zahlen vorkommen (zum Beispiel A1), handelt es sich um eine relative Adresse.

Absoluter Bezug

Diese automatische Aktualisierung von Formeln beim Verschieben und Kopieren hilft einem allerdings nicht weiter, wenn man sich in einer Formel stur auf eine ganz bestimmte Zelle beziehen will, deren Bezug eben nicht geändert werden darf – etwa das Endergebnis einer Berechnung oder eine Konstante, die in einer Zelle abgelegt ist und überall mit einfließt.

In diesem Fall macht man von der absoluten Adressierung Gebrauch. Damit werden die Zellbezüge quasi in Beton gegossen und Calc verändert sie nicht mehr selbsttätig, wenn man Zellbereiche woandershin kopiert oder verschiebt.

Um aus einem relativen Zellbezug eine absolute Referenz zu machen, fügt man sowohl vor dem Namen der Spalte als auch vor der Zeilennummer ein Dollarzeichen $ ein. Aus dem relativen Bezug =A1 wird dann also =$A$1.

> **Tipp**
>
> Relative und absolute Adressierung kann man auch mischen. Wer beispielsweise A$1 schreibt, meint damit, dass beim Kopieren oder Verschieben nur die Zeilennummer gleich bleiben soll, Calc aber den Buchstaben der Spalte aktualisieren soll.
>
> Umgekehrt weist man das Programm durch Eingeben von $A1 an, dass der Zellbezug immer in Spalte A bleiben soll, die Zeilennummer aber aktualisiert werden darf.

> **Tipp**
>
> Mit einer Tastenkombination lässt sich die Adressierung der Bezüge in einer Formel schnell von relativ auf absolut ändern und wieder zurück. Dazu einfach die betreffende Zelle per Klick markieren und dann `Umschalt` + `F4` drücken. Wiederholtes Drücken schaltet zuerst die Zeilen, dann die Spalten auf absolut um, dann die Zeilen und schließlich die Spalten wieder auf relativ.

Daten aus anderen Tabellen einbeziehen

Ein Blick auf den unteren Rand des Calc-Fensters zeigt, dass eine Tabellendatei (Arbeitsmappe) durchaus mehrere einzelne Tabellen enthalten kann. Stehen die Daten, auf die man sich beziehen will, in einer anderen als der aktuellen Tabelle, muss man den Tabellennamen mit in den Zellbezug aufnehmen.

Beispiel:

Eine Arbeitsmappe besteht aus den Tabellen *Duesseldorf* und *Koeln*, die Tabelle *Duesseldorf* ist die aktuelle. In einer Formel soll der Wert der Zelle B13 referenziert werden. Man verwendet dann folgende Adresse:

```
=Koeln.B13
```

Sogar Daten aus ganz anderen Dateien lassen sich in eine Formel einbauen. Liegt die gewünschte Arbeitsmappe im selben Ordner wie die aktuelle Datei, nutzt man folgendes Format:

```
='NRW.ods'#$Koeln.B13
```

> **Tipp**
>
> Bei diesem Format muss man unbedingt die Hochkommas beim Dateinamen mit angeben, sonst findet Calc die Datei nicht. Liegt die Datei in einem anderen Ordner, gibt man zusätzlich den gesamten Pfad zum Ordner an.

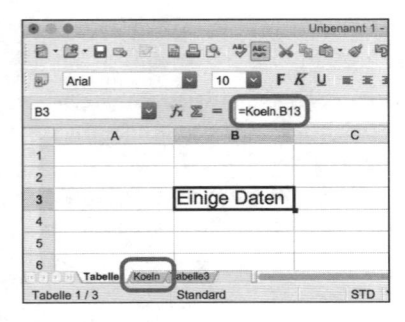

Abbildung 5.8: Querverweise zu anderen Tabellen

Zellen einen Namen geben

Koordinaten wie A2 oder E7 sind sehr praktisch – aber gleichzeitig schlecht zu merken. In welcher Zelle stand doch gleich das Zwischenergebnis von vorhin? Um die Arbeit einfacher zu machen, kann man einzelne Zellen oder ganze Zellbereiche mit einem sprechenden Namen versehen. Hier die nötigen Schritte:

1. Zunächst die Zelle(n), die einen Namen erhalten soll(en), markieren.

2. Oben in der Menüleiste klickt man dann auf Einfügen / Namen / Festlegen. Alternativ kann auch [Strg] + [F3] (Windows) oder [Cmd] + [F3] (OS X) gedrückt werden.

3. Jetzt den gewünschten Namen in das Textfeld schreiben – etwa Zwischensumme.

4. Nun auf Hinzufügen klicken – fertig!

Ab sofort kann man in Formeln diesen sprechenden Namen anstelle der Koordinaten verwenden.

Tipp

Zellnamen müssen mit einem Buchstaben anfangen und sollten keine Leerstellen enthalten. Außerdem darf es jeden Namen nur einmal pro Tabelle geben.

Oben links neben der Eingabezeile findet sich übrigens ein praktisches Klappfeld, mit dem man schnellen Zugriff auf alle benannten Zellen und Zellbereiche hat.

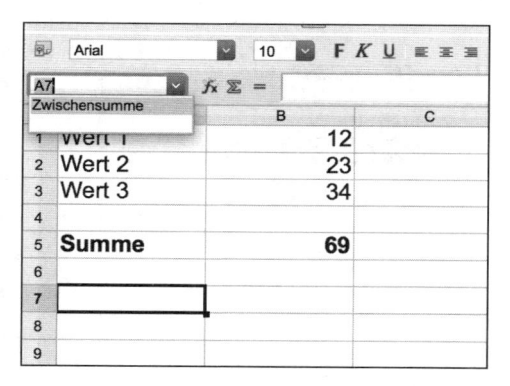

Abbildung 5.9: Liste der benannten Tabellenzellen

Die kleinsten und größten Werte einer Tabelle ermitteln

Bei vielen Tabellen ist es wichtig, den kleinsten oder größten Wert zu ermitteln. Bei OpenOffice ist das mit den Funktionen KKLEINSTE und KGRÖSSTE schnell erledigt. Mehr noch: Mit den richtigen Parametern lassen sich damit auch die zweitkleinsten, drittkleinsten und x-kleinsten bzw. -größten Werte herausfinden.

Um beispielsweise in den Zellen A1 bis B9 die drei größten Werte zu ermitteln, müssen unter- oder nebeneinander die folgenden Formen eingegeben werden:

=KGRÖSSTE($A$1:$B$9;1)

=KGRÖSSTE($A$1:$B$9;2)

=KGRÖSSTE($A$1:$B$9;3)

Die Zahl hinter dem Semikolon gibt an, der wievieltgrößte Wert gesucht wird. Bei den kleinsten Werten geht's genauso. Zur Ermittlung des sechstkleinsten Werts der Tabelle lautet die Formel zum Beispiel

```
=KKLEINSTE($A$1:$B$9;6)
```

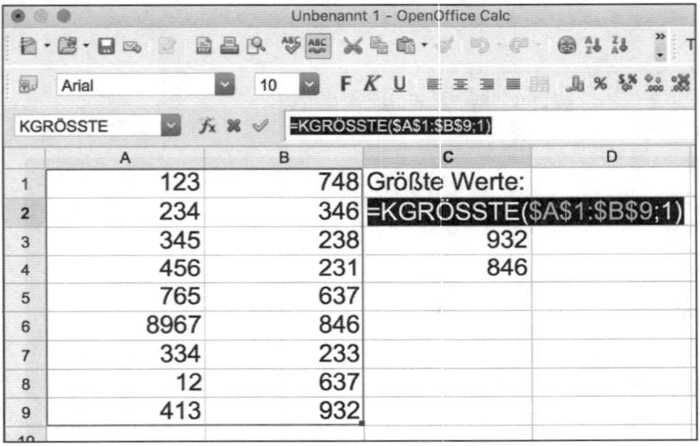

Abbildung 5.10: Größte und kleinste Werte ermitteln

Mit Formeln Texte bereinigen und säubern

Über die Import-Funktion kann man beliebige Listen und Texte in OpenOffice Calc importieren. Nach dem Import herrscht in den Zellen aber oft ein großes Durcheinander. Zu den häufigsten Problemen zählen dabei durcheinandergewürfelte Groß- und Kleinschreibungen oder auch überflüssige Leerzeichen.

Das Chaos lässt sich mit Textformeln aber recht einfach beheben. Mithilfe der folgenden Formel werden alle Buchstaben der jeweiligen Zelle in Großbuchstaben umgewandelt:

```
=GROSS()
```

Mit =GROSS(A1) passiert das etwa für alle Buchstaben in der Zelle A1. Mit =KLEIN() geht es auch andersherum: Alle Texte in der angegebenen Zelle werden in Kleinbuchstaben verwandelt. Besonders interessant ist die Funktion:

```
=GROSS2()
```

Sie zeigt nur den ersten Buchstaben jedes Wortes in einer Zelle groß.

Tauchen in einer Zelle überflüssige Leerzeichen auf, sollte die folgende Formel zum Einsatz kommen:

=GLÄTTEN()

Sie entfernt doppelte Leerzeichen zwischen den Wörtern.

> **Tipp**
>
> Besonders ärgerlich sind nicht druckbare Zeichen, die vor allem beim Import von CSV-Dateien im Arbeitsblatt auftauchen. Hierfür gibt es in OpenOffice Calc die Funktion:
>
> =SÄUBERN()
>
> Diese Funktion entfernt alle nicht druckbaren Sonderzeichen wie Absatzmarken, Tabulatoren oder bedingte Trennstriche.

Mit mathematischen Konstanten rechnen

Konstanten wie Pi oder die Eulersche Zahl gehören zum Standardrepertoire eines jeden Mathematikers. Auch die Tabellenkalkulation OpenOffice Calc kann mit Konstanten rechnen. Die wichtigsten Konstanten sind bereits eingebaut. Die Kreiszahl lässt sich beispielsweise mit der Funktion PI() für Kalkulationen verwenden. Wer weitere Konstanten benötigt, kann sich jederzeit eine eigene Sammlung zusammenklicken.

Um bei der Kalkulation beispielsweise mit der Konstanten für den Goldenen Schnitt zu rechnen, lässt sich der Wert ganz einfach als Konstante definieren. Dazu geht man wie folgt vor:

1. Als Erstes in Calc den Menübefehl Einfügen / Namen / Festlegen aufrufen.

2. Jetzt ein Kürzel für den Goldenen Schnitt eingeben, etwa gs.

3. In das Feld *Zugeordnet zu* den passenden Wert eintragen – hier 1,6180339887.

4. Nun mit OK bestätigen.

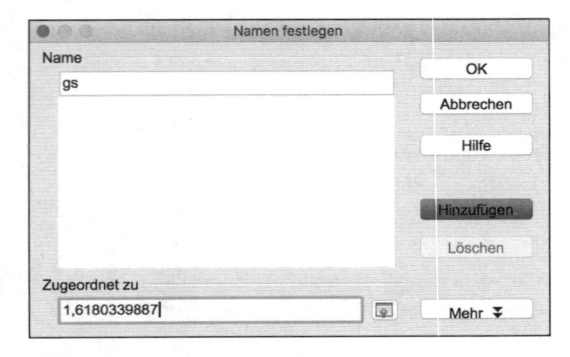

Abbildung 5.11: Benannte Konstanten hinterlegen

Ab sofort lässt sich mit der neuen Konstante rechnen. Die Formel =40*gs liefert in diesem Beispiel das Ergebnis *63,72*.

> **Tipp**
>
> Besonders beliebt ist die Funktion zur Festlegung von festen Werten wie Umsatzsteuer oder Umrechnungsfaktoren. So lässt sich unter dem Namen mwst die Umsatzsteuer mit dem Wert 0,19 hinterlegen. Im Tabellenblatt genügt dann die Eingabe von =473*mwst, um die Umsatzsteuer des Nettobetrags 473,00 zu berechnen.

Die Fehlermeldung #WERT! ausblenden

Kommt es in einer Calc-Tabelle bei einer Formel zu einem Fehler, erscheint in der Zelle die Meldung *#WERT!*. Eigentlich eine praktische Sache, lässt sich doch so rasch feststellen, wo noch einmal nachgebessert werden muss. Störend ist die Fehlermeldung jedoch bei noch nicht vollständig ausgefüllten Tabellen, etwa in einer Jahresübersicht, wenn eine Formel bereits für ein komplettes Jahr ausgelegt ist, die Spalte für die Monate des Jahres aber noch nicht komplett gefüllt ist.

Für solche Fälle lässt sich die *#WERT!*-Meldung mithilfe einer bedingten Formatierung unterdrücken. Hierzu die folgenden Schritte ausführen:

1. Zunächst in OpenOffice Calc mit dem Befehl Format / Formatvorlagen die Liste der Formatvorlagen anzeigen.

2. Nun per Klick auf den Pluszeichen-Button ein neues Zellformat namens *keinFehler* anlegen.

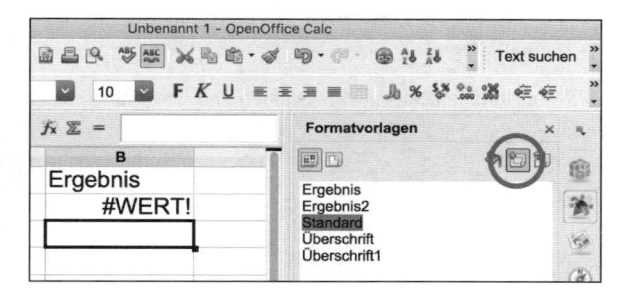

Abbildung 5.12: Neues Zellformat anlegen

3. Jetzt wird auf den neuen Eintrag rechtsgeklickt und der Befehl *Ändern* aufgerufen.

4. Anschließend bei Schriftfarbe und Hintergrundfarbe dieselbe Farbe auswählen, etwa Weiß.

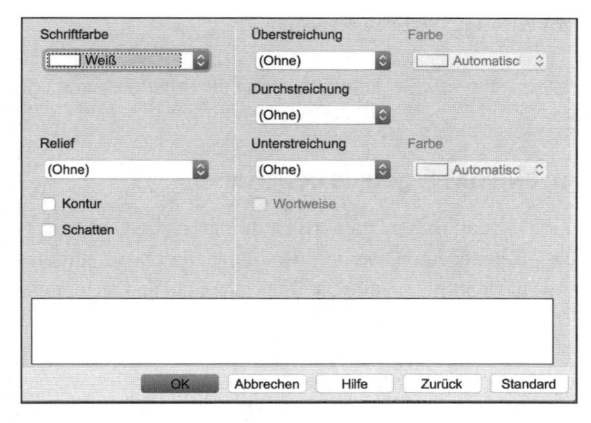

Abbildung 5.13: Unsichtbare Schrift festlegen

5. Im nächsten Schritt oben in der Menüleiste auf Format / Bedingte Formatierung klicken.

6. Hier dann das Kontrollfeld Bedingung 1 ankreuzen.

7. Danach den Listeneintrag Formel ist wählen und in das Eingabefeld die Formel ISTFEHLER(xy) eintragen. Dabei steht „xy" für die zu formatierende Zelle mit der Fehlermeldung.

8. Anschließend die Zellvorlage keinFehler auswählen und das Dialogfenster mit OK schließen.

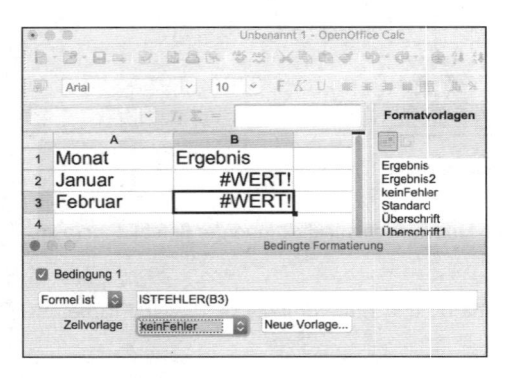

Abbildung 5.14: Unsichtbarer Text, falls ein Fehler auftritt

Sollte es in dieser Zelle zu einem Fehler kommen, bleibt die Fehlermeldung unsichtbar.

Formeln löschen und das Ergebnis behalten

Formeln sorgen in Tabellen dafür, dass Ergebnisse automatisch berechnet werden. Ändern sich die Ausgangsdaten, werden die Formelergebnisse automatisch angepasst. Das ist nicht immer erwünscht. Damit sich Tabellen nicht mehr selbstständig ändern, lassen sich Formeln so löschen, dass nur das Ergebnis als Zahl übrig bleibt.

Der Weg zum Ersetzen aller Formeln durch ihre jeweils berechneten Werte führt über die Zwischenablage:

1. Die Zelle oder den Zellbereich mit den Formeln markieren.
2. Jetzt werden die Daten mit dem Befehl Bearbeiten / Ausschneiden in die Zwischenablage ausgeschnitten.
3. Anschließend in der Standard-Menüleiste auf den kleinen schwarzen Pfeil rechts neben dem Einfügen-Symbol klicken und den Befehl Unformatierter Text aufrufen.

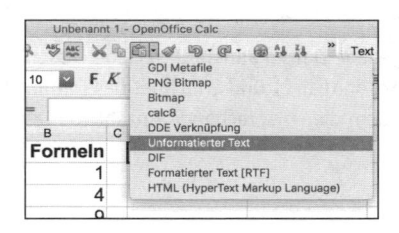

Abbildung 5.15: Daten über die Zwischenablage säubern

Das Ergebnis: Die kopierten Zellbereiche werden ohne Formeln wieder eingefügt; übrig bleiben die reinen Ergebnisse als Zahlen.

Tipp

Alternativ hierzu den Befehl *Bearbeiten / Inhalte einfügen* aufrufen, im Dialogfenster bei der Option *Alles einfügen* den Haken entfernen, dann alle darunterliegenden Haken bis auf *Formeln* setzen und mit *OK* bestätigen.

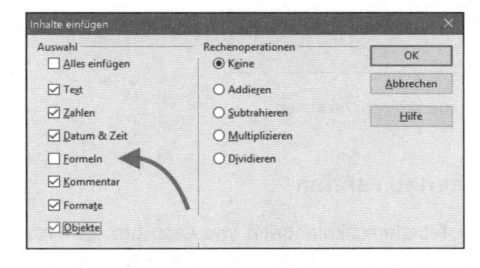

Abbildung 5.16: Formeln beim Einfügen auslassen

Bewegliche Feiertage ausrechnen

Feste Feiertage wie Weihnachten oder Neujahr stehen in jedem Kalender – lassen sich aber ohnehin gut merken. Komplizierter sind da die sogenannten beweglichen Feiertage. Gut, wenn ein Computer den Überblick behält.

Da fast alle beweglichen Feiertage von Ostern abhängen, gibt es in Calc eine Funktion, die sich ostersonntag() nennt. ostersonntag(2016) liefert zum Beispiel das Datum von Ostersonntag im Jahr 2016.

Praktisch, aber ausbaufähig: Wer das genaue Datum anderer Feiertage wissen möchte, verwendet die Funktion ostersonntag() und errechnet das Datum der anderen beweglichen Feiertage, indem die entsprechende Anzahl von Tagen addiert oder abgezogen wird:

- Für Karfreitag zwei Tage abziehen
- Für Christi Himmelfahrt 39 Tage addieren
- Für den Pfingstsonntag 49 Tage hinzurechnen
- Fronleichnam durch Addieren von 60 Tagen ermitteln

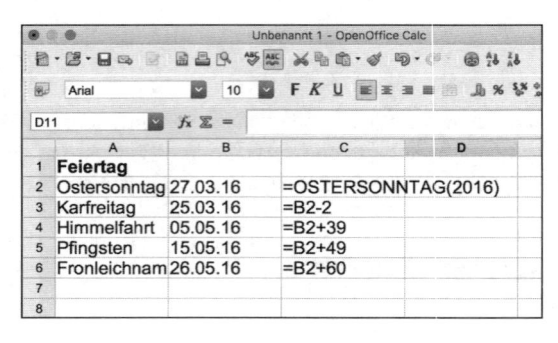

	A	B	C	D
1	**Feiertag**			
2	Ostersonntag	27.03.16	=OSTERSONNTAG(2016)	
3	Karfreitag	25.03.16	=B2-2	
4	Himmelfahrt	05.05.16	=B2+39	
5	Pfingsten	15.05.16	=B2+49	
6	Fronleichnam	26.05.16	=B2+60	
7				
8				

Abbildung 5.17: Bewegliche Feiertage ausrechnen lassen

Geldbeträge auf 5 Cent genau runden

Viele Einzelhändler verwenden Tabellenkalkulationen wie Calc, um die Produkte zu verwalten und Verkaufspreise auszurechnen. Ungerade Beträge wie

16,77 Euro oder 2,97 Euro sind dabei unerwünscht. Verkaufsfördernder sind glatte Beträge wie 14,95 Euro oder 7,60 Euro. Um nicht manuell alle Preise anpassen zu müssen, kann man stattdessen die Calc-Formel VRUNDEN() nutzen. Damit werden alle Preise auf 5 Cent genau gerundet.

Und so funktioniert das Runden auf 5 Cent: Angenommen, in der Zelle A1 steht der krumme Betrag. Damit in Zelle B1 der gerundete Preis angezeigt wird, lautet die Formel:

=VRUNDEN(A1;0,05)

Der Originalwert wird dabei kaufmännisch auf ein Vielfaches von 0,05 gerundet. Heraus kommen nur Beträge mit einer 0 oder 5 am Ende.

Soll generell immer auf den nächsthöheren Wert aufgerundet werden, sollte folgende Formel zum Einsatz kommen:

=OBERGRENZE(A1;0,05)

Werte wie 9,91 werden damit auf 9,95 aufgerundet. Sollen die Werte hingegen stets abgerundet werden – etwa 9,99 auf 9,95 –, hilft die Formel

=UNTERGRENZE(A1;0,05)

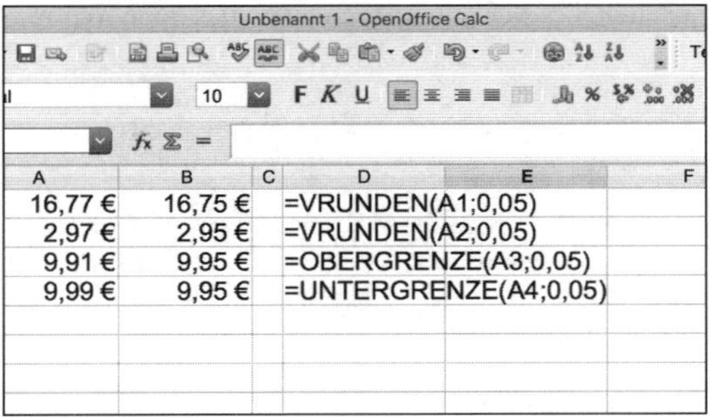

A	B	C	D	E	F
16,77 €	16,75 €		=VRUNDEN(A1;0,05)		
2,97 €	2,95 €		=VRUNDEN(A2;0,05)		
9,91 €	9,95 €		=OBERGRENZE(A3;0,05)		
9,99 €	9,95 €		=UNTERGRENZE(A4;0,05)		

Abbildung 5.18: Geldbeträge auf 5 Cent runden

Telefonnummern automatisch richtig trennen

In Mitarbeiter- oder anderen Adresslisten liegen die Telefonnummern meist in einem ganz bestimmten Format vor, etwa als 0221/112233. Wer in einer mehrere Hundert Personen umfassenden Liste die Vorwahlen von den Rufnummern trennen möchte, hat eine Menge Arbeit vor sich. Handarbeit ist aber gar nicht notwendig. Mit der passenden Formel werden die Telefonnummern automatisch richtig getrennt.

Befindet sich die Telefonnummer beispielsweise in der Zelle A1, lässt sich mit folgender Formel die Vorwahl extrahieren:

```
=LINKS(A1;SUCHEN("/";A1)-1)
```

Die Formel ermittelt in der Telefonnummer alle Zeichen vor dem Schrägstrich und gibt sie als Ergebnis aus. Um danach die eigentliche Rufnummer herauszufischen, kommt folgende Formel zum Einsatz:

```
=RECHTS(A1;LÄNGE(A1)-SUCHEN("/";A1))
```

Hier schnappt sich OpenOffice Calc die gesamte Telefonnummer inklusive Vorwahl, entfernt jedoch die Vorwahl. Das Ergebnis ist die eigentliche Rufnummer ohne Vorwahl. Sollte ein anderes Trennzeichen in der Telefonnummer auftauchen, muss in den Formeln lediglich der Schrägstrich durch das neue Trennzeichen ersetzt werden.

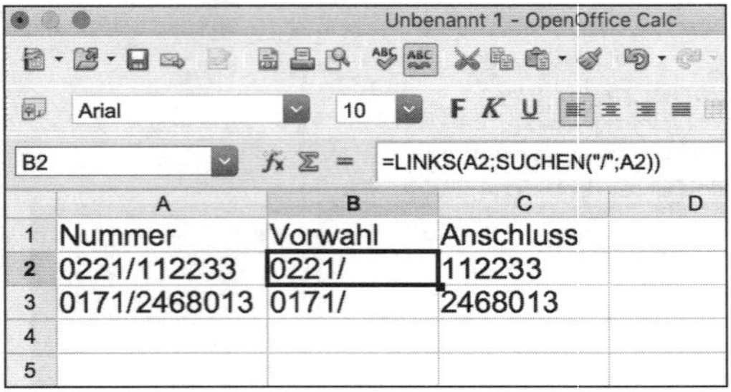

	A	B	C	D
1	Nummer	Vorwahl	Anschluss	
2	0221/112233	0221/	112233	
3	0171/2468013	0171/	2468013	
4				
5				

Abbildung 5.19: Telefonnummern nach Vorwahl und Rufnummer trennen

Zeitangaben schnell umrechnen

Wie viele Tage haben vier Jahre oder wie viele Sekunden stecken in fünf Wochen? Die Antwort auf solche Fragen liefert OpenOffice Calc im Handumdrehen: Die Rechenfunktionen Umwandeln_Add jongliert spielend mit Jahren, Tagen, Stunden, Minuten und Sekunden.

Wer mit Calc Zeitangaben umrechnen möchte, gibt zuerst in eine beliebige Zelle die gewünschte Zeiteinheit ein, etwa 14 für 14 Tage.

In die Zelle daneben anschließend die Umwandlungsformel eingeben, und zwar in der Form =UMWANDELN_ADD(Zelle; "Ausgangseinheit"; "Zieleinheit")

Als Ausgangs- und Zieleinheit stehen folgende Einheiten bereit:

- Jahr ("yr")
- Tag ("day")
- Stunde ("hr")
- Minute ("mn")
- Sekunde ("sec")

Steht die 14 beispielsweise in Zelle A1 und soll die Anzahl der Sekunden berechnet werden, lautet die Formel

```
=UMWANDELN_ADD(A1;"day";"sec")
```

Das Ergebnis: 14 Tage bestehen aus 1.209.600 Sekunden.

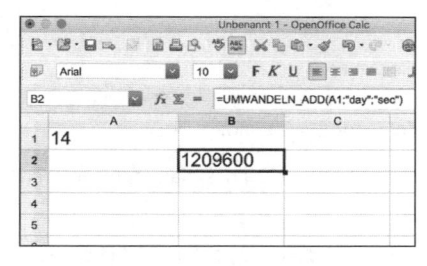

Abbildung 5.20: Mit Datumsangaben rechnen

5.3 Diagramme

Mit Diagrammen und Graphen lassen sich Informationen auf optisch ansprechende und leicht zu erfassende Weise präsentieren. OpenOffice Calc enthält eine Vielzahl unterschiedlicher Formate für die anzuzeigenden Daten.

Ein Diagramm erstellen

Hier zunächst eine Beispieltabelle, anhand derer die folgenden Diagramme angelegt werden:

	Computer	Tablets	Handys
Jan-Mär	12	23	47
Apr-Jun	9	31	54
Jul-Sep	14	27	56
Okt-Dez	17	28	48

Tabelle 5.1: Beispieldaten für Diagramme

Eingetippt in OpenOffice Calc sieht die Tabelle wie folgt aus:

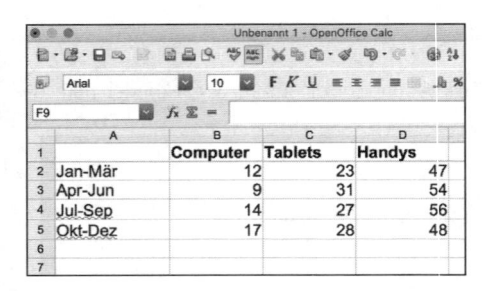

Abbildung 5.21: Die Beispieldaten für Diagramme

Um ein Diagramm zu erstellen, sind folgende Schritte nötig:

1. Als Erstes markiert man den Datenbereich, der Teil des Diagramms werden soll. Im Beispiel ist das der Bereich A1:D5.

2. Nun den Diagramm-Assistenten starten, und zwar per Klick auf Einfügen / Diagramm.

Tipp

Vor dem Aufruf des Diagramm-Assistenten genügt es, wenn sich der Cursor irgendwo im Datenbereich befindet. OpenOffice Calc erkennt dann meist automatisch, wo die Daten anfangen und wo sie enden. Man muss nur darauf achten, dass der Titel nicht mitmarkiert wurde.

Diagrammtyp

Jetzt wird der gewünschte *Diagrammtyp* ausgewählt. Hier stehen unterschiedliche Varianten zur Auswahl, zum Beispiel:

- Säulen
- Balken
- Kreis
- Flächen
- Linien
- Kurse
- und einige mehr

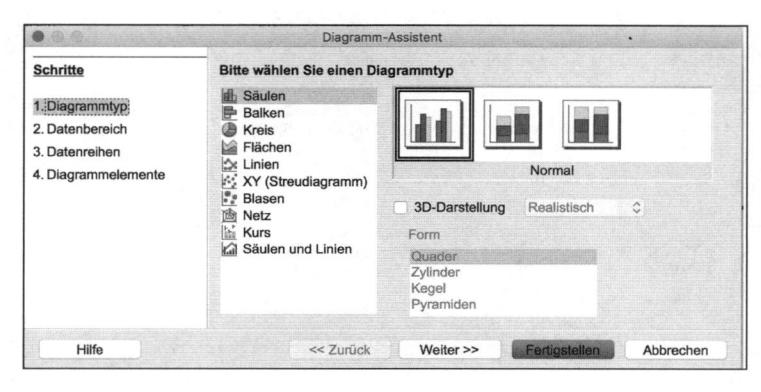

Abbildung 5.22: Einen Typ für das Diagramm wählen

Datenbereich

Nach einem Klick auf *Weiter* >> wird der *Datenbereich* für das Diagramm zur Kontrolle nochmals angezeigt. In der obigen Beispieltabelle gibt es Beschriftungen sowohl für Spalten als auch für Zeilen, die beiden Optionen *Erste Zeile als Beschriftung* sowie *Erste Spalte als Beschriftung* müssen also mit einem Haken versehen bleiben.

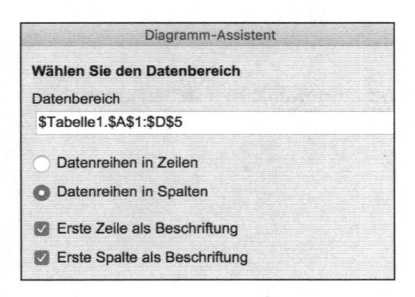

Abbildung 5.23: Datenbereich kontrollieren

In der Ansicht *Datenreihen* lässt sich jetzt die Reihenfolge der Daten im Diagramm festlegen. Hier kann man Einträge nach oben oder unten schieben – oder per Klick auf *Entfernen* ganz aus dem Diagramm löschen.

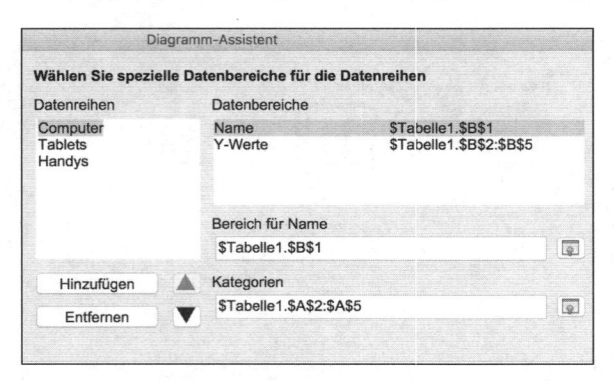

Abbildung 5.24: Datenreihen anordnen

Im letzten Schritt des Diagramm-Assistenten, beschriftet mit *Diagrammelemente*, lässt sich dann noch ein Titel für das einzufügende Diagramm festlegen. Außerdem kann man die Legende, falls erwünscht, an eine andere Kante verschieben.

Sobald man dann auf *Fertigstellen* klickt, wird das neue Diagramm in die Tabelle eingefügt.

Weitere Elemente zum Diagramm hinzufügen

Ist die Bearbeitung des Diagramms aktiviert (sonst darauf doppelklicken), stehen oben im *Einfügen*-Menü weitere Elemente bereit, die man per Klick in die Grafik übernehmen kann, zum Beispiel *Datenbeschriftungen*.

Mit Datenbeschriftungen werden Infos über jeden Datenpunkt ins Diagramm eingebaut. Das kann zwar zum Präsentieren von Details sinnvoll sein, allerdings wirkt das Diagramm bei zu vielen Infos auch schnell überladen.

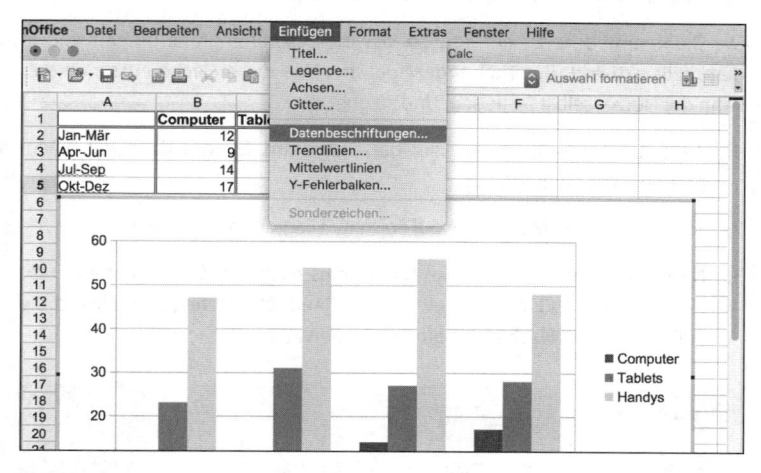

Abbildung 5.25: Beschriftungen für Daten einfügen

Datenbeschriftungen lassen sich per Klick auf *Einfügen / Datenbeschriftungen* erzeugen. Hier stehen dann unter anderem folgende Formatierungen bereit:

- *Wert als Zahl anzeigen:* Wird hier ein Haken gesetzt, aktiviert Calc den Button *Zahlenformat*, über den sich festlegen lässt, wie genau die Zahlen im Diagramm formatiert werden sollen. Ist ein Haken bei *Quellformat* gesetzt, richtet sich die Formatierung der Zahlen im Diagramm nach dem Format, das in der Quelldaten-Zelle eingestellt ist.

- *Wert als Prozentwert anzeigen:* Zeigt den Prozentwert der Datenpunkte in jeder Spalte an. Per Klick auf den dann eingeblendeten Button lässt sich das Anzeigeformat einstellen.

- *Beschriftung drehen:* Im unteren Bereich des Dialogfelds kann der Nutzer zudem konfigurieren, in welcher Drehrichtung die Datenbeschriftungen angezeigt werden sollen. Bei großen Datenmengen ist die Drehung um 90° sicher sinnvoll, da die Texte dann schmaler sind und von unten nach oben laufen.

Hintergrund der Diagrammfläche anpassen

Die Diagrammfläche ist der Bereich, der die Diagrammgrafik umgibt und in dem, falls aktiviert, der Titel angezeigt wird. Wie diese Fläche aussehen soll, kann der Nutzer selbst festlegen. Und so geht's:

1. Zunächst doppelklickt man auf das Diagramm. Es wird dann mit einem grauen Rahmen umgeben.

2. Jetzt oben in der Menüleiste auf Format / Diagrammfläche klicken.

3. Nun kann man die Fläche des Diagramms nach Belieben gestalten. Dazu lässt sich im Tab Linie die gewünschte Randfarbe festlegen, während die Füllfarbe im Tab Fläche konfiguriert werden kann.

> **Tipp**
>
> Wer einen Farbverlauf nutzen will, navigiert zum Tab *Transparenz*. Hier kann man die Hintergrundfarbe langsam ausblenden lassen – in jeder gewünschten Richtung.

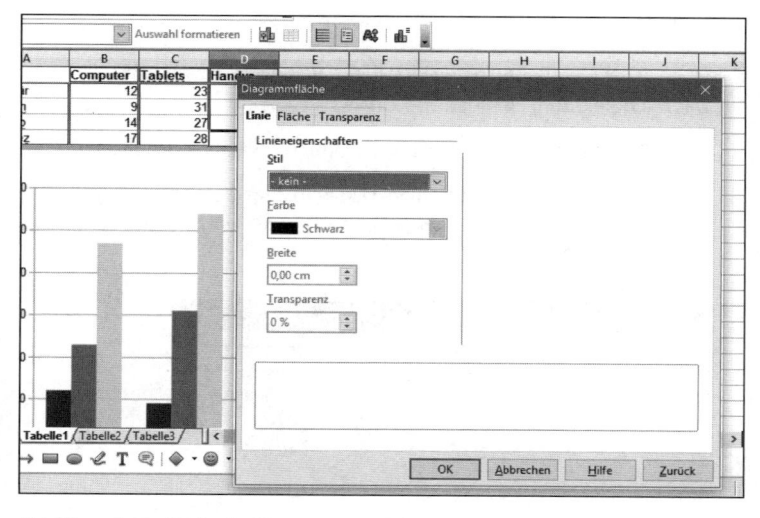

Abbildung 5.26: Fläche des Diagramms gestalten

5.4 Layout

Zeilen und Spalten einer Tabelle vertauschen

Nicht jede Tabelle lässt sich perfekt planen. Manchmal stellt man irgendwann fest, dass es besser wäre, die Tabelle ganz anders anzuordnen. Kein Problem, denn mit einem Trick lassen sich bei Bedarf Zeilen und Spalten tauschen.

Hier die nötigen Schritte, mit denen sich die Spalten mit den Zeilen einer Tabelle vertauschen lassen:

1. Als Erstes die Zellen markieren, die anders organisiert werden sollen.
2. Per Druck auf [Strg] + [C] kopiert man die ausgewählten Daten jetzt in die Zwischenablage.
3. Nun zu einem anderen Tabellenblatt umschalten – unten am Fensterrand genügt dazu ein Klick auf einen anderen Tab.

4. Als Nächstes setzt man den Fokus in eine leere Zelle.

5. Oben in der Menüleiste folgen jetzt Klicks auf Bearbeiten / Inhalte einfügen. Das Dialogfeld zum Einfügen von Inhalten erscheint.

6. Hier wird unten links ein Haken bei der Option Transponieren gesetzt.

7. Sobald dann auf den OK-Button geklickt wird, fügt OpenOffice Calc die Daten aus der Zwischenablage wieder in die Tabelle ein – aber mit vertauschten Zeilen und Spalten.

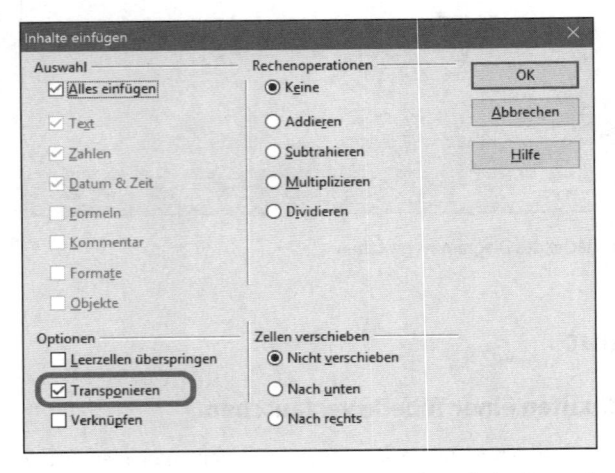

Abbildung 5.27: Transponieren heißt nichts anderes als das Vertauschen von Zeilen und Spalten

Zellen mit bedingter Formatierung versehen

Maximalwerte oder Zelldaten außerhalb des zulässigen Bereichs lassen sich nicht immer auf Anhieb erkennen. Für diesen Fall gibt es in Calc die bedingte Formatierung. Damit hebt das Programm Tabellenzellen optisch hervor, auf die bestimmte Bedingungen zutreffen.

Diese Schritte führt man aus, um bestimmte Zellen anders zu formatieren als andere, basierend auf deren Wert:

1. Zunächst muss man die jeweiligen Zellen markieren.

2. Anschließend oben in der Menüleiste auf Format / Bedingte Formatierung klicken.

3. Im Bereich Bedingung 1 wird dann der Wert eingestellt, der gegeben sein muss, damit Calc die Zelle entsprechend kennzeichnet. Man kann den Wert dabei nicht nur vergleichen, sondern per Klick auf *kleiner*, *größer*, *ungleich* usw. auch einen anderen Vergleichsoperator auswählen.

4. Im nächsten Schritt wird im Bereich Zellvorlage die Art der Formatierung ausgewählt. Dazu kann der Nutzer auf die vorhandenen Formatvorlagen zurückgreifen. Alternativ dazu lässt sich per Klick auf den Button Neue Vorlage ein neues Format anlegen.

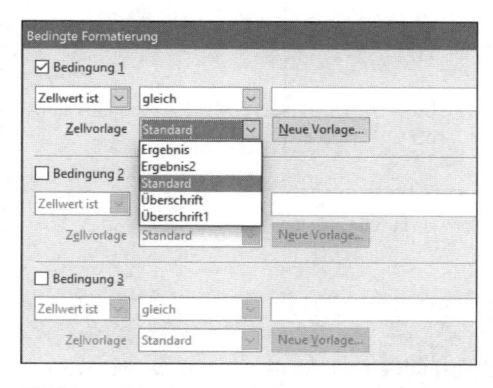

Abbildung 5.28: Optionen für bedingte Formatierung von Zellen

Zahlen und Formeln einfärben und optisch hervorheben

Formel oder fester Zahlenwert? In Calc-Tabellen ist auf den ersten Blick nicht zu erkennen, ob es sich um fest eingetragene Werte oder die Ergebnisse von Formeln handelt. Erst ein einfacher Klick oder ein Doppelklick geben Aufschluss: In der Eingabezeile oder durch farbige Hervorhebungen offenbart sich dann, ob hinter dem Wert eine Formel steckt.

Das gilt allerdings nur für die jeweils aktive Zelle. Eine kaum bekannte Funktion sorgt dafür, dass der Aufbau der gesamten Tabelle sichtbar wird.

Dazu im Menü *Ansicht* den Befehl *Werte hervorheben* aufrufen – oder die Tastenkombination [Strg] + [F8] (Windows) bzw. [Cmd] + [F8] (OS X) drücken. Jetzt werden alle Zellen mit manuell eingetragenen Werten blau und alle Formelergebnisse grün dargestellt. Für einen schnellen Überblick eine nützliche Sache.

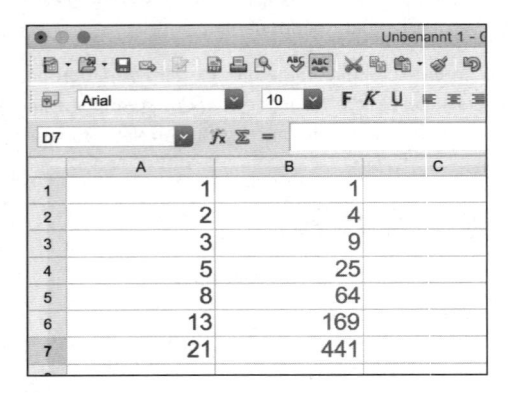

Abbildung 5.29: Werte in Blau, Formeln in Grün anzeigen

> **Tipp**
>
> Zurück zur Standardansicht geht es erneut mit dem Befehl *Ansicht / Werte hervorheben* oder dem Tastenkürzel [Strg] + [F8] bzw. [Cmd] + [F8].

5.5 Tabellendaten schneller bearbeiten

Nur Arbeitstage in einer Tabelle anzeigen

Für Unternehmensberechnungen und Berichte spielen in den meisten Fällen nur die Wochentage von Montag bis Freitag eine Rolle. Zwar lassen sich Datumsangaben in Calc automatisch erzeugen, sodass man nicht sämtliche gewünschten Daten manuell eintippen muss. Dabei landen aber auch alle Samstage und Sonntage mit in der Tabelle. Wir zeigen, wie man diese Tage verbannt (allerdings nur aus der Tabelle ...).

Wer ausschließlich Arbeitstage in einer Tabelle sehen will, führt die folgenden Schritte aus:

1. Als Erstes wird der Zellbereich per Maus markiert, in dem gleich die Arbeitstage sichtbar werden sollen.

2. Jetzt das Zellformat auf *Datum* stellen. Das geht per Klick auf Format / Zellen / Datum / OK.

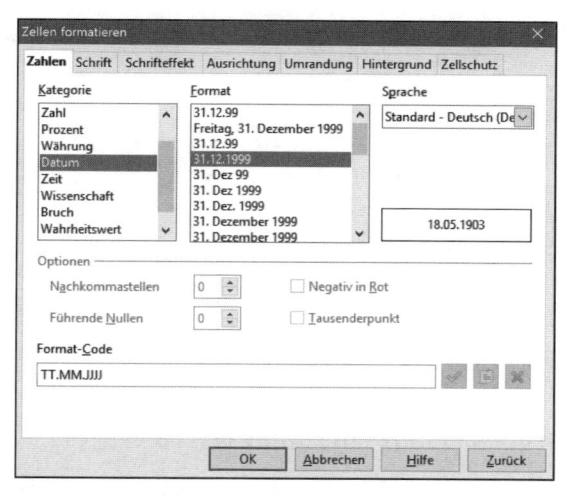

Abbildung 5.30: Das Datumsformat wählen

3. Nun können die Wochentage in den ausgewählten Bereich eingefügt werden. Dazu auf Bearbeiten / Füllen / Reihe klicken.

4. Im erscheinenden Dialogfeld setzt man im Bereich Zeiteinheit einen Punkt bei der Option Wochentag.

5. Unten dann noch den Startwert eintragen.

6. Bei Inkrement muss der Wert *1* stehen, sodass jeder Tag der nächste Arbeitstag nach dem vorherigen ist.

7. Sobald jetzt auf OK geklickt wird, landen wie gewünscht die Datumsangaben im markierten Zellbereich der Tabelle. Dabei überspringt Calc jeweils alle Samstage und Sonntage.

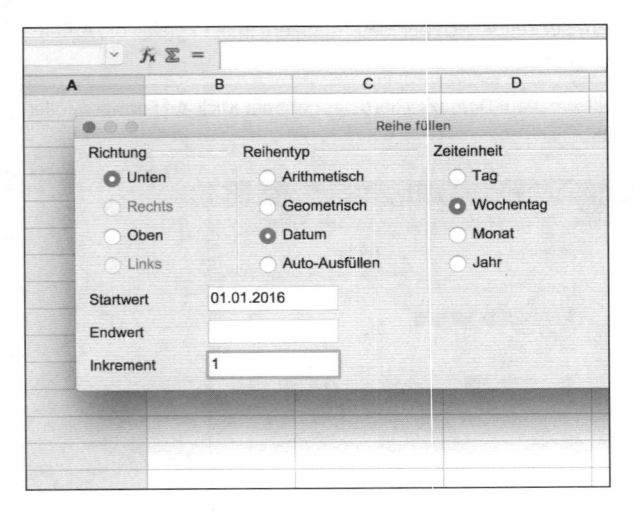

Abbildung 5.31: Der Trick mit dem Schalter *Wochentag*

Zahlenwerte mit einem Präfix oder Suffix versehen

Muss man in eine Tabelle immer wieder fast gleiche Daten eintippen, etwa eine Zahlenreihe, vor oder hinter der jedes Mal das gleiche Wort steht, kann man sich die Schreiberei sparen. Das geht nämlich auch einfacher.

Hier die nötigen Schritte, um Zahlenwerte mit einem immer gleichen Präfix oder Suffix auszustatten – zum Beispiel praktisch für Listen mit IP-Adressen oder auch Hausnummern:

1. Als Erstes wird die Spalte markiert, in der die Daten erscheinen sollen.

2. Jetzt oben in der Menüleiste auf Format / Zellen klicken.

3. Nun wird zum Tab Zahlen geschaltet.

4. In der Liste links markiert man den Eintrag Benutzerdefiniert.

5. Unten im Feld Format-Code wird dann das gewünschte Format eingetippt. Dabei muss man das Präfix in Anführungszeichen setzen. Das kann dann zum Beispiel wie folgt aussehen: "Humboldtstr. "###

6. Nach einem bestätigenden Klick auf OK reicht es in Zukunft aus, wenn man beim Ausfüllen der so formatierten Zellen nur noch die sich ändernde Zahl eintippt. Der Rest wird von OpenOffice Calc dann automatisch ergänzt.

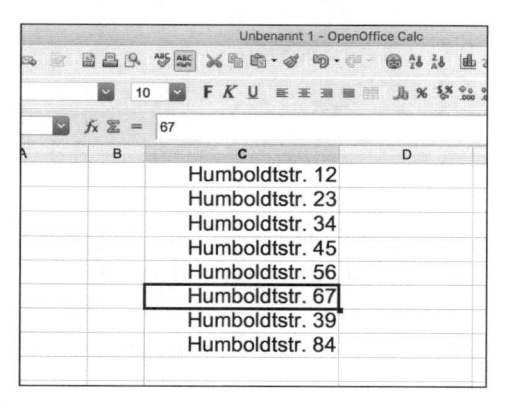

Abbildung 5.32: Über das Format lassen sich Präfix und Suffix angeben

Leere Zeilen in Tabellen löschen

In großen Tabellen gibt es oft störende Leerzeilen. Um sie loszuwerden, muss normalerweise jede Leerzeile manuell gelöscht werden. Wer sich die Arbeit erleichtern möchte, kann mit der Filterfunktion alle leeren Zeilen in einem Rutsch entfernen.

So funktioniert es:

1. Zunächst die Liste markieren, etwa mit gedrückter Maustaste.

2. Jetzt den Befehl Daten / Filter / Standardfilter aufrufen.

3. Nun wird im Bereich Wert der Eintrag - nicht leer - ausgewählt und mit OK bestätigt.

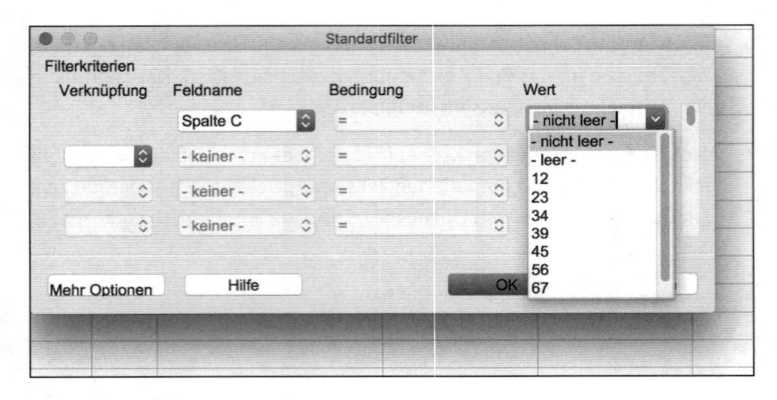

Abbildung 5.33: Leere Zeilen filtern

4. Calc markiert dann sämtliche Zeilen, die nicht leer sind. Gleichzeitig blendet Calc leere Zeilen aus. Die Leerzeilen sind zwar noch da, aber sie sind unsichtbar.
5. Jetzt die Liste markieren und mit [Strg] + [C] in die Zwischenablage kopieren.
6. Zum Schluss kann man die kopierte Tabelle an der gewünschten Stelle mit [Strg] + [V] wieder einfügen.

Als Ergebnis erhält man eine Liste ohne Leerzeilen.

Doppelte Zeilen entfernen

Beim Kopieren von Tabellenbereichen schleichen sich schnell doppelte Zeilen ein. Diese von Hand ausfindig zu machen, ist eine mühsame Angelegenheit. Einfacher geht's mit dem Standardfilter und der richtigen Kombination der Filterkriterien.

Folgende Schritte führen zu einer sauberen Tabelle ohne Duplikate:

1. Zuerst muss der Bereich markiert werden, der doppelte Zeilen enthält.

2. Dann den Befehl Daten / Filter / Standardfilter aufrufen

3. Im nächsten Fenster wird für eine beliebige Spalte der Wert - nicht leer - gewählt. Damit wird verhindert, dass versehentlich leere Zeilen gelöscht werden.

4. Anschließend auf Mehr Optionen klicken und bei Keine Duplikate einen Haken setzen.

5. Nun aktiviert man die Option Filterergebnis ausgeben nach.

6. Im nebenliegenden Feld den Tabellenbereich angeben, in dem die bereinigte Tabelle erscheinen soll.

7. Per Klick auf OK wird der markierte Bereich nach doppelten Zeilen durchsucht und die „saubere" Liste in den Zielbereich kopiert.

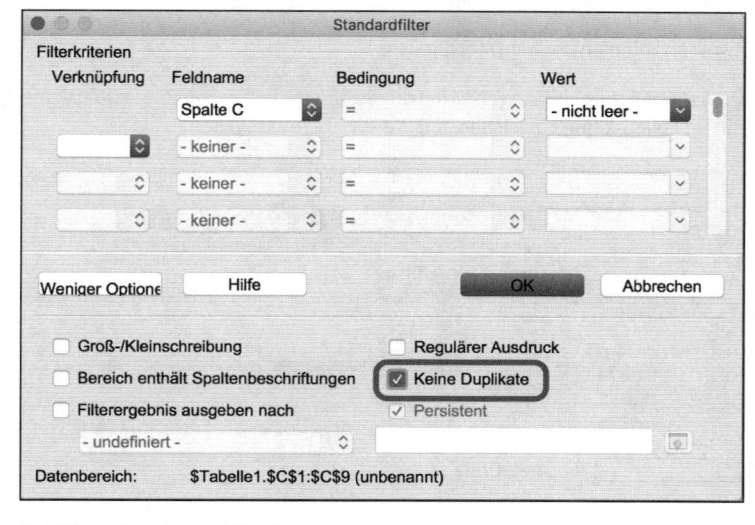

Abbildung 5.34: Leere Zeilen filtern

Feste Vorzeichen für Zahlen verwenden

Manchmal müssen in Tabellen alle Zahlen ein festes Vorzeichen haben und etwa als *+22* oder *-1,55* geschrieben werden. Das geht am einfachsten mit einem benutzerdefinierten Zahlenformat. Das passende Vorzeichen ergänzt das Programm dann automatisch.

So wird das benutzerdefinierte Format für Vorzeichen eingerichtet:

1. Zuerst die Zellen markieren, in denen das Vorzeichen-Format gelten soll.
2. Dann den Befehl *Format / Zellen* aufrufen.
3. Jetzt wird zum Tab *Zahlen* geschaltet.
4. Hier die Kategorie *Benutzerdefiniert* wählen.
5. Im Feld *Format-Code* folgendes Format eintragen: +0;-0;0
6. Das Dialogfenster mit *OK* schließen.

Das Ergebnis: Alle Eingaben werden um das Vorzeichen „+" oder „–" ergänzt; nur die Null bliebt ohne Vorzeichen.

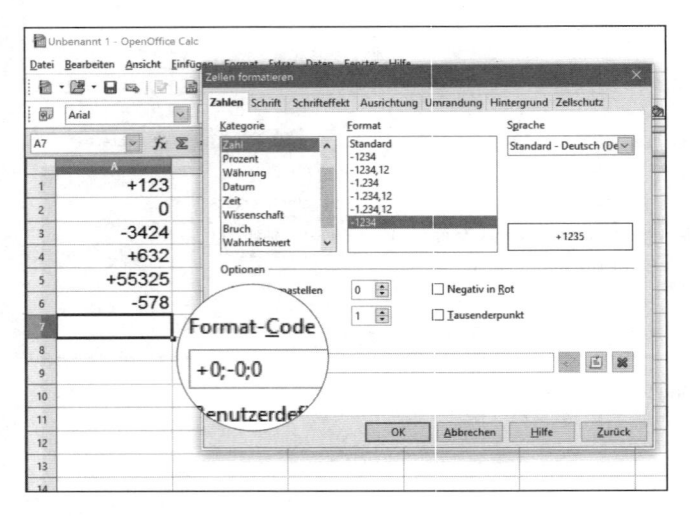

Abbildung 5.35: Feste Vorzeichen hinterlegen

Matrixrechnungen für schnelle Massenberechnungen

Mit der sogenannten Matrixrechnung lassen sich in der Tabellenkalkulation Calc ganze Bereiche mit Formeln verknüpfen. Statt vieler einzelner Formeln sorgt die Matrixformel für blitzschnelle Massenberechnungen.

Ein Beispiel: In den Zellen A1 bis B9 stehen Werte, die jeweils mit dem Faktor 1,23 multipliziert werden sollen. Statt für jede Zelle eine eigene Formel zu definieren, kommt die Matrixformel zum Einsatz. Und zwar so:

1. Zuerst muss mit gedrückter Maustaste ein Ausgabebereich markiert werden, der exakt so groß ist wie der Wertebereich, zum Beispiel von D1 bis E9.

2. Dann die Formel =A1:B9*1,23 eingeben.

3. Ganz wichtig: die Eingabe mit der Tastenkombination [Strg] + [Umschalt] + [Enter] bestätigen.

Das Ergebnis: Jede Zelle wird mit 1,23 multipliziert und das jeweilige Ergebnis im markierten Ausgabebereich eingetragen.

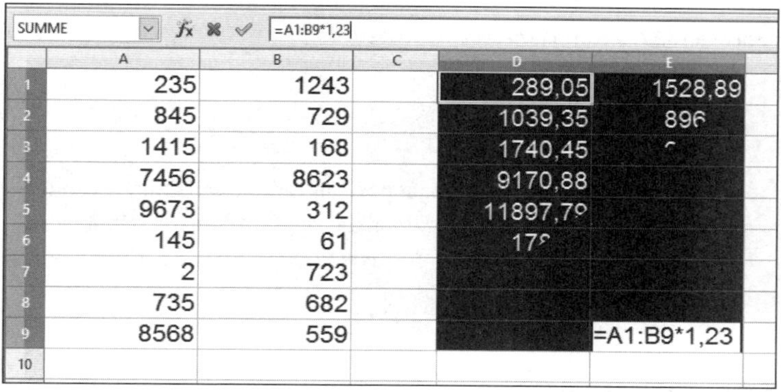

Abbildung 5.36: Automatische Berechnung von mehreren Zellen auf einmal

Zahlen verketten und zusammenfügen

Zahlen aus zwei Zellen zu summieren, ist einfach: Es braucht nur eine Formel und ein Pluszeichen. Doch was kann man tun, wenn mit zwei Zahlen nicht gerechnet, sondern diese so zusammengefügt werden sollen, dass als Ergebnis die Ziffernfolge erscheint? Aus den beiden Zahlen 34 und 11 soll dann zum Beispiel das Ergebnis 3411 werden. Verkettung lautet das Zauberwort.

Um mit OpenOffice Calc zum Beispiel die Inhalte der beiden Zellen A1 und B1 zusammenzufügen, sind folgende Schritte notwendig:

1. Zuerst in die Zelle klicken, in der das verkettete Ergebnis erscheinen soll.

2. Hier die folgende Formel eingeben: =A1&B1

3. Das &-Zeichen sorgt dafür, dass die Inhalte beider Zellen verkettet werden.

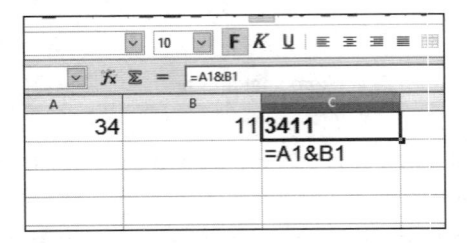

Abbildung 5.37: Zellinhalte miteinander verketten

> **Tipp**
>
> Mit dem neuen Wert lässt sich sogar rechnen. Soll die Verkettung in anderen Formeln verwendet werden, die Funktion =WERT(" verwenden. Mit der Formel =WERT(A1&B1) wird aus der Verkettung von A1 und B1 eine Zahl zum Weiterrechnen.

Schnelle Dateneingabe

Hat man in eine Zelle Daten eingetippt und dann durch Drücken der [Enter]-Taste bestätigt, springt Calc automatisch zur darunterliegenden Tabellenzelle. Wer Daten aber nicht untereinander, sondern in einem bestimmten Zellbereich eingeben möchte, muss erst mühsam in die gewünschte Nachbarzelle klicken.

Es sei denn, man verwendet die kaum bekannte Eingabehilfe. Damit lassen sich ganze Zellenbereiche bequem und ohne Mausklick ausfüllen.

So geht man vor, um die Eingabehilfe zu nutzen:

Zunächst den gewünschten Zellbereich markieren. Dabei muss es sich nicht zwangsläufig um einen zusammenhängenden Bereich handeln. Es können mit gedrückter `Strg`-Taste auch verstreut liegende Zellen markiert werden.

Sobald der gewünschte Bereich markiert ist, kann die Eingabe beginnen: Einfach in die derzeit aktive Zelle die Daten eingeben und `Enter` drücken. Schon springt Calc zur nächsten Zelle innerhalb der Markierung.

So lassen sich ohne Unterbrechung besonders flott die markierten Zellen füllen.

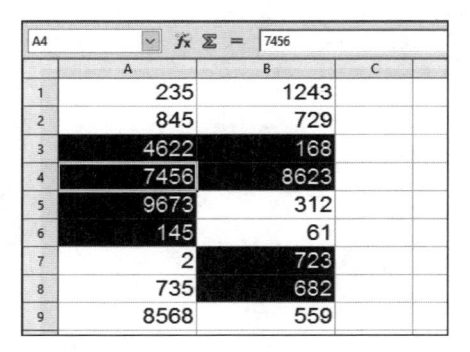

	A	B	C
1	235	1243	
2	845	729	
3	4622	168	
4	7456	8623	
5	9673	312	
6	145	61	
7	2	723	
8	735	682	
9	8568	559	

Abbildung 5.38: Mehrere Zellen der Reihe nach befüllen

5.6 Calc einfacher bedienen

Tricks mit der Seitenleiste

Am rechten Rand des Programmfensters von OpenOffice Calc wird automatisch eine Seitenleiste eingeblendet. Sie hat einige Tricks auf Lager, mit der sich die Bedienung von Calc beschleunigen lässt.

Die Seitenleiste ist in fünf Panels eingeteilt:

- *Eigenschaften:* Was dem Nutzer hier an Optionen angeboten wird, richtet sich nach der aktuellen Auswahl. Sind Zellen markiert, können die enthaltenen Werte zum Beispiel anders formatiert werden.

- *Formatvorlagen:* Über das zweite Symbol an der Außenseite der Seitenleiste schaltet man zur Liste der Formatvorlagen, die sich von hier aus per Klick den markierten Zellen zuweisen und per Rechtsklick auch verändern lassen.

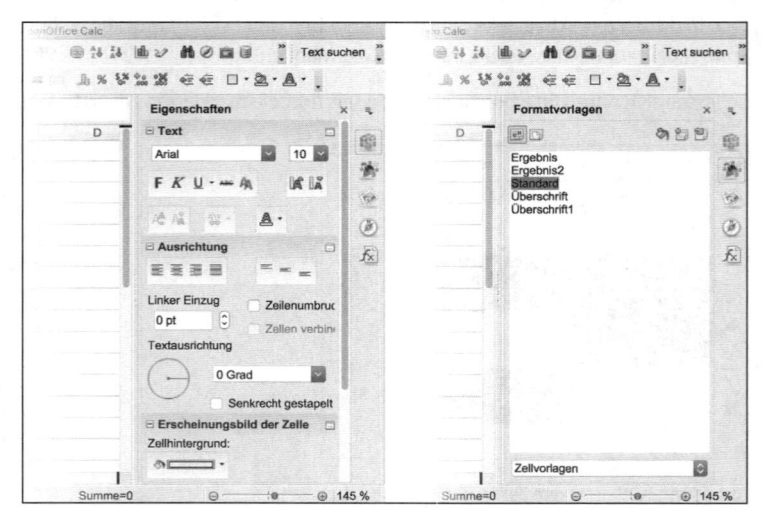

Abbildung 5.39: *Eigenschaften-* und *Formatvorlagen*-Panels

- *Galerie:* Hier findet der Nutzer vorgefertigte Bausteine, wie etwa Aufzählungszeichen und andere ClipArt-Grafiken, die sich per Klick in die aktuelle Tabelle übernehmen lassen.

- *Navigator:* Wer nicht ständig hin und her scrollen will, kann den Navigator zum schnellen Erreichen von bestimmten Tabellen, benannten Bereichen oder auch Grafiken nutzen. Außerdem kann man Zellen durch Eintragen ihrer Koordinaten erreichen.

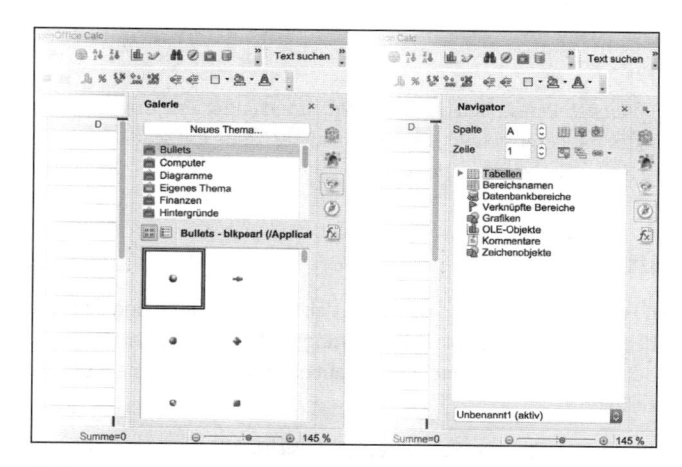

Abbildung 5.40: *Galerie-* und *Navigator*-Panels

▶ *Funktionen:* Selbst erfahrene Nutzer können nicht die Namen sämtlicher Funktionen im Kopf behalten. Schnellen Zugriff auf die zuletzt verwendeten Funktionen, die sich per Klick in die aktuelle Tabellenzelle übernehmen lassen, hat man über dieses Seitenleisten-Panel.

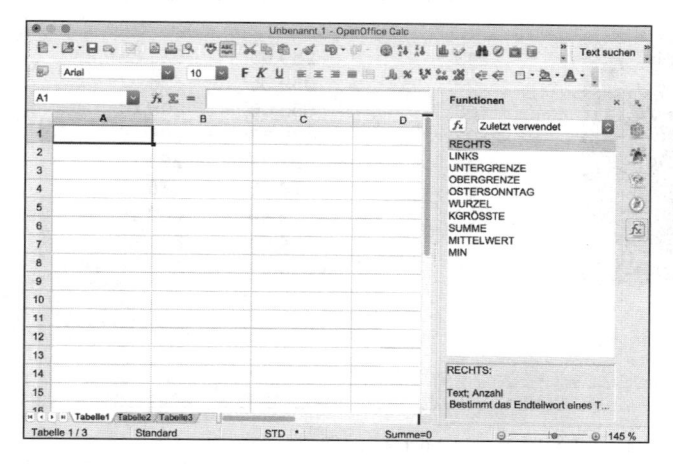

Abbildung 5.41: *Funktionen*-Panel

5.6 Calc einfacher bedienen

Tipp

Wer im *Funktionen*-Panel oben das Klappfeld öffnet, findet eine thematisch sortierte Liste mit Bereichen vor, über die man (fast) jede gesuchte Funktion schnell finden und einfügen kann.

Statusleiste

Am unteren Fensterrand findet sich die Statusleiste. Hier ist unter anderem die aktuelle Tabelle zu sehen. Auch die Vergrößerungsstufe lässt sich per Mausklick justieren, sodass man entweder mehr Daten auf einmal sieht oder mehr Details zu Gesicht bekommt.

Am praktischsten ist aber die Schnellrechen-Ansicht. Mit ihr lassen sich auf schnellstem Wege ohne jede Formel mathematische Berechnungen ausführen. Um beispielsweise alle Zahlen in einem bestimmten Datenbereich zu addieren, markiert man die betreffenden Zellen einfach mit gedrückter Maustaste. Ein Blick unten in die Statusleiste verrät jetzt sofort die Summe.

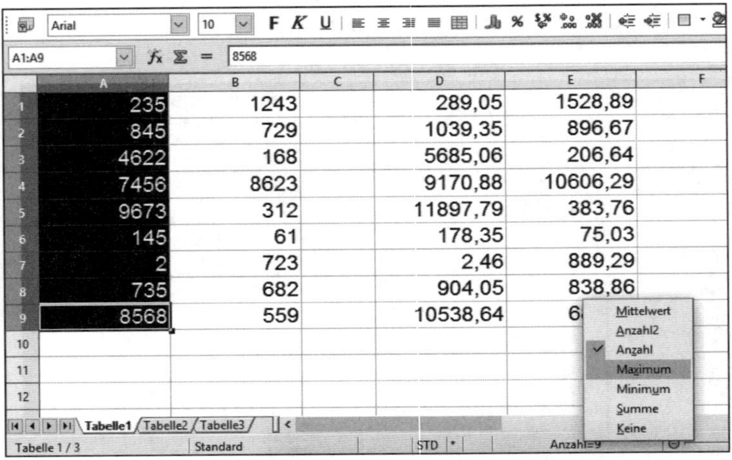

Abbildung 5.42: Sofort-Ergebnisse in der Statusleiste

Diese Schnellrechen-Funktion hat aber noch mehr auf Lager. Dazu einfach mal mit der rechten Maustaste auf die Anzeige in der Statusleiste klicken. Schon stehen weitere Funktionen zur Verfügung, nämlich

- *Mittelwert* – Errechnet den Durchschnitt der Zellwerte.
- *Anzahl2* – Zählt, wie viele Zellen markiert sind.
- *Anzahl* – Zählt, wie viel Zellen ausgewählt sind, die Zahlen enthalten.
- *Maximum* – Gibt den höchsten aller markierten Zellwerte an.
- *Minimum* – Verrät, welches der niedrigste Wert ist.

Zellinhalte löschen ohne lästige Rückfragen

Den Inhalt einer Zelle zu löschen, ist bei OpenOffice Calc nicht so einfach. Bei Betätigen der `Entf`-Taste wird nicht gleich der Inhalt der aktiven Zelle gelöscht, sondern zuerst ein Dialogfenster eingeblendet. OpenOffice Calc möchte erst mal wissen, was gelöscht werden soll: Text, Zahlen, Formeln oder einfach alles? Mit einem Trick geht's auch ohne lästiges Rückfragefenster.

Die einfachste Methode: Statt mit der `Entf`-Taste wird der Zellinhalt mit der `Rückschritt`-Taste gelöscht. Auch bei der Tastenkombination `Umschalt` + `Entf` verzichtet OpenOffice Calc aufs Nachfragen.

Tastenbelegung fürs Löschen ändern

Wer lieber bei der `Entf`-Taste bleiben möchte, kann die Tastenbelegung ändern. Das geht mithilfe der folgenden Schritte:

1. Zuerst oben in der Menüleiste auf Extras / Anpassen klicken.

2. Jetzt zum Tab Tastatur umschalten.

3. Oben in der Liste muss man nun die Zeile suchen und per Klick markieren, die mit Entf anfängt.

4. Dann unten in der Liste Bereich den Eintrag Bearbeiten und rechts daneben den ersten (!) der beiden Einträge Inhalte löschen markieren.

5. Per Klick auf *Ändern* wird der ⌞Entf⌟-Taste die gewünschte Funktion zugewiesen.

6. Nach einem Klick auf OK funktioniert die ⌞Entf⌟-Taste endlich so, wie sie soll – und löscht Zellinhalte ohne lästige Sicherheitsabfrage.

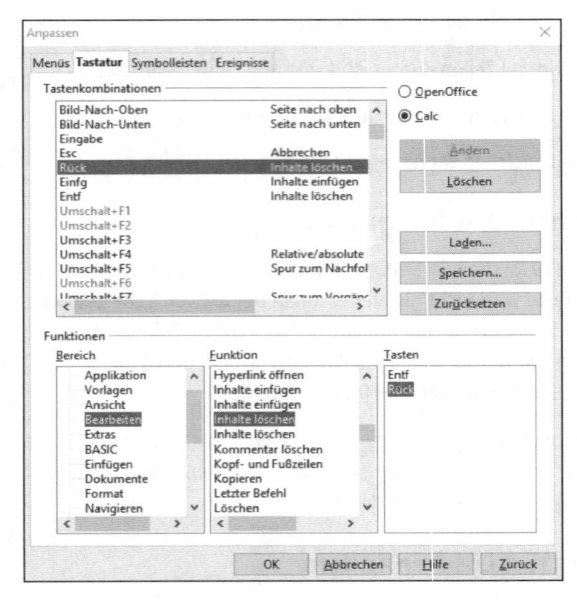

Abbildung 5.43: Taste mit Funktion zum Löschen von Inhalten neu belegen

Farbe von Tabellenblättern anpassen

Links unten im Calc-Fenster zeigt das Programm Tabs für jedes Tabellenblatt an, das in der aktuell geöffneten Arbeitsmappe enthalten ist. Dabei sind normalerweise alle Tabs grau in grau. Wem das zu langweilig oder unübersichtlich ist, der färbt die Tabs einfach ein.

Folgende Schritte sind nötig, um einem Tabellenblatt eine Farbe zuzuweisen:

1. Zuerst die betreffende Tabelle öffnen.

2. Jetzt folgt unten ein Rechtsklick auf den Tab, der eingefärbt werden soll.
3. Im Kontextmenü wählt man dann Registerfarbe.
4. Nun wird eine Farbpalette sichtbar, aus der man per Klick die gewünschte Farbe auswählen kann.
5. Nach einem Klick auf OK erhält der jeweilige Tab einen Balken in der angegebenen Farbe.

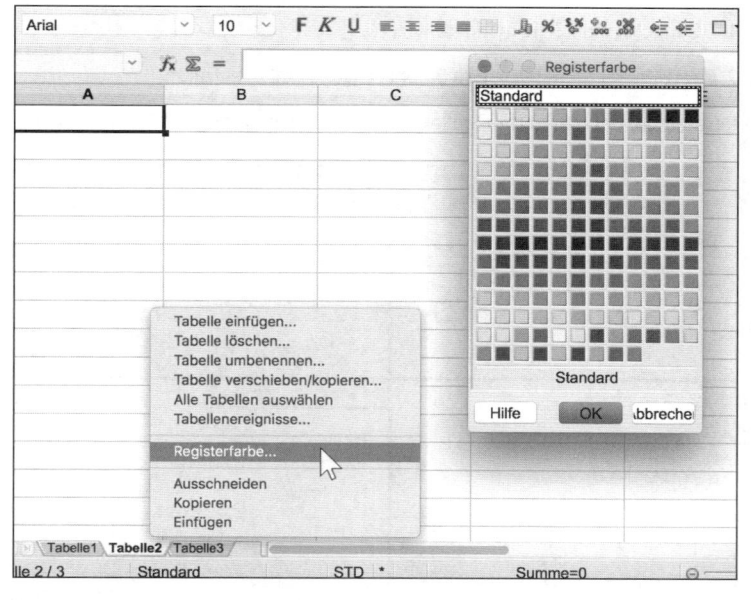

Abbildung 5.44: Farbe von Tabellenblättern ändern

Tipp

Um die Farbe wieder loszuwerden, wiederholt man die obige Schrittfolge, klickt dabei aber im Farbwähler auf die lange Zeile *Standard*.

Calc-Fenster teilen

Tabellen können riesig werden. Und dann heißt es im OpenOffice-Calc-Fenster: scrollen, scrollen, scrollen, um von einem zum anderen Ende der Tabelle zu springen. Es geht auch einfacher – indem das Tabellenfenster an beliebiger Stelle in zwei oder vier Fenster geteilt wird.

Um eine Tabelle in vier Fenster zu teilen, die unabhängig voneinander Zugriff auf verschiedene Bereiche der Tabelle bieten, geht man wie folgt vor:

1. Zunächst eine Zelle markieren.
2. Jetzt in der Menüleiste den Befehl Fenster / Teilen aufrufen.

Resultat: An der markierten Stelle wird das Tabellenblatt in vier Fenster geteilt.

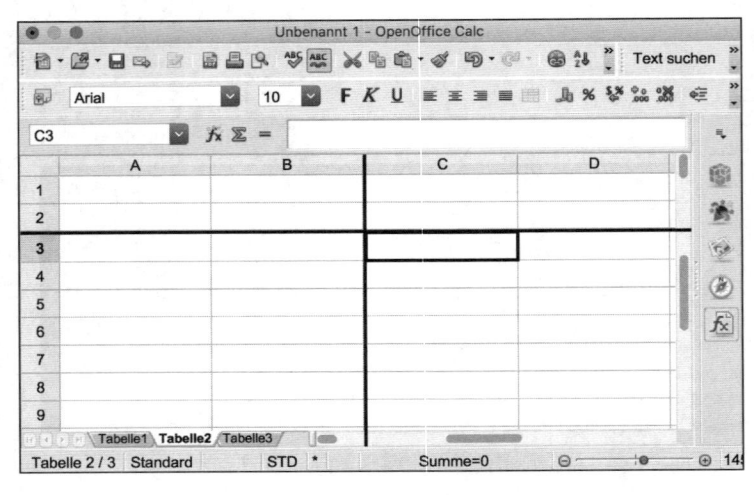

Abbildung 5.45: Calc-Fenster vierteln

Wer lieber eine Zweiteilung möchte, markiert die entsprechende Spalte oder Zeile und ruft dann den Befehl *Fenster / Teilen* auf. Jetzt dient die markierte Spalte oder Zeile als Trennlinie.

> **Tipp**
>
> Um die Trennung aufzuheben, genügt es, einfach erneut den Befehl *Fenster / Teilen* aufzurufen.

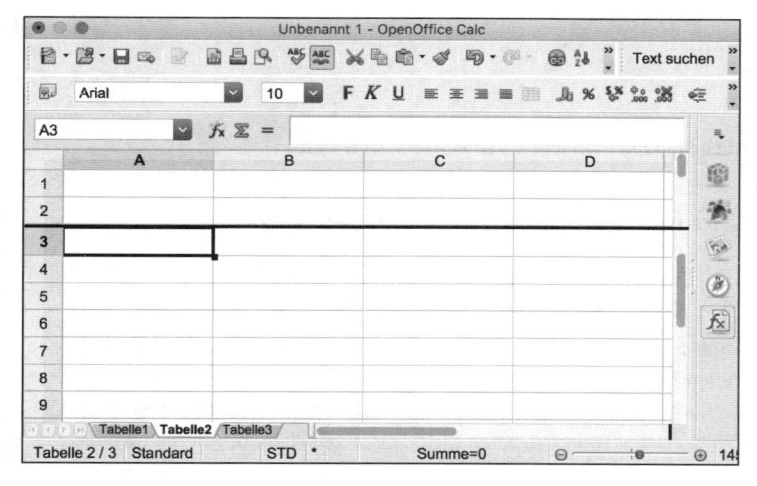

Abbildung 5.46: Calc-Fenster zweiteilen

Einzelne Zellen verschieben

Leider gibt's bei Calc keinen Verschiebecursor wie bei Excel. Bleibt nur das Verschieben über Ausschneiden und Einfügen mithilfe der Zwischenablage. Mit einem Trick klappt's trotzdem mit der Maus.

Um bei OpenOffice Calc den versteckten Verschiebemodus zu aktivieren, hilft folgende Anleitung:

1. Als Erstes in die Zelle klicken und die Maustaste gedrückt halten.

2. Dann mit weiterhin gedrückter Maustaste den Mauszeiger aus der Zelle heraus und wieder zurück in die Zelle bewegen. Die Zelle ist jetzt blau markiert.

3. Erst jetzt die Maustaste loslassen.

4. Dann auf die blaue Markierung klicken und die Zelle mit gedrückter Maustaste an die neue Position schieben.

Abbildung 5.47: Einzelne Zellen verschieben per Maus

Liste mit allen Tastenkürzeln in Calc anzeigen

Auch in Calc ist eine Komplettliste mit allen hinterlegten Tastenkombinationen enthalten, die man zum schnellen Zugriff auf Funktionen nutzen kann.

Ähnlich wie in Writer kann die Liste mit allen Tastenkürzeln abgerufen werden, indem man auf *Extras / Anpassen* klickt und dann zum Tab *Tastatur* wechselt. Rechts oben jetzt noch die Option *Calc* markieren, sodass alle in der OpenOffice-Tabellenkalkulation nutzbaren Tastenkürzel tabellarisch angezeigt werden.

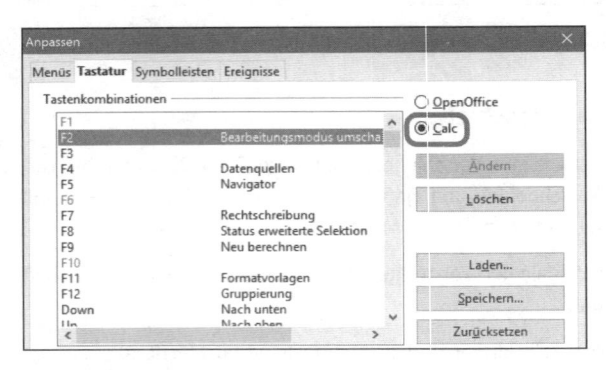

Abbildung 5.48: Tastenkürzel-Liste für Calc abrufen

6 Impress für Präsentationen

Mit OpenOffice Impress bekommt der Nutzer ein mächtiges Werkzeug für Präsentationen an die Hand. Animationen, ClipArt, selbstlaufende Präsentationen – alles schon eingebaut.

Mit OpenOffice Impress lassen sich schnell Diashows mit Text, Grafiken, Ton, Video und Animationen bauen. Folgende Schlüsselbegriffe tauchen im Folgenden immer wieder auf:

- **Animationen** – Optische oder akustische Effekte, die Text oder Grafiken auf einer Präsentationsfolie begleiten.

- **ClipArt** – Kleine Bilder, die man direkt in eine Präsentation integrieren kann. Über die Galerie hat man schnellen Zugriff auf Objekte, die bei OpenOffice schon mitgeliefert werden. Ansonsten lässt sich aber auch jede beliebige Grafikdatei von der Festplatte öffnen.

- **Folienvorlage** – Enthält Formatierungen und Design, die in jeder Folie einer Präsentation vorkommen.

- **Objekte** – Elemente, wie zum Beispiel Grafiken, die man aus einer anderen Quelle eingelesen hat. ClipArts sind übrigens auch Objekte.

- **Präsentation** – Eine Sammlung von Folien, die man hintereinander abspielen kann. Eine Präsentation wird normalerweise im *.odp-Format gespeichert; Impress kann aber auch PowerPoint-Präsentationen im *.ppt-Format öffnen und speichern. *.pptx-Dateien lassen sich allerdings nur öffnen und nicht speichern.

- **Diashow** – Eine Diashow ist das Abspielen von Impress-Folien. Zum Ansehen der Diashow lassen sich verschiedene Medien nutzen.

- **Vorlage** – Die Vorlage enthält Standardeinstellungen für Folien. OpenOffice bringt eine Vorlagensammlung bereits mit. Zudem kann der Nutzer seine eigenen Vorlagen erstellen.

- **Übergänge** – Die Effekte, die beim Wechsel von einer Folie zur nächsten abgespielt werden.

6.1 Einführung in Impress

Impress starten

Zum Starten von OpenOffice Impress genügt es in Windows, wenn man auf *Start / Alle Apps / OpenOffice / OpenOffice Impress* klickt. Mac-Nutzer öffnen im *Programme*-Ordner *OpenOffice;* nach dem Start auf *Präsentation* klicken.

Und schon grüßt der Präsentations-Assistent, einer von mehreren Helfern, die bei der Bedienung von Impress behilflich sind. Der sieht etwa so aus:

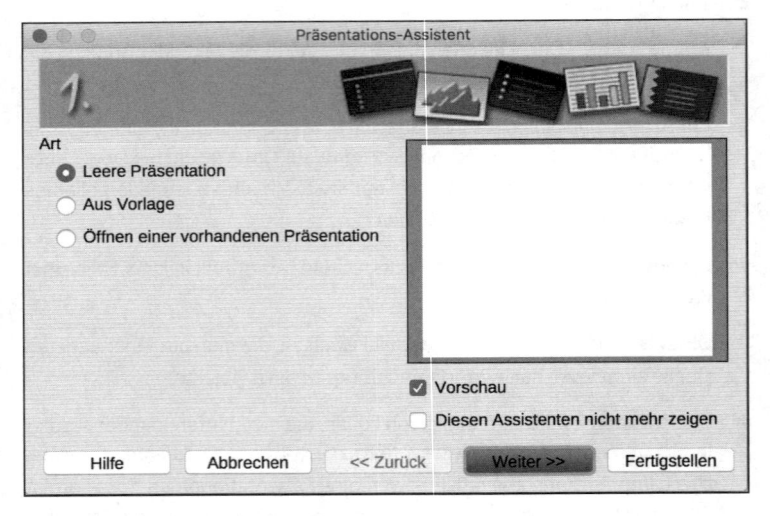

Abbildung 6.1: Der Präsentations-Assistent von Impress

Hier kann man entweder eine vorhandene Präsentation öffnen – etwa dann, wenn man an einem bestehenden Projekt weiterarbeiten will – oder man erstellt eine neue Präsentation basierend auf einer Vorlage. Wer ganz von vorn anfangen möchte, kann auch eine leere Präsentation anlegen.

Nach Abschluss des Assistenten findet man sich im Hauptfenster von Impress wieder. Je nach Betriebssystem sieht das Hauptfenster ungefähr wie folgt aus:

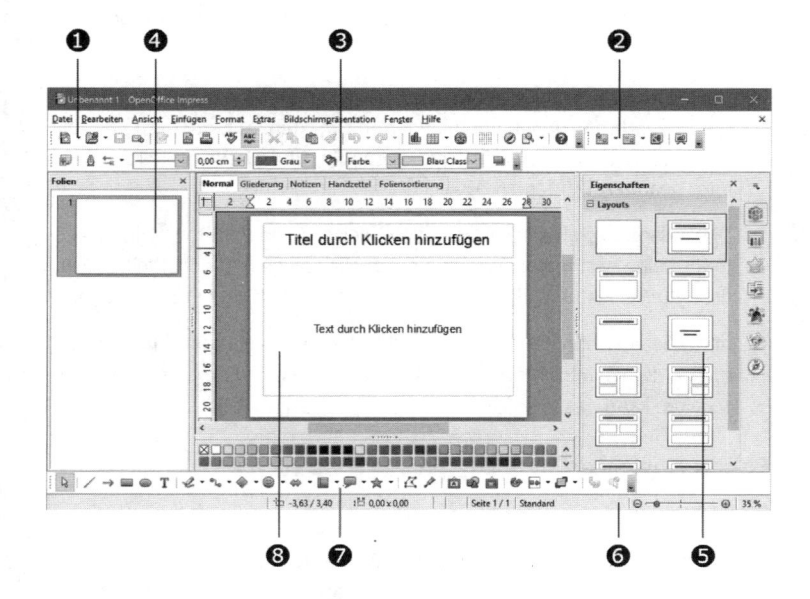

Abbildung 6.2: Das Impress-Fenster im Überblick

Das Impress-Fenster ist in mehrere Bereiche aufgeteilt:

- Zuoberst findet sich die Standard-Symbolleiste 1. Mit den Buttons darin lassen sich Dateien öffnen und speichern, drucken und versenden. Zudem gibt's Schnellzugriff auf die Zwischenablage sowie zum raschen Einfügen von Diagrammen, Tabellen und Links.

- Dahinter erscheint die Präsentations-Symbolleiste 2. Mit ihr kann man Folien und Folienvorlagen verwalten.

- In der zweiten Zeile ist die Format-Symbolleiste 3 sichtbar. Damit kann man Linien und andere Objekte schnell wie gewünscht gestalten.

- Am linken Fensterrand sind Miniaturansichten aller Folien 4 in der aktuellen Präsentation zu sehen. Dabei gilt: Die erste Folie steht oben, während der Wiedergabe bewegt man sich nach unten.

6.1 Einführung in Impress

- Auf der rechten Seite befindet sich, wie in anderen OpenOffice-Programmteilen auch, die Seitenleiste 5.

- Ganz unten ist die Statusleiste 6 zu sehen. Hier finden sich genaue Informationen zu Abmessungen und markierten Objekten. Außerdem ist ablesbar, auf welcher Folie man sich gerade befindet, und die Vergrößerung kann auch geändert werden.

- Direkt darüber steht die Formen-Symbolleiste 7. Jeder Button in dieser Leiste fügt eine bestimmte Form in die aktuelle Folie ein. Linien, Pfeile, Rechtecke, Kreise, Text und vieles mehr können per Klick hinzugefügt werden.

- In der Fenstermitte wird schließlich die aktuelle Folie angezeigt. Hier kann man zwischen verschiedenen Ansichten 8 wählen, die man mit Tabs umschalten kann.

Folien-Ansichten

Die wichtigsten Ansichten sind:

- *Normal* – In dieser Ansicht wird man die meiste Zeit arbeiten. Hier werden alle Objekte der Folie angezeigt und sie lassen sich wie gewünscht bearbeiten.

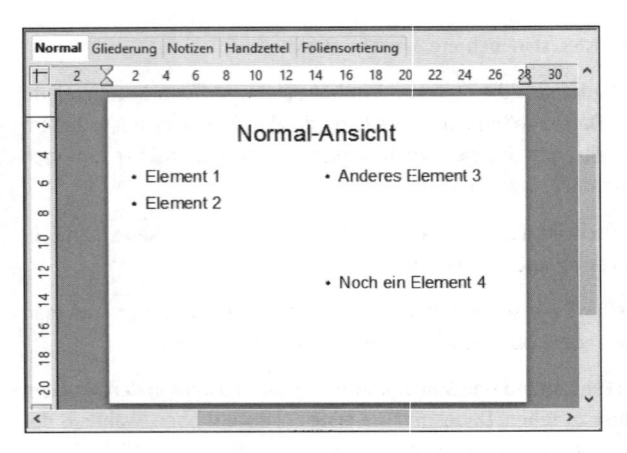

Abbildung 6.3: Die Normal-Ansicht

- *Gliederung* – Braucht man einen schnellen Überblick über die Inhalte von Folien mitsamt Überschriften, ist man in der Gliederungs-Ansicht richtig. Hier sind die Abfolgen und Zusammenhänge zwischen den Folien einer Präsentation leicht erkennbar.

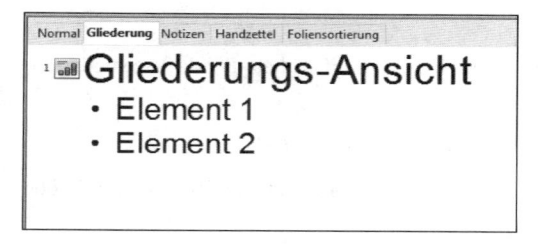

Abbildung 6.4: Die Gliederungs-Ansicht

- *Notizen* – Kommentare und Hinweise, die man beim Bearbeiten einer Präsentation zwar notieren, aber beim Abspielen nicht anzeigen will, werden in der Notizen-Ansicht eingeblendet. Dazu erscheint unter dem normalen Folieninhalt ein Eingabebereich, in dem sich beliebiger Text eintippen lässt. Der bleibt ansonsten unsichtbar.

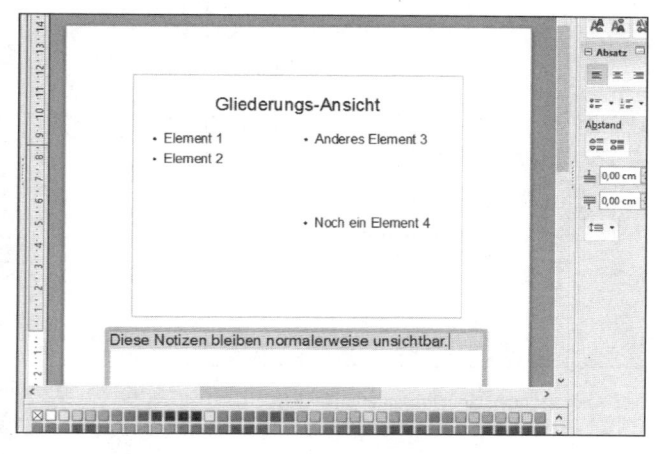

Abbildung 6.5: Die Notizen-Ansicht

6.1 Einführung in Impress

Ändern der Foliengröße und -ausrichtung

Die Standardgröße einer Folie ist nicht unbedingt für jede Präsentation geeignet. In Impress ist man auch nicht auf ein bestimmtes Format festgelegt, sondern kann die Größe frei wählen – je nachdem, wo die Präsentation später zu sehen sein soll.

1. Um die Größe der Folien anzupassen, wird die betreffende Präsentation zunächst in Impress geöffnet.
2. Dann oben in der Menüleiste auf Format / Seite klicken.
3. Hier kann die gewünschte Größe jetzt durch Eintippen der Breite und Höhe geändert werden.
4. Um schnell zwischen dem Quer- und dem Hochformat umzuschalten, genügt ein Klick auf den passenden Auswahlbutton.
5. Sobald man auf OK klickt, werden die geänderten Maße übernommen.

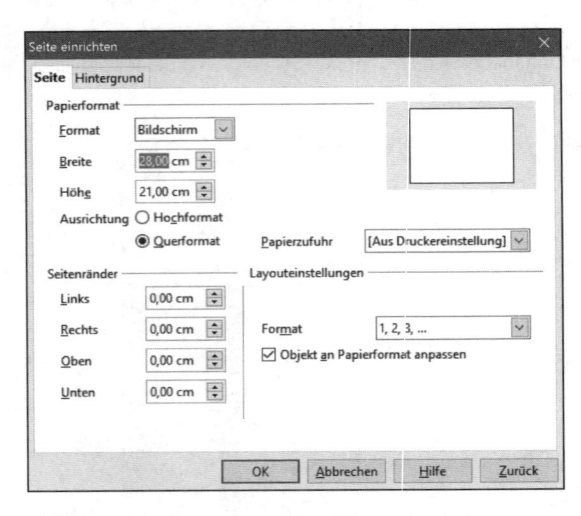

Abbildung 6.6: Abmessungen einer Präsentation ändern

Kürzel für die Tastatur herausfinden

Viele der Funktionen in OpenOffice Impress sind nicht nur über die Buttons in den Symbolleisten sowie über die Menüleiste erreichbar, sondern können auch durch gleichzeitiges Drücken mehrerer Tasten aufgerufen werden.

Eine Gesamtliste alle Tastenkürzel kann über *Extras / Anpassen / Tastatur / Impress* abgerufen werden.

Wem das zu viele Klicks sind, der kann häufig benötigte Tastenkürzel auch herausfinden, indem er einfach oben auf einen der Menü-Einträge klickt. Ist für einen Menübefehl eine Tastaturentsprechung eingerichtet, wird diese jeweils direkt hinter dem Namen der Funktion angezeigt. Das gilt sowohl für Windows als auch für andere Betriebssysteme.

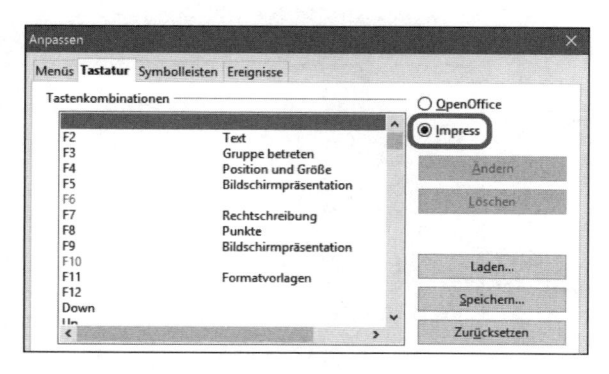

Abbildung 6.7: Liste der Tastenkürzel anzeigen

6.2 Umgang mit Folien

Jede Präsentation, die mit Impress erstellt wird, besteht aus einzelnen Folien. Dabei handelt es sich um Seiten, deren Inhalt jeweils zusammen auf dem Bildschirm (oder am Beamer) angezeigt wird. Hier Tipps, wie man mit Folien umgeht.

Aktive Folie auswählen

Um eine Folie ändern zu können, muss man sie zunächst aktivieren, sprich: auswählen. Dazu ist, wie oben erklärt, auf der linken Seite des Impress-Fensters eine Leiste mit lauter Miniatur-Bildern zu sehen. Jedes Bild steht dabei für eine Folie der Präsentation. Ein Klick auf die gewünschte Folie genügt, um sie im Inhaltsbereich zur Bearbeitung anzuzeigen.

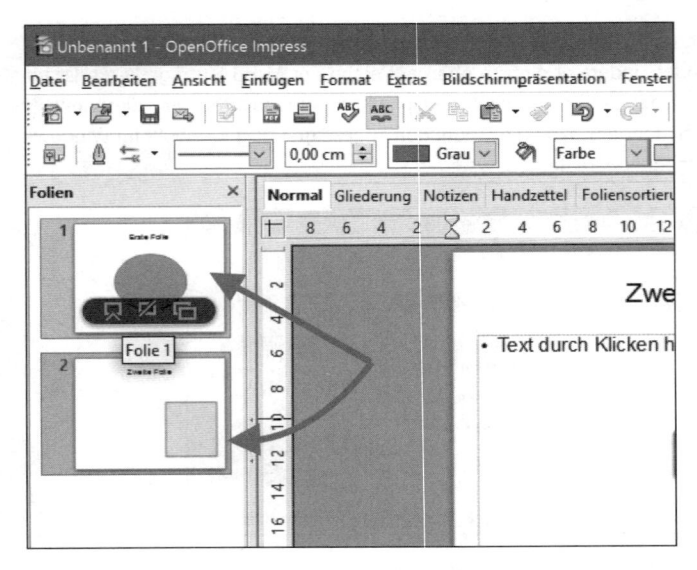

Abbildung 6.8: Der Folienbereich

Tipp

Die Randleiste ist nicht zu sehen? Dann wurde sie eventuell weggeknipst, sodass mehr Platz auf dem Bildschirm bleibt. Um die Randspalte wieder sichtbar zu machen, klickt man oben in der Menüleiste auf *Ansicht / Folienbereich*, sodass bei dieser Option ein Haken erscheint.

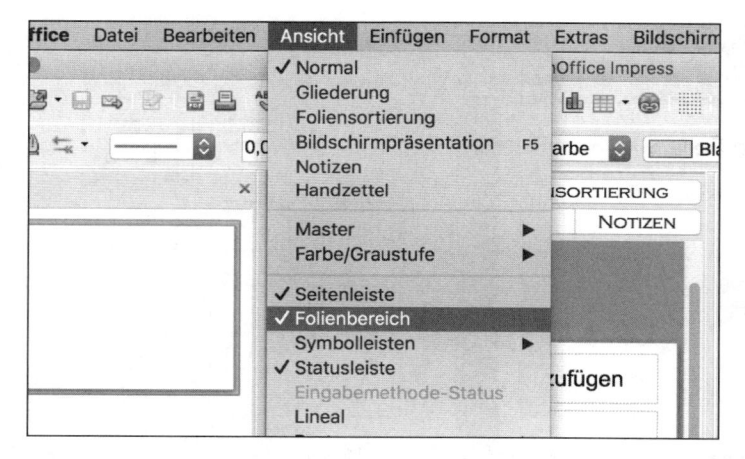

Abbildung 6.9: Folienbereich über das Menü einblenden

Foliendesign auswählen

Für die Inhalte auf den Folien stehen verschiedene vorgefertigte Schemas zur Verfügung. So hat man es leichter, Objekte und Text in Folien zu platzieren.

Um das Design für eine Folie auszusuchen, geht man wie folgt vor:

1. Zunächst auf der linken Seite die Folie markieren, die geändert werden soll.
2. Jetzt rechts in der Seitenleiste auf das oberste Symbol klicken, das in Windows so aussieht wie ein 3D-Würfel.
3. Nun wird eine Liste verschiedener Designs angezeigt, aus denen sich per Klick ein Layout auswählen lässt.

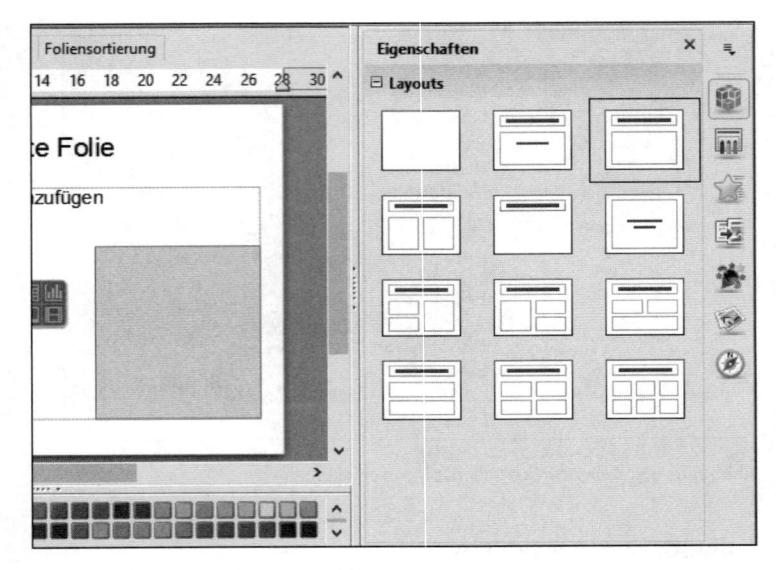

Abbildung 6.10: Foliendesign auswählen

Text und Formen einfügen

Ohne Inhalte hat natürlich die beste Präsentation keinen Sinn. Hat man sich, wie zuvor beschrieben, für ein Folienlayout entschieden, ist es jetzt an der Zeit, Überschriften, Text, Bilder und Objekte einzubauen.

1. Dazu genügt normalerweise ein Klick auf einen der angezeigten Platzhalter *Titel durch Klicken hinzufüge*n oder *Text durch Klicken* hinzufügen.

2. Sobald man auf einen solchen Text klickt, verschwindet der Platzhalter automatisch und der Textcursor blinkt.

3. Jetzt den passenden Titel oder Text eintippen – fertig!

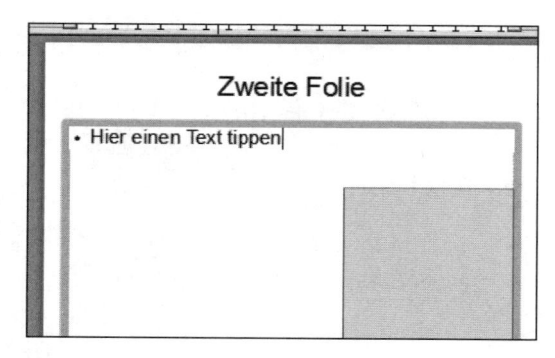

Abbildung 6.11: Platzhalter mit Inhalt füllen

Zusätzliche Objekte einfügen

Beim Hinzufügen von Text ist der Nutzer nicht auf die vorgegebenen Platzhalter beschränkt. Man kann an beliebiger Stelle Text in die Folie einfügen. Das klappt mithilfe eines Textfelds.

Um ein Textfeld in eine Folie einzufügen, führt man die folgenden Schritte aus:

1. Zunächst am unteren Fensterrand auf das T-Symbol klicken. Damit wird das Textfeld-Werkzeug aktiviert.

2. Jetzt in der Folie auf die Stelle klicken, wo der neue Textrahmen erstellt werden soll.

3. Anschließend den gewünschten Text per Tastatur eintippen.

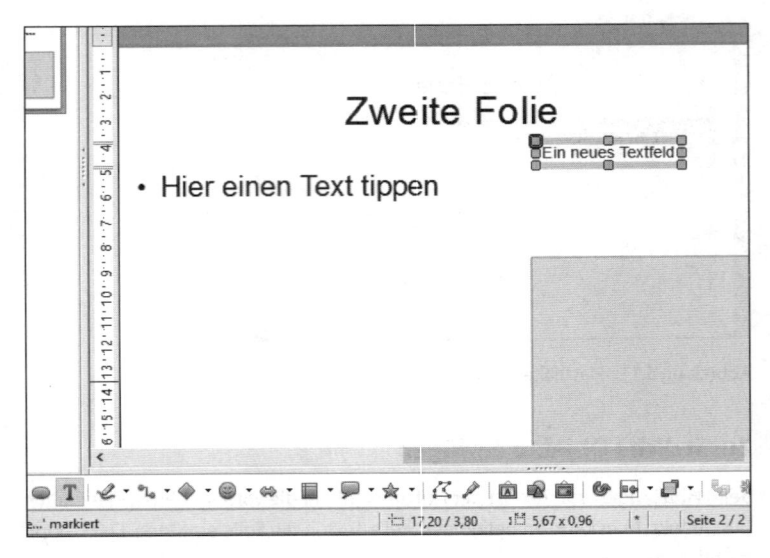

Abbildung 6.12: Textrahmen anlegen

Tipp

Die Größe des Textrahmens kann schon beim Anlegen festgelegt werden. Dazu statt des einfachen Klicks die Maustaste gedrückt halten und einen Rahmen mit den gewünschten Abmessungen aufziehen.

Linien, Pfeile und Formen

Ähnlich einfach wie das Einfügen von neuen Textfeldern klappt auch das Zeichnen. Wie wäre es zum Beispiel mit einem Pfeil, der auf ein wichtiges Objekt oder einen Text hinweist? Oder mit einem Verbinder, also einer Linie, die zwei andere Formen miteinander verbindet?

Um solche Formen in die aktuelle Folie einzubauen, geht man genauso vor wie bei dem Textrahmen: Einfach unten in der Symbolleiste auf den Button für die

Form klicken, die man einfügen will. Anschließend kann die Form direkt in der Folie durch Klicken und Ziehen eingebaut werden.

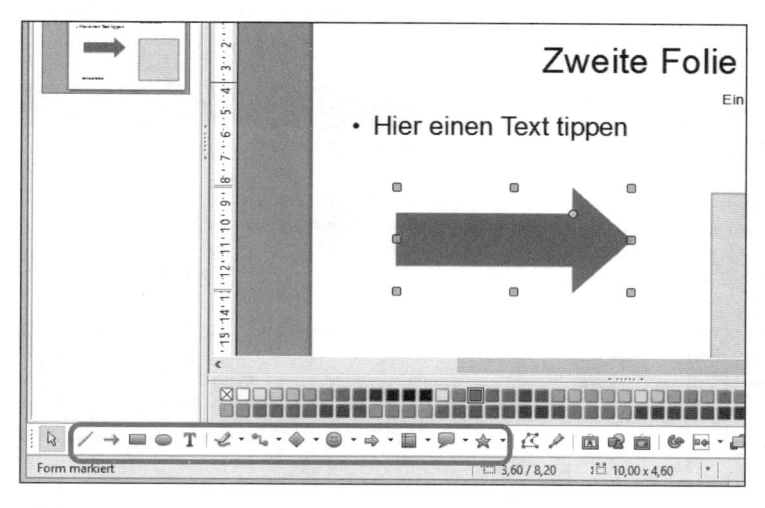

Abbildung 6.13: Formen in eine Folie einfügen

Neue Folien hinzufügen

Wenn man eine Präsentation vorbereitet, muss man nicht selten immer wieder neue Folien einfügen, weil sich das so ergibt.

Tipp

Besser, man stellt nicht zu viele Inhalte auf eine Folie. Die Zuschauer können Fakten leichter erfassen, wenn die Folien nicht überladen sind. Es schadet nichts, zusätzliche Folien zu haben, die weiterführende Sachverhalte vermitteln.

Zum Einfügen einer neuen Folie wird zuerst die Folie markiert, hinter der die neue Folie erscheinen soll. Jetzt oben in der Menüleiste auf *Einfügen / Folie* klicken – schon erscheint eine leere Folie und kann gefüllt werden.

Will man keine leere Folie erzeugen, sondern eine Folie, die so ähnlich aufgebaut ist wie die aktuelle, klickt man am besten auf *Einfügen / Folie duplizieren*. Damit bekommt man eine 1-zu-1-Kopie der aktuellen Folie – und kann diese im Anschluss separat bearbeiten.

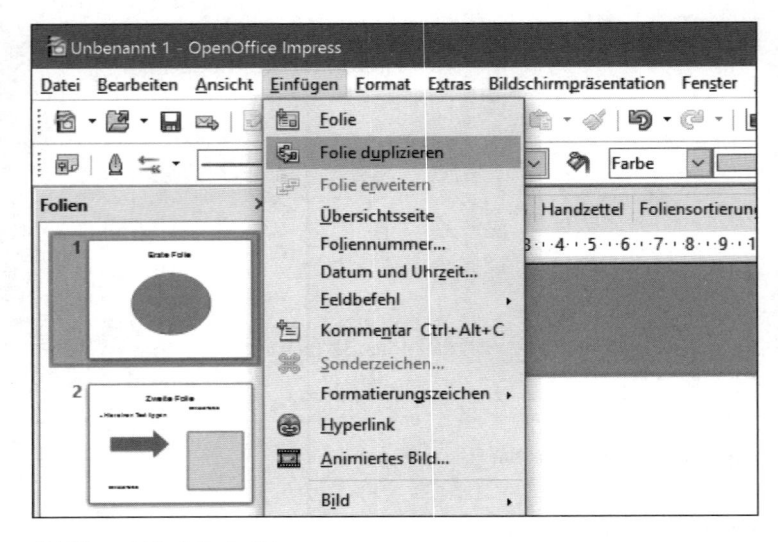

Abbildung 6.14: Folie duplizieren

Folien sortieren

Manchmal stellt man erst im Nachhinein fest: Die Reihenfolge der Folien in der Präsentation ist nicht optimal. Das macht aber nichts – denn mit wenig Aufwand lässt sich die Reihenfolge der Folien ändern.

Um eine oder mehrere Folien an eine andere Stelle zu verschieben, muss man sie zuerst auswählen (markieren). Dabei hilft die Tastatur:

1. Als Erstes am linken Rand des Impress-Fensters auf die oberste zu verschiebende Folie klicken.

2. Jetzt die [Umschalt]-Taste gedrückt halten.

3. Es folgt ein Klick auf die letzte Folie, die markiert werden soll.
4. Nun kann man die Taste wieder loslassen.
5. Die Folien können dann per Maus weiter nach oben oder unten an die gewünschte Stelle gezogen werden.

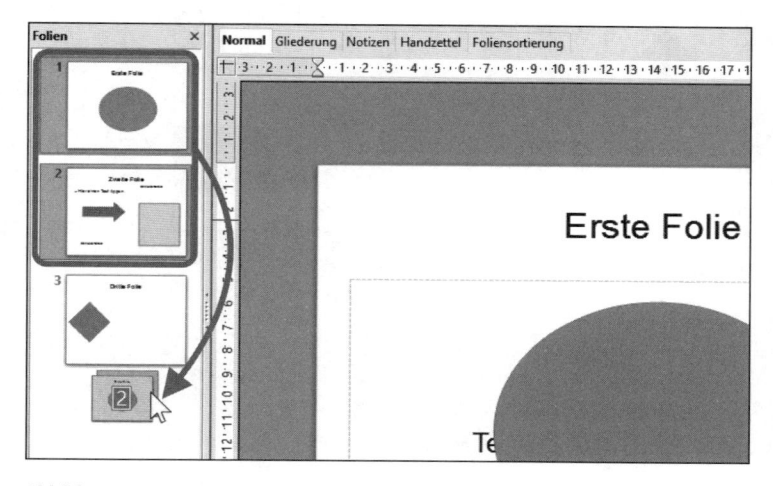

Abbildung 6.15: Folien sortieren

Folien ausblenden

Sind bestimmte Folien noch nicht fertig, kann man sie bis zur Fertigstellung unsichtbar machen. So stören sie beim testweisen Abspielen der Präsentation nicht. Unsichtbare Folien werden aber trotzdem mit in der Präsentations-Datei gespeichert, sodass nichts verloren geht.

Folien lassen sich direkt im Folienbereich unsichtbar machen: Einfach mit der rechten Maustaste auf eine der Miniaturansichten am linken Rand klicken. Im Kontextmenü kann man dann auf *Folie ausblenden* klicken.

Ausgeblendete Folien sind an der Schraffur (den diagonalen Streifen) erkennbar.

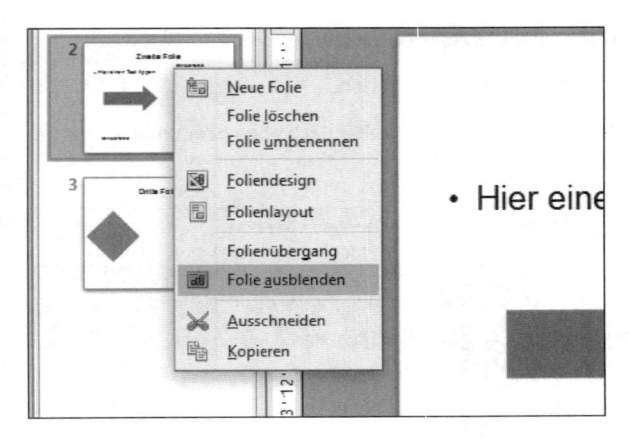

Abbildung 6.16: Folien ausblenden

> **Tipp**
>
> Umgekehrt lässt sich eine ausgeblendete Folie natürlich auch wieder einblenden – im Kontextmenü steht dazu der gleichnamige Befehl bereit.

Text suchen und ersetzen

Will man einen bestimmten Ausdruck in der ganzen Präsentation finden (oder durch einen anderen ersetzen), stellt OpenOffice dem Nutzer das leistungsstarke Dialogfeld zum Suchen und Ersetzen zur Verfügung. Es lässt sich oben über die Menüleiste aufrufen, indem dort auf *Bearbeiten / Suchen & Ersetzen* geklickt wird.

Mit der *Suchen & Ersetzen*-Funktion lassen sich natürlich nicht nur „normale" Begriffe finden. Außerdem stehen auch viele weitere praktische Helfer bereit, wie etwa die Ähnlichkeitssuche oder die Nutzung von regulären Ausdrücken.

Wie die genau funktionieren, beschreibt das Kapitel über Writer ab Seite 126.

6.3 Design und Gestaltung

Wenn eine Präsentation so aussieht wie von der Stange, dann ist sie meist langweilig. Gerade bei Präsentationen ist daher die optische Gestaltung wichtig. Nachfolgend erklären wir, wie man die eigene Präsentation aufpeppen kann.

Text und Formen anders aussehen lassen

Überall die gleiche schwarze Standardschrift? Das muss nicht sein. Denn Impress stellt dem Nutzer eine ganze Palette an Tools zur Schriftformatierung bereit.

Ein Großteil dieser Optionen ist rechts über die Seitenleiste erreichbar, wenn man dort auf das oberste Symbol *Eigenschaften* klickt. Jetzt noch den betreffenden Text markieren, der anders aussehen soll. Nun kann man die Schriftart, -größe und -farbe wie gewünscht einstellen.

Neben den Texteinstellungen lässt sich im *Eigenschaften*-Panel übrigens auch die Darstellung von Absätzen anpassen – etwa Einrückung und diverse Abstände.

Abbildung 6.17: Texteinstellungen ändern

Wem die Optionen im *Eigenschaften*-Panel nicht reichen, der sollte oben in der Menüleiste einen Blick ins *Format*-Menü werfen. Wie von Writer gewohnt, hält OpenOffice hier alle möglichen Schalter zur Formatierung bereit.

Formen

Markiert man hingegen eine Form, die auf der Folie platziert ist, sieht der Nutzer ganz andere Optionen in der Seitenleiste. Hier lässt sich jetzt nämlich die Farbe und Art der Rahmenlinie sowie der Fläche (Füllung) anpassen.

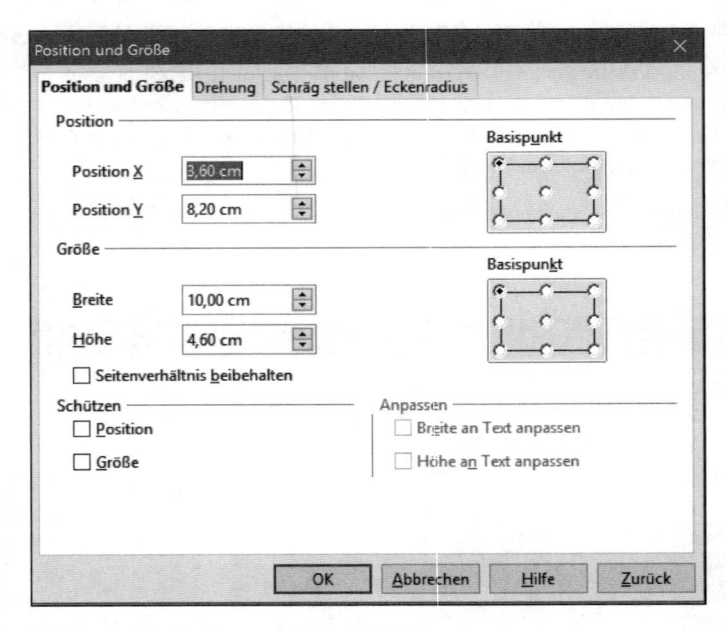

Abbildung 6.18: Position und Größe schnell ändern

> **Tipp**
>
> **Formen genau platzieren**
>
> Wer es besonders genau nimmt, kann eine Form auch exakt auf der Folie anordnen. Ein Druck auf die [F4]-Taste oder ein Klick auf *Format / Position und Größe* reicht dazu aus. Schon lassen sich unter anderem
>
> - Lage,
> - Abmessungen,
> - Drehung und
> - Schräglage
>
> auf die Schnelle anpassen. Die [F4]-Taste sollte man sich für die Arbeit in Impress also merken.

3D-Schriftzüge einfügen

Wie in Office-Programmen gibt es auch in OpenOffice eine Funktion, mit der sich schicke Schriftzüge im 3D-Design erstellen lassen. Hier nennt sie sich *Fontwork*. Das Einfügen eines Fontwork-Objekts ist eine Sache nur weniger Klicks:

1. Zunächst wird in der Symbolleiste unten auf das A-Symbol im Bilderrahmen geklickt (siehe Bild).

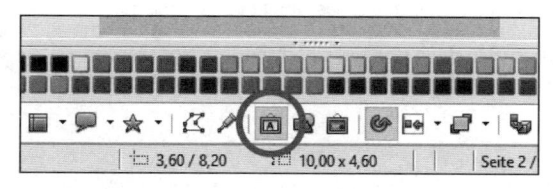

Abbildung 6.19: Fontwork-Objekt über die Zeichnen-Symbolleiste einfügen

2. Jetzt per Klick den gewünschten Stil für den 3D-Text auswählen.

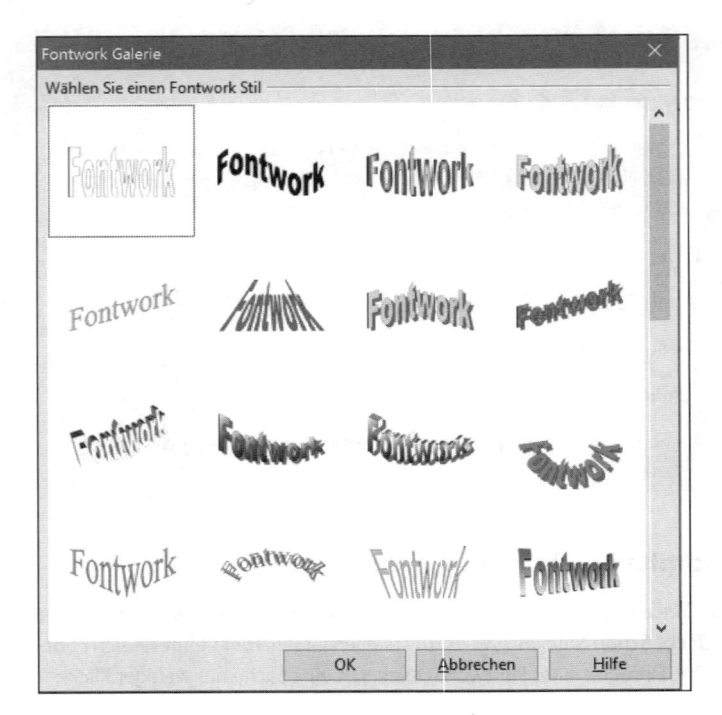

Abbildung 6.20: Fontwork-Stil auswählen

3. Sobald man auf OK klickt, fügt Impress das Objekt in die Folie ein.
4. Per Doppelklick kann man dann den gewünschten Text einfügen.

Tipp

Ganz wichtig: Gespeichert wird nicht mit der [Enter]-Taste – die fügt nämlich nur einen Zeilenumbruch ein –, sondern per Druck auf [Esc].

Abbildung 6.21: Text für das 3D-Objekt eintippen

Fotos und andere Bilder einfügen

Schicke Präsentationen leben nicht nur von Text und Formen, sondern zeigen durch passende Fotos und Illustrationen Farbe. Ob es nun um eine Vorführung für ein Referat in der Firma geht oder um einen lieben Urlaubsgruß für die Verwandten – das Einfügen von Bildern zählt zu den elementaren Aufgaben beim Erstellen von Präsentationen.

Um eine Bilddatei zu laden, kann man die Daten entweder in die Zwischenablage kopieren und dann einfügen oder man öffnet die passende Datei von der Festplatte:

1. Zuerst die richtige Folie auswählen.

2. Jetzt wird oben auf Einfügen / Bild / Aus Datei geklickt. Damit zeigt Impress ein Dateifenster an.

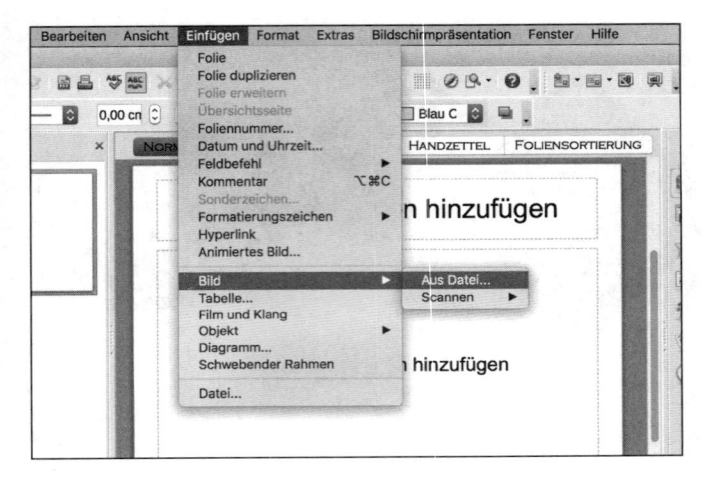

Abbildung 6.22: Bild aus Datei einfügen

3. Nach Auswahl der gewünschten Bilddatei auf den *Öffnen*-Button klicken. Schon platziert das Programm die gewählte Datei auf der Folie.

4. Über die Markierungspunkte kann man die Grafik jetzt wie gewünscht platzieren.

Grafik zuschneiden

Will man nicht das ganze Bild in der Präsentation haben, sondern nur einen Ausschnitt, muss man kein Bildbearbeitungsprogramm bemühen. Eine entsprechende Zuschnitt-Funktion ist direkt in Impress eingebaut.

Ein Bild lässt sich wie folgt zuschneiden:

1. Per Klick wird die Grafik zunächst markiert.

2. Jetzt oben auf Format / Bild zuschneiden klicken. Alternativ steht ein Zuschnitt-Button auch direkt in der Format-Symbolleiste bereit.

Abbildung 6.23: Bild zuschneiden

3. Über die Felder Links, Rechts, Oben und Unten kann der Nutzer jetzt einstellen, wie viel von der Grafik an der jeweiligen Seite weggeschnitten werden soll.

4. Zum Schluss auf OK klicken – fertig!

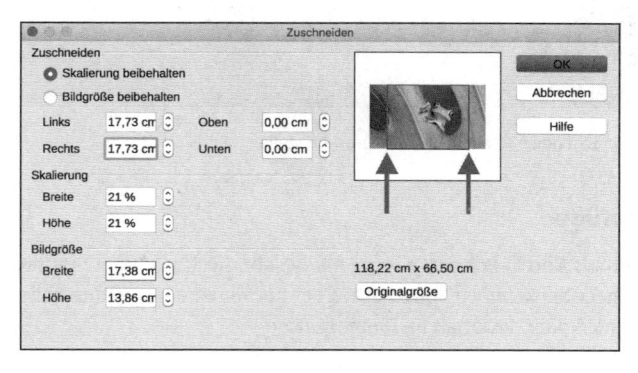

Abbildung 6.24: Zugeschnittene Grafik

6.3 Design und Gestaltung

Folienhintergrund ändern

Mit einem Trick lässt sich jede Form – vielleicht mit einem Farbverlauf gefüllt – oder Grafik im Hintergrund einer Folie anzeigen. Hier steht, wie man dazu vorgeht:

1. Als Erstes muss das jeweilige Objekt, also die Rechteck-Form oder das Bild, auf die gleiche Größe gebracht werden wie die Folie.

2. Anschließend klickt man mit der rechten Maustaste auf das Objekt, zeigt auf das Untermenü Anordnung und wählt dort Ganz nach hinten.

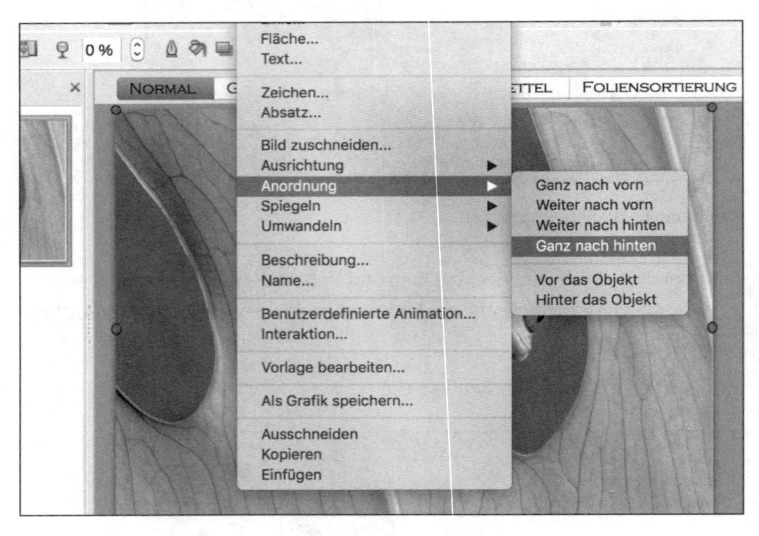

Abbildung 6.25: Bild oder Objekt in den Hintergrund stellen

Sounds einfügen

Musik und Sounds sind in Präsentationen sehr beliebt. Auch in Impress lassen sie sich nutzen. Dabei kann ein Sound entweder nur für eine bestimmte Folie abgespielt werden oder dauerhaft im Hintergrund.

Zum Einfügen von Klang wird in Impress auf *Einfügen / Film und Klang* geklickt. Unter anderem werden folgende Audioformate unterstützt:

- MP3
- OGG
- WAV
- WMV

Sound für mehrere Folien im Hintergrund abspielen

Mit der oben beschriebenen Methode fügt man Sounds ein, die nur für eine bestimmte Folie gelten. Zur Nutzung von Hintergrundmusik muss man etwas anders vorgehen. Hier die nötigen Schritte:

1. Als Erstes auf der linken Seite die Folie auswählen, ab der die Wiedergabe von Sound beginnen soll.

2. Jetzt mit der rechten Maustaste auf diese Miniaturansicht der Folie klicken.

3. Im Kontextmenü wird dann auf Folienübergang geklickt.

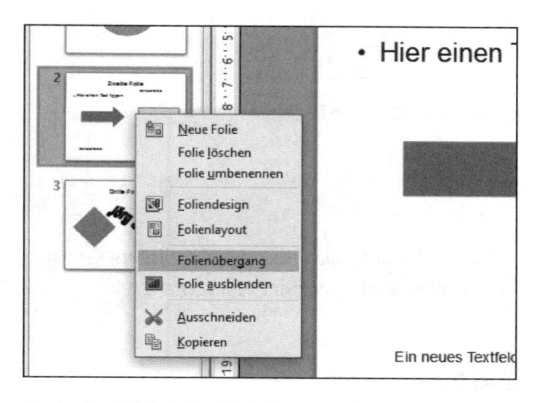

Abbildung 6.26: Folienübergänge anzeigen

4. Daraufhin blendet Impress auf der rechten Seite das Panel Folienübergang ein.

5. Unterhalb der Liste mit Übergängen ist auch ein Bereich namens *Übergang ändern* zu sehen. Hier gibt's ein Klappfeld Klang.

6. In dieser Ausklappliste wählt man den Eintrag Anderer Klang.

7. Jetzt erscheint ein Dateifenster, über das der Nutzer die gewünschte Sounddatei von der Festplatte wählen kann.

> **Tipp**
>
> Soll die Musik in Schleife wiedergegeben werden, muss man einen Haken bei der Option *Wiederholen bis zum nächsten Klang* setzen.

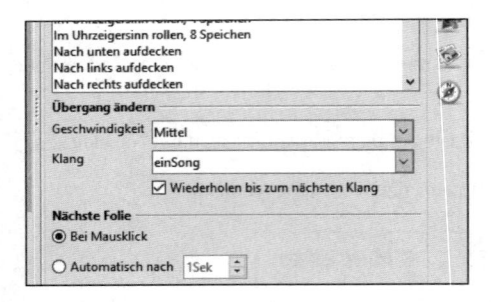

Abbildung 6.27: Hintergrund-Sound für die Folien festlegen

> **Tipp**
>
> Am besten nicht auf den Button *Für alle Folien übernehmen* klicken – sonst beginnt die Musik bei jedem Folienwechsel wieder von vorne ...

Tabellen einfügen und formatieren

Gewöhnlich enthalten Präsentationen Text und Bilder. Wenn benötigt und sinnvoll, kann der Nutzer Informationen auch in einer Tabelle ordentlich strukturieren. Impress hat nämlich einen Einfüge-Assistenten, mit dem sich Tabellen direkt in eine Folie einfügen lassen. Zudem stehen Formatierungs-Tools zur Verfügung, über die man Tabellen verschönern kann. So stellt man wichtige Daten noch besser heraus.

Tabelle einfügen

Tabellen können entweder in einen Textrahmen oder in eine leere Folie eingefügt werden:

1. Nutzt man ein Textfeld, muss man zuerst darin auf die gewünschte Textstelle klicken, wo die Tabelle eingefügt werden soll.

2. Dann auf Einfügen / Tabelle klicken. Damit startet der Assistent für Tabellen.

3. Nun kann man festlegen, aus wie vielen Zeilen und Spalten die neue Tabelle bestehen soll.

4. Zum Schluss auf OK klicken, dann fügt Impress die Tabelle ein.

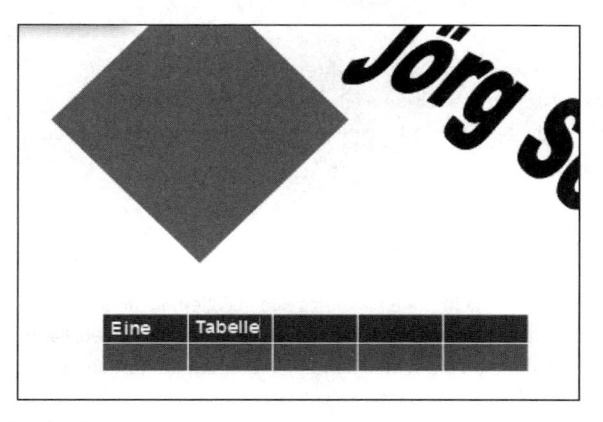

Abbildung 6.28: Tabelle in eine Folie einfügen

Tabelle formatieren

Mit der frei schwebenden Symbolleiste *Tabelle* bekommt der Nutzer die Werkzeuge in die Hand, um das Aussehen und die Struktur der Tabelle anzupassen. Beispielsweise kann man ...

- die Art des umgebenden Rahmens ändern,
- die Rand- und Hintergrundfarbe von Tabellenzellen anpassen,
- weitere Zeilen oder Spalten in die Tabelle einfügen,
- Zellen verbinden und
- Text links, zentriert oder rechts ausrichten.

Abbildung 6.29: Die Tabellen-Symbolleiste

> **Tipp**
>
> Mit dem Panel *Tabellendesign* auf der rechten Seite des Impress-Fensters kann man das Aussehen schnell umstellen – denn hier stehen mehrere vordefinierte Designs bereit, um die eigene Tabelle schicker aussehen zu lassen.

Der Trick mit den Fanglinien

Mit Fanglinien erreicht man nicht nur ein klareres Bild in Folien, sie helfen außerdem auch dabei, dass ähnliche Folien vom Design her zusammenpassen. Fanglinien sind Hilfslinien, die man beim Erstellen der Präsentation einfügen kann. Später bei der Wiedergabe sind sie dann unsichtbar.

> **Tipp**
>
> Zur Arbeit mit Fanglinien muss man zuerst das Lineal sichtbar machen. Das geht per Klick auf *Ansicht / Lineal*.

Fanglinien lassen sich vom horizontalen und vertikalen Lineal aus auf die Folie ziehen. Hier sind sie als gestrichelte Linie erkennbar. Ab sofort hilft OpenOffice beim Justieren und Anordnen von Objekten auf der Folie. Denn die soeben eingefügte Fanglinie ist magnetisch.

Das heißt: Kommt ein Objekt mit einer seiner Kanten in die Nähe einer Fanglinie, springt das Objekt direkt an die Linie. Damit kann der Nutzer Objekte bequem neben- oder übereinander ausrichten. So vermeidet man ein „schiefes" Design.

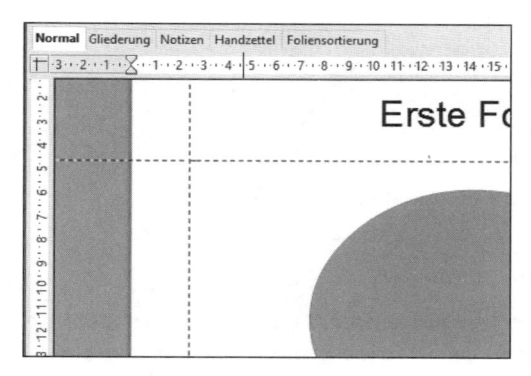

Abbildung 6.30: Fanglinie einfügen

Raster zum Ausrichten verwenden

Sind die Fanglinien zu unflexibel, kann man auch einfach auf das Raster zurückgreifen. Das ist ein Punktemuster, ähnlich wie bei kariertem Papier. Genau wie die Fanglinien ist auch das Raster standardmäßig magnetisch. Das bedeutet, dass Objekte an den Rasterpunkten einschnappen.

Das Raster wird ein- und ausgeblendet, indem man im Menü *Ansicht* auf *Raster / Raster sichtbar* klickt.

> **Tipp**
>
> Noch schneller geht das Ein- und Ausknipsen des Rasters über den passenden Button in der Standard-Symbolleiste (siehe Bild).

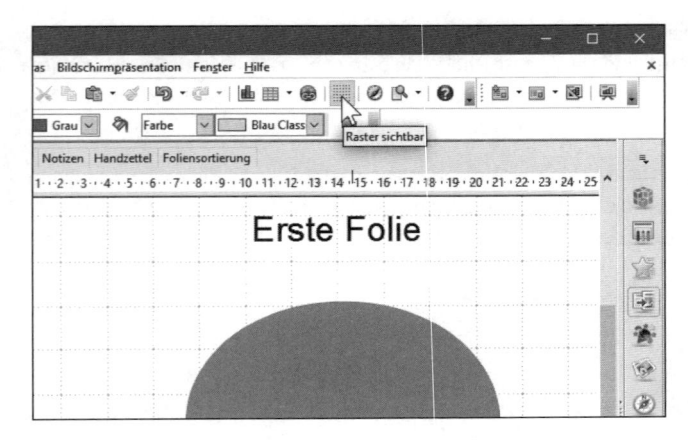

Abbildung 6.31: Raster per Symbolleisten-Button einblenden

Objekte animieren

Eine Präsentation lebt von ihren Animationen. Das sind beispielsweise Objekte, die ihre Position oder Größe auf der Folie ändern, die ein- oder ausgeblendet werden oder die ihre Farbe ändern. All das ist mit Impress möglich.

Im Folgenden zeigen wir eine Sonnen-Form, die animiert werden soll. Sie lässt sich in der Symbolleiste am unteren Fensterrand per Klick auf *Symbolformen / Sonne* und anschließendes Aufziehen der Form auf der Folie einfügen.

> **Tipp**
>
> Statt einer Form kann man übrigens auch Grafiken und Textrahmen auf die gleiche Weise animieren.

Jetzt mit der rechten Maustaste auf die Form klicken und *Benutzerdefinierte Animation* wählen. Daraufhin zeigt Impress rechts in der Seitenleiste das Animations-Panel an.

Wir starten oben mit einem Klick auf den *Hinzufügen*-Button. Damit erscheint eine lange Effektliste, die in mehrere Tabs unterteilt ist:

- *Eingang* – Enthält Animationen, die das Objekt auf der Folie einblenden.
- *Hervorgehoben* – Damit wird das Objekt farblich oder in der Größe verändert, um so die Aufmerksamkeit auf sich zu ziehen.
- *Beenden* – Damit wird das Objekt effektvoll vom Monitor ausgeblendet.
- *Animationspfade* – Nützlich, um das Objekt von einer Stelle zu einer anderen Position zu verschieben.

Nach einem Klick auf *OK* wird die ausgewählte Animation in die Liste übernommen. Nun können die Details für die Animation konfiguriert werden. Zum Beispiel lässt sich festlegen, ob die Animation starten soll, wenn das Objekt mit der Maus angeklickt wird, oder direkt beim Anzeigen der Folie. Je nach Effekt kann der Nutzer zudem weitere Details festlegen – beim Einfliegen etwa die Richtung. Auch die Geschwindigkeit des Effekts kann justiert werden.

Tipp

Natürlich lassen sich auch mehrere Animationen miteinander kombinieren, um die Sonne beispielsweise größer werden und einblenden zu lassen.

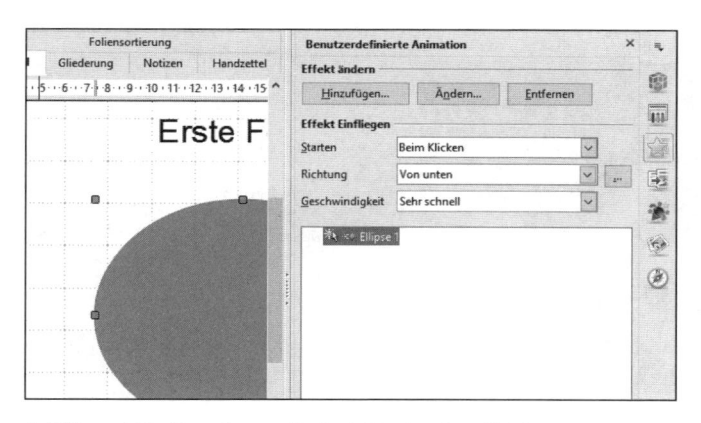

Abbildung 6.32: Einstellungen für die Animation eines Objekts

6.3 Design und Gestaltung

Folien überblenden

Standardmäßig erfolgt bei jedem Folienwechsel ein harter Übergang: Die vorherige Folie wird einfach durch die nächste ersetzt. Das ist oft zu plump. Besser sieht es aus, wenn man Übergänge nutzt.

Folienübergänge lassen sich in Impress sehr leicht konfigurieren. Und so geht man dazu vor:

1. Als Erstes auf der linken Seite bei den Miniaturansichten auf die Folie rechtsklicken, deren Einblendung man anpassen will.

2. Im Kontextmenü folgt jetzt ein Klick auf Folienübergang.

3. Daraufhin zeigt Impress in der Seitenleiste rechts das gleichnamige Panel mit einer langen Liste von Effekten an.

4. Per Klick wählt der Nutzer aus dieser Liste den gewünschten Übergangseffekt. Das Programm zeigt daraufhin sofort, wie das Ergebnis ungefähr aussieht.

5. Weiter unten wird konfiguriert, wie schnell der Übergang abgespielt werden soll.

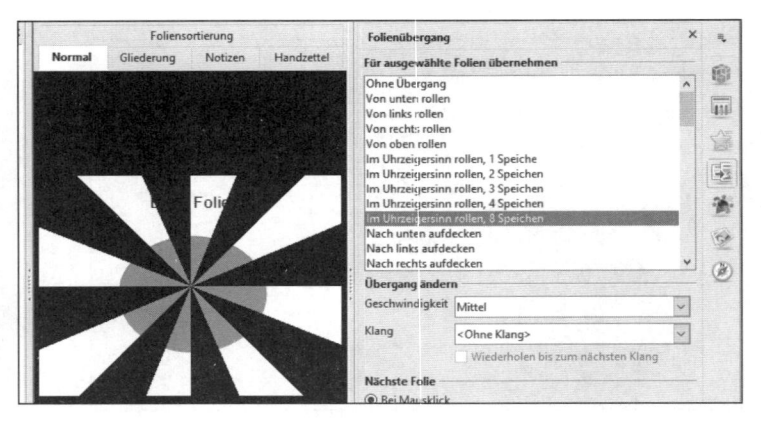

Abbildung 6.33: Übergang für die Folie auswählen

> **Tipp**
>
> **Automatische Präsentation erstellen**
>
> Es gibt zwei Arten von Präsentationen: Entweder man muss zum Weiterblättern klicken oder sie läuft zeitgesteuert ab. In letzterem Fall kann beim Panel *Folienübergang* im Bereich *Nächste Folie* die gewünschte Sekundenzahl eingestellt werden, nach der Impress automatisch zur nächsten Folie wechseln soll.

6.4 Wiedergabe der Präsentation

Nach so viel Arbeit, die man in eine Präsentation gesteckt hat, will man sie natürlich auch abspielen. Am schnellsten geht das mit der F5-Taste. Ein Druck darauf startet die Präsentation ab der ersten Folie. Man kann natürlich auch in der Menüleiste auf *Bildschirmpräsentation / Bildschirmpräsentation* klicken.

Präsentation auf anderem Monitor abspielen

Wird ein Beamer oder ein großer Bildschirm an den Computer angeschlossen, von dem aus die Präsentation wiedergegeben werden soll, meldet der sich beim Betriebssystem als Zweitmonitor an.

In Impress kann man dann einstellen, auf welchem Monitor die Präsentation angezeigt werden soll:

1. Dazu wird auf Bildschirmpräsentation / Bildschirmpräsentationseinstellungen geklickt.

2. Im unteren Bereich des Dialogfelds kann jetzt der richtige Monitor ausgewählt werden.

3. Per Klick auf OK speichert man die geänderte Konfiguration dann.

Nur bestimmte Folien wiedergeben

Manchmal eignet sich dieselbe Präsentation für mehrere Vorträge – mit jeweils unterschiedlichen Zielgruppen. Statt dann für jede Zielgruppe eine Kopie der

Impress-Präsentation anzulegen, kann man diese einfach angepasst wiedergeben.

Unterschiedliche Zielgruppen ansprechen

Ein Beispiel: Eine Präsentation stellt Neuerungen in einem Firmensystem vor. Einige der Folien enthalten technische Details, die zwar für einen Teil der Entwicklungsabteilung wichtig sind, an denen die Geschäftsführung aber wenig Interesse hat. Andere Folien zeigen die Auswirkungen der Einführung des Systems auf die Umsatzzahlen – Infos, die Techniker kaum interessieren, wohl aber den Vorstand.

Mithilfe von individuellen Präsentationen kann der Impress-Nutzer jetzt Untermengen an Folien heraussuchen, die für die jeweilige Zielgruppe gezeigt werden sollen. Folgende Schritte führen zum Ziel:

Folien benennen

Zunächst sollten die Folien über sprechende Namen verfügen, anhand derer man sie gleich beim Auswählen der zu zeigenden Folien erkennen kann. Per Rechtsklick auf die Miniaturansichten am linken Fensterrand kann jede Folie umbenannt werden.

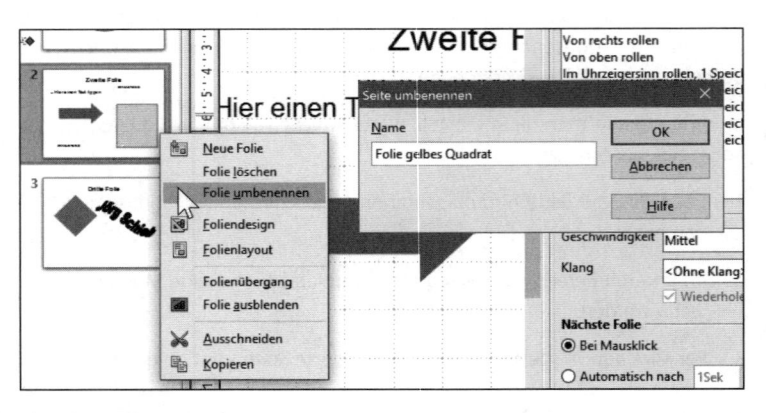

Abbildung 6.34: Folien benennen

Folien auswählen

Das Dialogfeld zum Erstellen einer individuellen Präsentation ist per Klick auf *Bildschirmpräsentation / Individuelle Bildschirmpräsentation* erreichbar.

1. Anschließend folgt ein Klick auf den Neu-Button.
2. Jetzt einen Namen eintippen, mit dem man diese Folienauswahl später erkennen kann.
3. Nun lassen sich alle gewünschten Folien von der linken Liste in die rechte übernehmen.
4. Per Klick auf OK wird die Auswahl übernommen.

Zum Erstellen einer weiteren Untermenge nochmals auf *Neu* klicken. Ist man fertig, auf *Schließen* klicken.

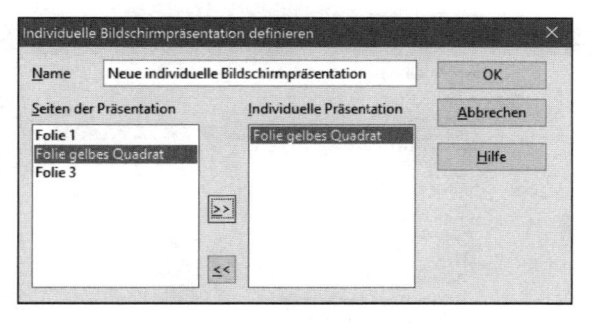

Abbildung 6.35: Folien für die Wiedergabe auswählen

Angepasste Präsentation abspielen

Im gleichen Dialogfeld *(Bildschirmpräsentation / Individuelle Bildschirmpräsentation)* lassen sich solche auf bestimmte Zielgruppen angepasste Präsentationen auch wiedergeben:

1. Zuerst wird die gewünschte Zielgruppe in der Liste markiert.
2. Sobald man dann auf den Starten-Button klickt, beginnt Impress mit der Wiedergabe.

6.5 Drucken und Weitergeben

Folien drucken

Einzelne Folien einer Präsentation enthalten manchmal genau die Informationen, die jemand anderes braucht. In einem solchen Fall kann man die gewünschte Folie einfach ausdrucken.

1. Folien einer Präsentation lassen sich in OpenOffice Impress ausdrucken, indem auf Datei / Drucken geklickt wird.
2. Anschließend wird in der Liste der richtige Drucker ausgesucht.
3. Weiter unten stellt man ein, ob alle Folien ausgedruckt werden sollen oder nur eine Auswahl bestimmter Folien oder ob Impress nur die aktuell angezeigte Folie zu Papier bringen soll.

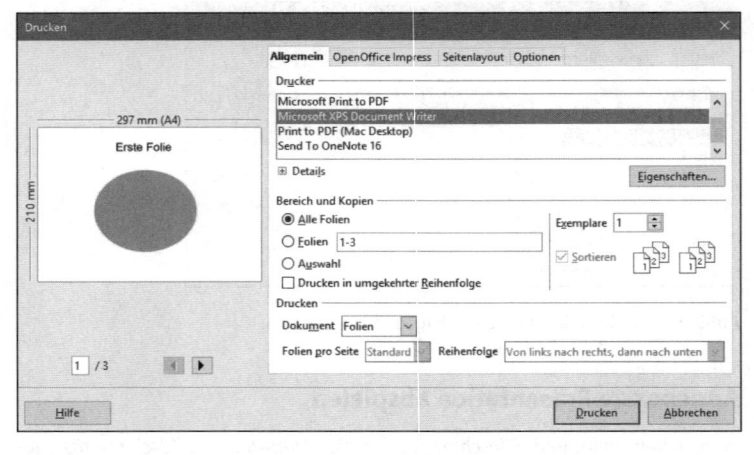

Abbildung 6.36: Präsentation zu Papier bringen

> **Tipp**
>
> **Ausgeblendete Folien drucken**
>
> Wer im *Drucken*-Dialog oben zum Tab *OpenOffice Impress* schaltet, findet dort eine Option, mit der sich auch die ausgeblendeten, also unsichtbaren Folien ausdrucken lassen. Die werden nämlich normalerweise übersprungen.

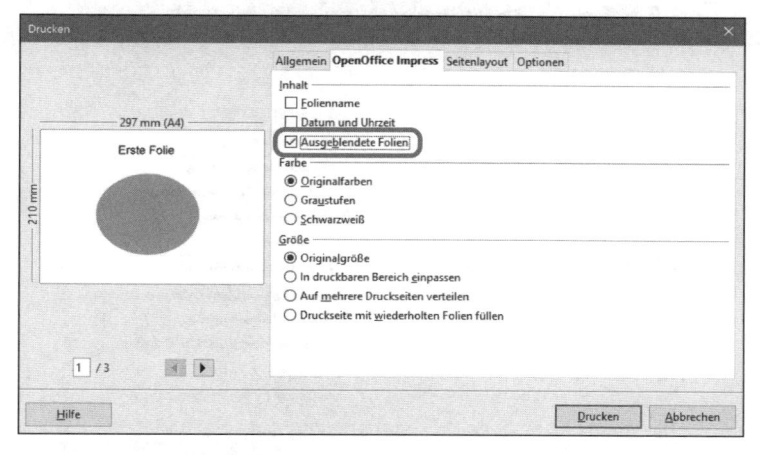

Abbildung 6.37: Ausgeblendete Folien ebenfalls drucken

Als PDF speichern

Genauso einfach wie das Ausdrucken einer Präsentation ist auch das Umwandeln ins PDF-Format, das von fast allen Geräten angezeigt werden kann. Dabei gehen allerdings einige der Effekte und Übergänge verloren bzw. können nicht von jedem Anzeige-Programm dargestellt werden.

Mit den folgenden Schritten lässt sich eine PDF-Version der Präsentation erzeugen:

1. Zuerst auf *Datei / Exportieren als PDF* klicken.

2. Jetzt einstellen, ob alle Folien oder nur bestimmte Seiten exportiert werden sollen. Zudem kann man festlegen, wie OpenOffice enthaltene Grafiken komprimieren soll. Das hat Auswirkungen darauf, wie groß die resultierende PDF-Datei im Anschluss wird.

3. Nach einem Klick auf den *Exportieren*-Button wird nach einem Dateinamen gefragt, unter dem das fertige PDF-Dokument abgespeichert werden soll.

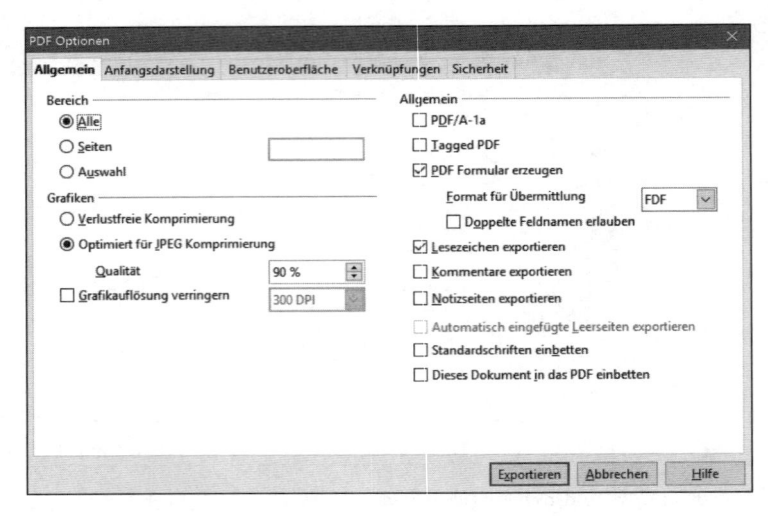

Abbildung 6.38: PDF-Version der Präsentation speichern

Präsentation komprimieren

Große Präsentationen mit vielen Folien und Grafiken werden schnell riesige Dateien. Die sind zum Weitergeben und Abspielen an einem anderen Computer dann schlecht geeignet. Gut, dass OpenOffice Impress eine Funktion mit an Bord hat, mit der sich die Dateigröße verringern lässt. Eine praktische Sache.

Um eine Präsentation kleiner zu machen, geht man wie folgt vor:

1. Als Erstes wird die große Datei in Impress geöffnet.

2. Jetzt oben in der Menüleiste auf *Extras / Präsentation komprimieren* klicken. Damit startet der Assistent *Presentation Minimizer*.

3. Die erste Frage ist, für welches Medium die Datei verkleinert werden soll. Der Grund: Auf dem Bildschirm braucht es eine geringere Qualität als beim Beamen oder im Druck.

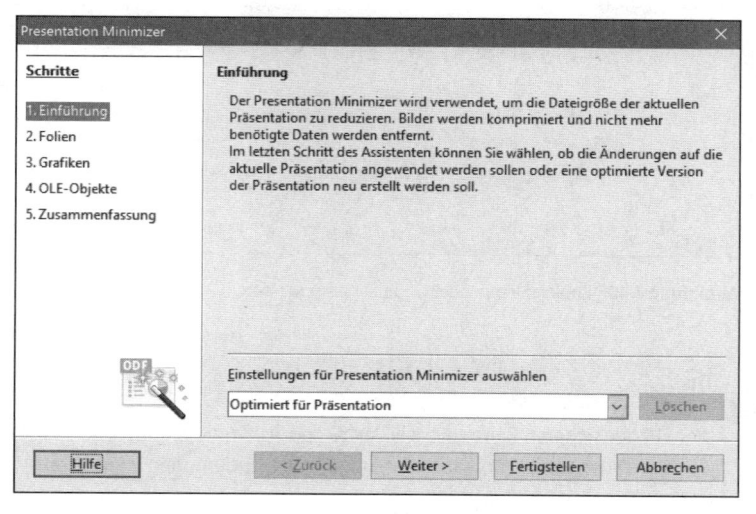

Abbildung 6.39: Der Assistent zum Schrumpfen von Präsentationen

4. Nach einem Klick auf *Weiter* lassen sich verschiedene unsichtbare Elemente entfernen – wie zum Beispiel ausgeblendete Folien oder auch solche, die nicht zu einer bestimmten individuellen Präsentation gehören (siehe ab Seite 304).

5. Danach wird festgelegt, ob und wie Bilder geschrumpft werden sollen – und ob unsichtbare, da weggeschnittene Bildbereiche entfernt werden.

6. Auf der letzten Seite des Assistenten hat der Nutzer dann die Wahl, ob die aktuelle Präsentation geändert werden soll oder ob man lieber eine Kopie des Dokuments anlegen will.

7. Ein Klick auf *Fertigstellen* startet dann den Schrumpf-Vorgang.

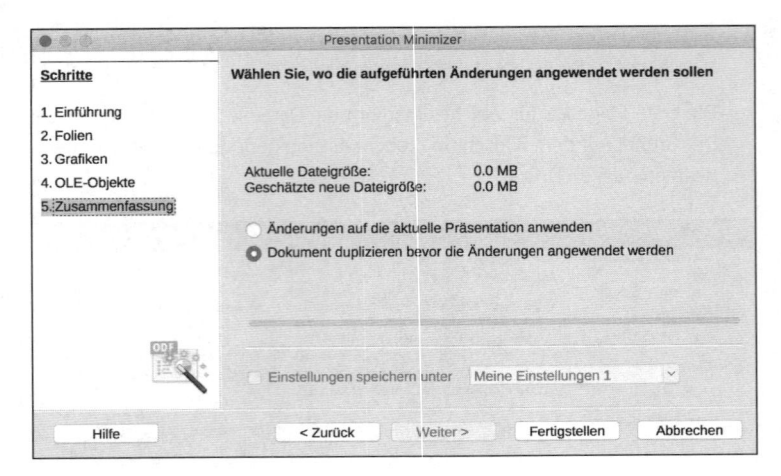

Abbildung 6.40: Kopie anlegen oder Original überschreiben

> **Tipp**
>
> Wer auf der sicheren Seite sein will, sollte den Assistenten immer ein Duplikat erstellen lassen. So kann man ungewollte Änderungen wieder verwerfen.

7 Draw für Zeichnungen

Mit Draw bekommen OpenOffice-Nutzer ein Zeichenprogramm für Vektorgrafiken, das man zum Erstellen einer Vielzahl unterschiedlicher Zeichnungen nutzen kann.

Vektor- und Rastergrafiken lassen sich mit Draw leicht bearbeiten. So kann man zum Beispiel schnell Zeichnungen für ein Dokument oder eine Präsentation erstellen.

Was sind Vektorgrafiken?

Vektorgrafiken speichern und zeigen ein Bild aufgeteilt in seine geometrischen Grundbausteine, wie etwa Linien, Kreis und Vielecke, statt als Sammlung von Pixeln (Bildpunkten).

Dieser Ansatz hat einige Vorteile:

- Kleinere Dateien
- Stufenloses Vergrößern der Grafiken ohne Qualitätsverlust

Draw ist gut in die OpenOffice-Suite eingebunden. Das macht den Austausch von Grafiken mit anderen Programmteilen leichter. Beispielsweise kann ein in Draw gezeichnetes Bild einfach per Kopieren und Einfügen in einem Writer-Dokument weiterverwendet werden. Man kann Zeichnungen auch direkt in Writer oder Impress bearbeiten. Dann steht eine Auswahl der Funktionspaletten und Werkzeuge von Draw zur Verfügung.

Hier einige Beispiele, was OpenOffice Draw alles kann:

- Ebenen verwalten
- Magnetisches Raster, ähnlich wie in Impress
- Anzeigen von Abmessungen und Maßeinheiten
- Verbinder zwischen Grafikelementen, etwa für Diagramme
- 3D-Funktionen, etwa für Beleuchtung und Texturen
- Bézier-Kurven

7.1 Einführung in Draw

Um OpenOffice Draw zu starten, klickt man in Windows auf *Start / Alle Apps / OpenOffice / OpenOffice Draw*. Am Mac wird die OpenOffice-App gestartet und dann auf *Zeichnung* geklickt.

Draw-Fenster

Anschließend präsentiert sich das Hauptfenster von Draw ähnlich wie in der folgenden Abbildung:

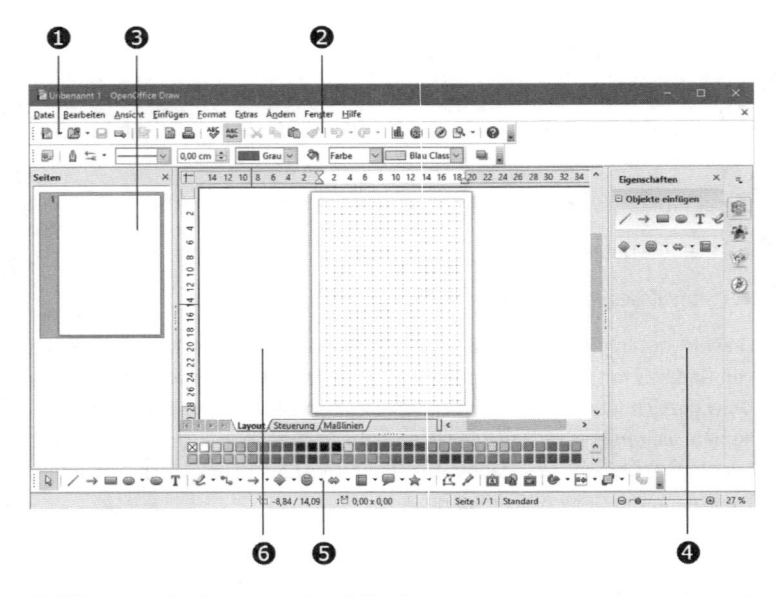

Abbildung 7.1: Das Fenster von OpenOffice Draw

▶ Zuoberst findet sich, wie in jedem OpenOffice-Programmteil, die Standard-Symbolleiste 1. Darüber hat man Zugriff auf Dateien und die Zwischenablage.

- Direkt darunter wird die Format-Symbolleiste angezeigt 2. Hier kann man die Strichstärke, Farbe und Füllung von gezeichneten Objekten festlegen und ändern.

- Auf der linken Seite 3 werden die einzelnen Seiten der aktuellen Zeichnung angezeigt. Hier kann der Nutzer per Klick auf die Miniaturansicht auf die aktuelle Seite wechseln.

- Rechts findet man die Seitenleiste 4, die je nach Kontext (markiertem Element) unterschiedliche Buttons und Optionen bereithält.

- Ganz unten 5 steht, wie in Impress, die Leiste, über die sich neue Formen und Objekte in die aktuelle Zeichnung einfügen lassen.

- In der Fenstermitte schließlich liegt die Zeichenfläche 6. Das ist die Leinwand, auf der die Zeichnungen entstehen. Drumherum finden sich Lineale, auf denen mit einem Balken die aktuelle Koordinate des Mauszeigers markiert ist.

> **Tipp**
>
> **Linke Randspalte ausblenden**
>
> Wer mehr Platz auf dem Bildschirm braucht und sowieso nur eine einzige Seite in der Zeichnung hat, kann die Liste mit den Miniaturansichten am linken Rand auch ausblenden. Dazu genügt ein Klick auf das zugehörige *Schließen*-Kreuz. Wieder einblenden lässt sie sich per Klick auf *Ansicht / Seitenbereich*.

Größe der Zeichenfläche festlegen

Die Abmessungen der Zeichenfläche sind nicht fest vorgegeben, sondern können angepasst werden. Dazu führt man die folgenden Schritte aus:

1. Oben in der Menüleiste auf Format / Seite klicken.

2. Jetzt kann das passende Format auf dem Tab Seite eingestellt werden.

> **Tipp**
>
> Die maximale Größe für Zeichnungen beträgt 300 x 300 cm.

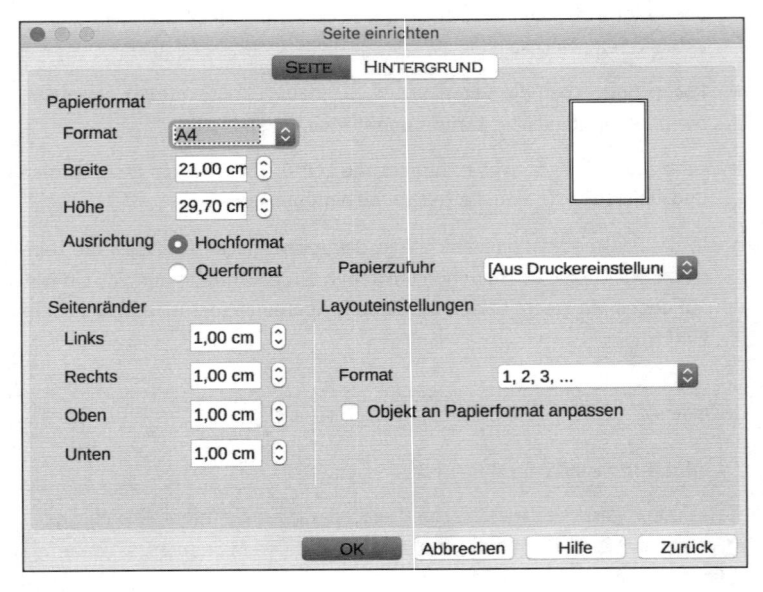

Abbildung 7.2: Festlegen, wie groß die Fläche für eine Zeichnung sein soll

Position von Objekten per Lineal ablesen

Ist ein Objekt auf der Zeichenfläche markiert, sodass es Markierungspunkte an den Ecken anzeigt, sind im horizontalen und vertikalen Lineal Doppelstriche zu sehen, die den Anfang und das Ende des Objekts angeben.

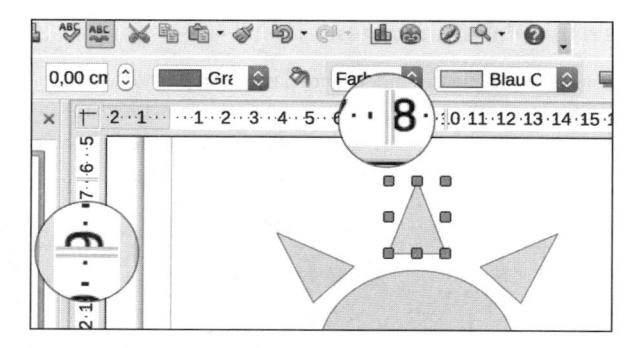

Abbildung 7.3: Am Lineal lässt sich die Position der Objekte erkennen

Farben auswählen und definieren

Die Farbleiste zeigt die aktuelle Farbpalette an. Damit lässt sich die Farbe der verschiedenen Objekte (Linien, Flächen und 3D-Effekte) in der Zeichnung rasch ändern.

> **Tipp**
>
> Die erste „Farbe" in der Farbleiste steht für „unsichtbare, transparente Farbe".

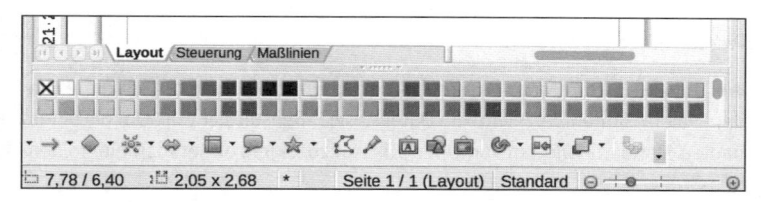

Abbildung 7.4: Die Farbleiste

Ist die Farbleiste nicht auf dem Bildschirm zu sehen, kann sie mit Klick auf *Ansicht / Symbolleisten / Farbleiste* eingeblendet werden. Sie erscheint dann standardmäßig unter der Zeichnung.

7.1 Einführung in Draw

Eigene Farben und Paletten nutzen

In Draw kann man verschiedene besonders angepasste Farbpaletten verwenden. Außerdem kann der Nutzer einzelne Farben einfach ändern. Die dafür zuständigen Optionen erreicht man, indem man auf *Format / Fläche / Farben* klickt. Anschließend erscheint ein Dialogfeld ähnlich wie in der Abbildung.

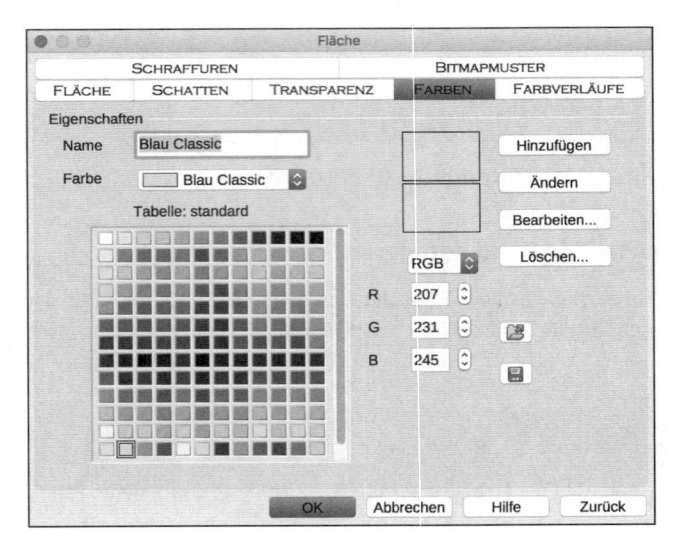

Abbildung 7.5: Farben festlegen

Palette öffnen

Wer auf den Button *Farbtabelle laden* (gelbes Öffnen-Icon) klickt, kann eine andere Palette öffnen. Jetzt wird ein Datei-Auswahlfenster sichtbar. Um die eingebauten Standard-Paletten von OpenOffice anzuzeigen, öffnet man hier folgenden Ordner:

- \Users\(Nutzer)\AppData\Roaming\OpenOffice\4\user\config (Windows)
- ~/Library/Application Support/OpenOffice/4/user/config (OS X)

Farben ändern

Um einzelne Farben in der Palette zu ändern, werden sie zunächst per Mausklick markiert. Jetzt können auf der rechten Seite die RGB- oder CMYK-Werte geändert werden.

> **Tipp**
>
> **Eigene Palette speichern**
>
> Wer immer wieder die gleichen Farbkombinationen braucht, für den lohnt es sich, die aktuelle Palette unter einem eigenen Namen zu speichern. Ein Klick auf das Disketten-Symbol genügt dazu. Jetzt noch einen Namen eintippen und den oben erwähnten Ordner auswählen – fertig!

7.2 Objekte genauer platzieren

Der Trick mit dem Zoom

Oft lassen sich Objekte in der Standardansicht nicht exakt positionieren, da dafür das Pixelraster zu grob ist. In diesem Fall kann man einfach die Ansicht vergrößern. Unter dem Zoom-„Mikroskop" klappt die Platzierung dann sehr genau.

Die Zoomstufe lässt sich beispielsweise über die Statusleiste ändern. Am rechten Ende der Statusleiste findet sich dazu ein Schieber:

- Steht er weiter links, wird die Ansicht verkleinert.
- Steht er weiter rechts, zoomt OpenOffice Draw in die Zeichnung hinein.
- Die aktuelle Vergrößerungsstufe kann jederzeit als Prozentwert abgelesen werden.

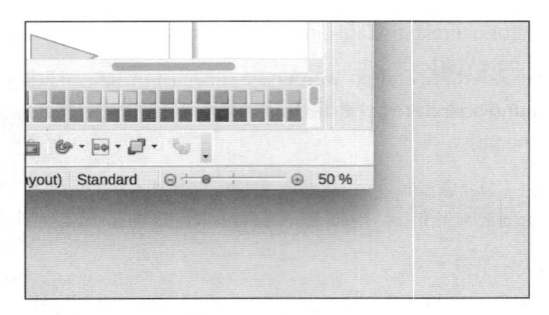

Abbildung 7.6: Zoom über die Statusleiste steuern

> **Tipp**
>
> **Zoom schnell ändern**
>
> Per Rechtsklick auf den Prozentwert (zum Beispiel *100 %*) zeigt Draw ein Kontextmenü mit einigen häufig verwendeten Zoomwerten an. Ein Klick auf einen der Einträge genügt, damit Draw den Wert einstellt.

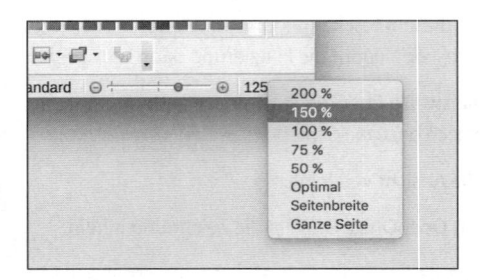

Abbildung 7.7: Zoomstufen per Kontextmenü auswählen

Zoom feintunen

Wer es ganz genau haben will, führt einen Doppelklick auf den Prozentwert aus. Damit erscheint das Dialogfeld *Maßstab & Ansichtslayout*. Jetzt kann man die gewünschte Vergrößerung direkt als Zahl eintippen. Ansonsten stehen hier auch automatisch berechnete Werte bereit:

- *Optimal* – Die Zeichnung oder das markierte Objekt wird so vergrößert, dass es in die Zeichenfläche passt.

- *Breite/Höhe anpassen* – Der Zoom wird so eingestellt, dass die Zeichenfläche komplett auf den Bildschirm passt. Nötigenfalls wird die Ansicht dazu verkleinert.

- *Fensterbreite* – Bei dieser Option spielt die Höhe keine Rolle, sondern die Zeichenfläche wird links und rechts so weit vergrößert, dass sie von der Breite her gerade ins Fenster passt.

- *100%* – Dieser Schalter setzt die Zoomstufe wieder auf den Standardwert zurück.

Die Zoom-Symbolleiste bietet weitere Optionen für den Zoom an. Um sie zu aktivieren, führt man die folgenden Schritte aus:

1. Zuerst sucht man in der Standard-Symbolleiste den Zoom-Button.
2. Dann auf den kleinen Pfeil daneben klicken.
3. Im aufgeklappten Feld zieht man dann die Leiste am unteren Rand weg von der Symbolleiste.

Dadurch klappt sie als eigene, frei hängende Symbolleiste aus.

Abbildung 7.8: Die Zoom-Symbolleiste

In der Zoom-Symbolleiste stehen die gleichen Funktionen wie im *Zoom*-Dialogfeld (siehe oben) zur Verfügung. Der Vorteil ist aber: Die Symbolleiste kann ständig geöffnet bleiben. So stehen die Zoomfunktionen stets parat, wenn man sie braucht.

> **Tipp**
>
> Zeichenfläche mit der Maus verschieben
>
> Mit dem Button ganz rechts in der Zoom-Symbolleiste wird der sogenannte Verschieben-Modus aktiviert. Nachdem dieser Button aktiviert wurde, nimmt der Mauszeiger die Form einer Hand an. Jetzt kann man die Zeichenfläche bei gedrückter Maustaste in jede beliebige Richtung ziehen und damit einen anderen Ausschnitt der Zeichnung auf dem Bildschirm anzeigen.

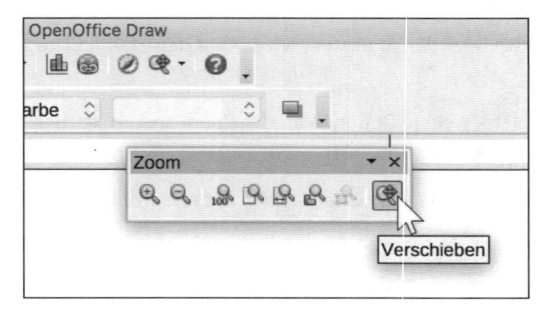

Abbildung 7.9: Zeichenfläche per Maus verschieben

Raster, Fanglinien und Hilfslinien

Zum exakten Zeichnen gibt es in OpenOffice Draw sowohl ein Raster als auch Fanglinien. Das Raster wird per Klick auf *Ansicht / Raster / Raster sichtbar* ein- und ausgeschaltet, die Fanglinien lassen sich unter *Ansicht / Fanglinien / Fanglinien anzeigen* aktivieren.

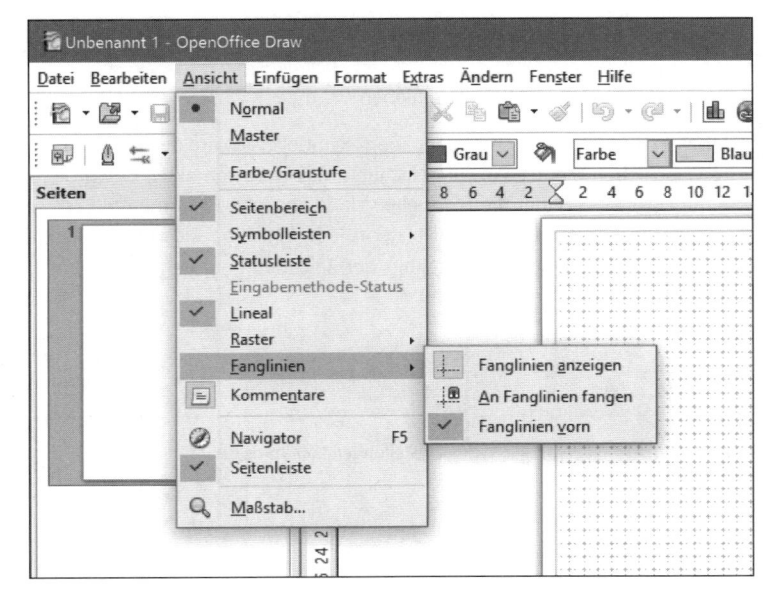

Abbildung 7.10: Raster und Fanglinien einschalten

Tipp

Fang- und Hilfslinien werden nur auf dem Bildschirm angezeigt und erscheinen weder auf einem Ausdruck noch in anderen OpenOffice-Programmen, wo die Zeichnung eingefügt wird.

Um die Raster- und Fanglinien in Zeichnungen zu konfigurieren, klickt man oben in der Menüleiste auf *Extras / Einstellungen* (Windows) bzw. *OpenOffice / Einstellungen* (OS X). Dann links zum Pfad *OpenOffice Draw / Raster* wechseln. Auf der rechten Seite lassen sich jetzt für jede Achse separat die Auflösung und der Abstand der Rasterpunkte festlegen.

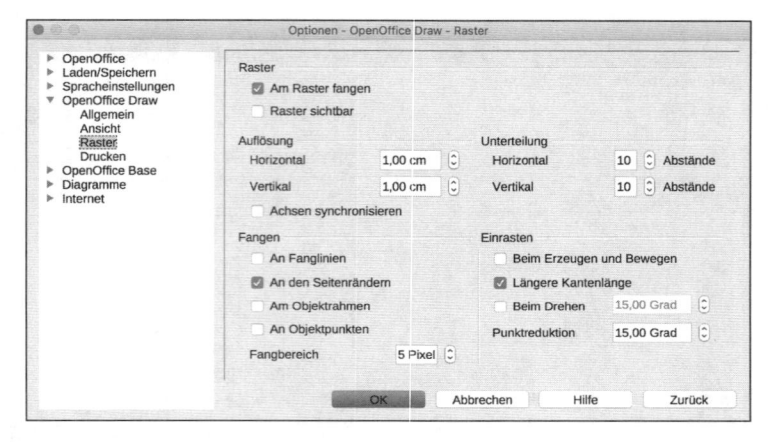

Abbildung 7.11: Rasterdetails in den Einstellungen konfigurieren

7.3 Formen zeichnen

Mit Draw ist das Zeichnen einfacher Formen kein Problem. Direkt in der Zeichnen-Symbolleiste am unteren Fensterrand stehen dazu die nötigen Funktions-Buttons bereit.

Gerade Linien

Eine gerade Linie ist das einfachste Element oder Objekt, das man in Draw erstellen kann. So geht man dazu vor:

1. Zuerst wird in der Zeichnen-Symbolleiste auf das Linien-Symbol geklickt, sodass das Werkzeug aktiviert wird.

2. Jetzt mit der Maus auf die Stelle zeigen, wo die Linie beginnen soll.

3. Bei gedrückter Maustaste kann man die Linie jetzt aufziehen.

Sobald man die Maustaste loslässt, erscheint die gewünschte Linie in der Zeichnung – samt Markierungen: eine große Markierung am Anfang der Linie und eine kleinere an ihrem Ende.

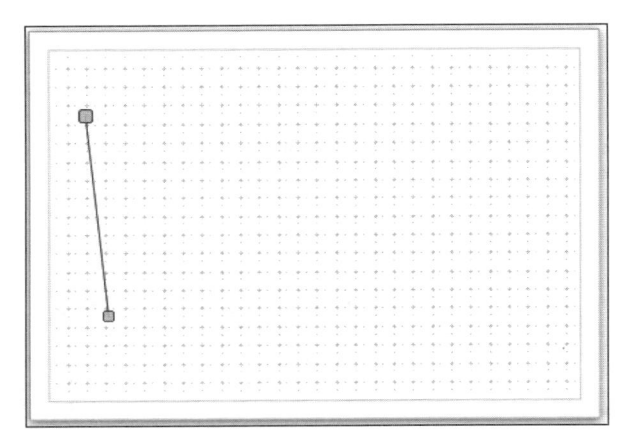

Abbildung 7.12: Einfache Linie zeichnen

> **Tipp**
>
> Um den Winkel der Linie auf einen rechten Winkel (90°) oder auf einen 45°-Winkel zu beschränken, hält man während des Zeichnens der Linie die ⌈Umschalt⌉-Taste gedrückt.

Zeichen-Werkzeug aktiviert lassen

Nach dem Zeichnen einer Form mithilfe eines Zeichen-Werkzeugs wechselt der Modus automatisch wieder auf den Markierungs-Modus zurück. Wer mehrere Objekte des gleichen Typs einfügen will, wendet einen Trick an, den man bereits von der *Format übertragen*-Funktion aus Word kennt.

Statt eines einzelnen Klicks auf das jeweilige Werkzeug-Symbol klickt man einfach doppelt darauf. Jetzt kann man so viele Linien (oder Rechtecke etc.) zeichnen, wie benötigt werden. Zum Schluss klickt man unten links auf den Mauszeiger-Button und schaltet den Modus damit wieder auf *Markieren* zurück.

Pfeile

Pfeile sind eigentlich nichts anderes als Linien mit Pfeilspitzen und genauso werden sie in Draw auch behandelt. Zum Zeichnen eines Pfeils aktiviert man zuerst unten das Pfeil-Werkzeug und zieht den Pfeil dann bei gedrückter Maustaste in der Zeichnung auf.

> **Tipp**
>
> Pfeile werden immer vom Schaft zur Spitze gezeichnet. Das heißt: Die Pfeilspitze erscheint dort, wo man die Maustaste wieder loslässt.

Mehr Pfeilvarianten

Wer weitere Arten von Pfeilen einfügen will, blendet dazu am besten die Symbolleiste *Pfeile* ein. Das geht per Klick auf *Ansicht / Symbolleisten / Pfeile*. Anschließend in der frei schwebenden Pfeile-Symbolleiste die gewünschte Variante auswählen und dann in der Zeichnung aufziehen.

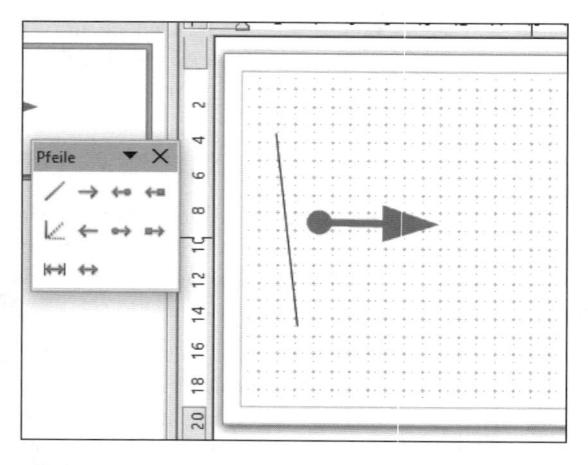

Abbildung 7.13: Die Pfeile-Symbolleiste

Pfeilspitze ändern

Gefällt einem die Spitze des gezeichneten Pfeils nicht so recht, kann sie nachträglich geändert werden. Dazu wählt man den Pfeil per Mausklick aus. Oben in der Symbolleiste *Linie und Füllung* findet sich links ein Button namens *Linienende*. Ein Klick darauf fördert eine ganze Palette an unterschiedlichen Designs für die Pfeilspitze zutage, die sich per Klick anwenden lassen.

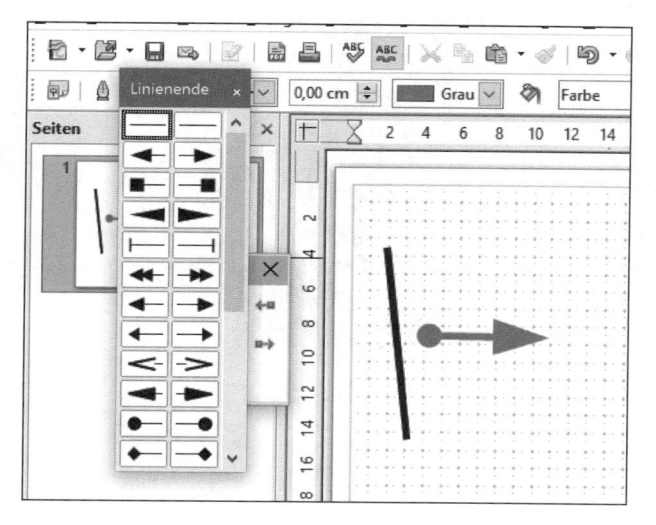

Abbildung 7.14: Unterschiedliche Stile für das Ende des Pfeils

Rechtecke

Ähnlich einfach wie das Zeichnen einer geraden Linie ist es auch bei Rechtecken. Nach dem Wechsel zum Rechteck-Werkzeug in der Symbolleiste unten zieht man das gewünschte Rechteck einfach in der Zeichnung auf.

> **Tipp**
>
> Quadrate lassen sich ebenfalls mit der Rechteck-Funktion zeichnen. Um ein Quadrat zu erstellen, muss man beim Aufziehen des Rechtecks die Umschalt-Taste gedrückt halten.

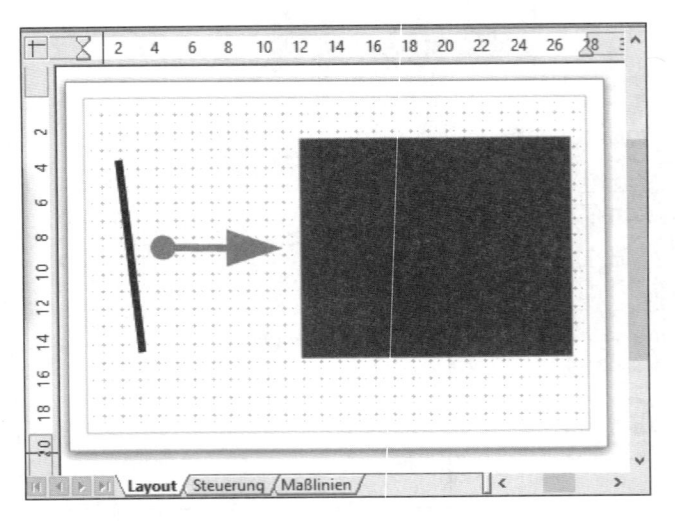

Abbildung 7.15: Rechteck zeichnen

Ovale und Kreise

Jetzt geht's rund: Über das Ellipsen-Werkzeug werden Ovale und Kreise eingefügt, ebenfalls wieder per Aufziehen des Objekts in der Zeichenfläche. Braucht man einen perfekt runden Kreis ohne Verzerrung, nimmt man am besten die Umschalt-Taste zu Hilfe.

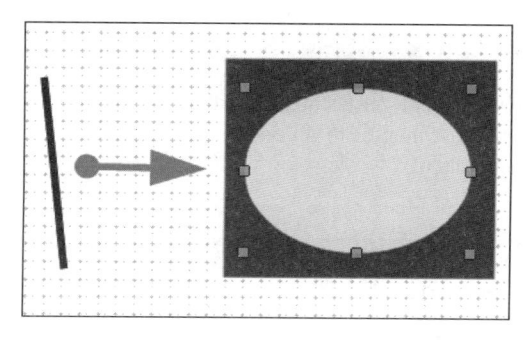

Abbildung 7.16: Oval zeichnen

Kreisbögen

Symbolleiste für Kreise und Ovale nachrüsten

Etwas schwieriger ist da schon das Zeichnen von Kreisbögen. Dazu muss man nämlich zuerst eine versteckte Symbolleiste einblenden. Wie man dazu vorgeht, beschreiben die folgenden Schritte:

1. Als Erstes wird im Menü auf Ansicht / Symbolleisten / Anpassen geklickt.
2. Jetzt oben zum Tab Symbolleisten schalten.
3. In der Klappliste wählt man dann die Zeichnen-Symbolleiste aus.
4. Anschließend auf den Button Hinzufügen klicken. Das Dialogfeld Befehle hinzufügen wird angezeigt.
5. In der linken Spalte den Eintrag Zeichnen markieren.
6. Rechts finden sich jetzt zwei Einträge, die Ellipse heißen. Man muss den Eintrag markieren, der beim Anklicken unten von der „Kreise und Ovale-Symbolleiste" spricht.

7.3 Formen zeichnen

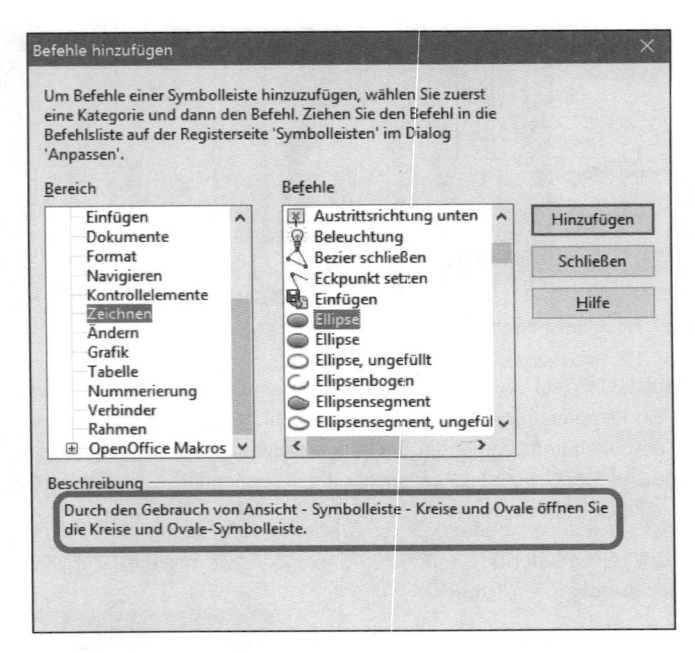

Abbildung 7.17: Den richtigen Eintrag Ellipse zum Hinzufügen markieren

7. Dann auf Hinzufügen / Schließen klicken.

8. In der Liste Befehle stehen nun zwei Zeilen namens Ellipse. Man markiert die untere und klickt auf *Ändern* / Entfernen.

9. Jetzt kann der obere Eintrag Ellipse markiert und mit dem Pfeil-Button an die Stelle nach der Zeile Rechteck verschoben werden.

10. Zum Schluss unten auf OK klicken.

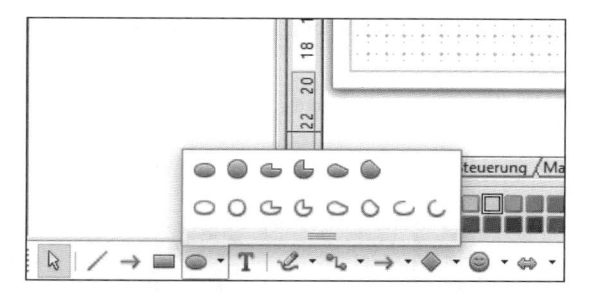

Abbildung 7.18: Ellipsen-Befehl ersetzt

Per Klick auf das Ellipsen-Symbol unten in der Zeichnen-Symbolleiste öffnet sich ab sofort ein Klappmenü. Hier hat man die Auswahl zwischen verschiedenen Kreisen, Kreisbögen und Segmenten. Ein Klick auf eines der dort angebotenen Werkzeuge und anschließendes Aufziehen auf der Zeichenfläche genügt jetzt, um ein solches Objekt einzufügen.

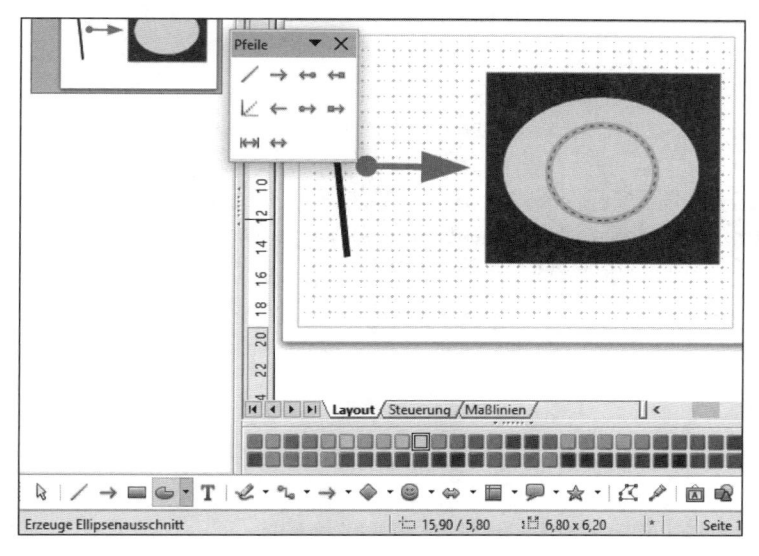

Abbildung 7.19: Kreis-Segment zeichnen

7.3 Formen zeichnen

1. Zunächst wird beim Aufziehen die Größe des zugrundeliegenden Ovals bestimmt.
2. Der nächste Klick legt den Startpunkt für den Ausschnitt (das Tortenstück) fest.
3. Der letzte Klick schließlich gibt die Dicke des Segments an.

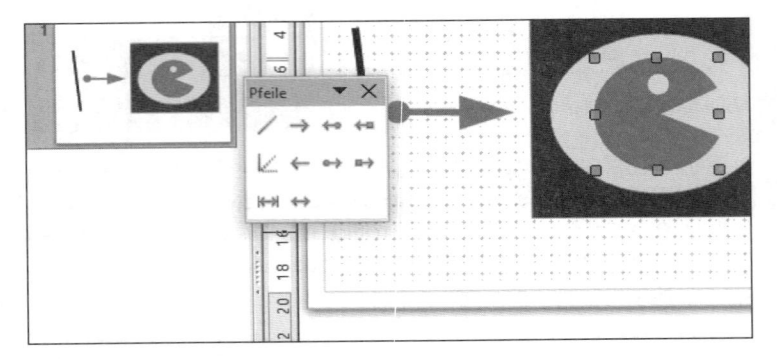

Abbildung 7.20: Kreis-Segment zeichnen

Tipp

Um einen Kreisbogen oder ein Segment mit einem ganz bestimmten Winkel anzulegen, wirft man während des Aufziehens am besten einen Blick unten in die Statusleiste. Denn hier gibt OpenOffice Draw den Winkel in Grad an.

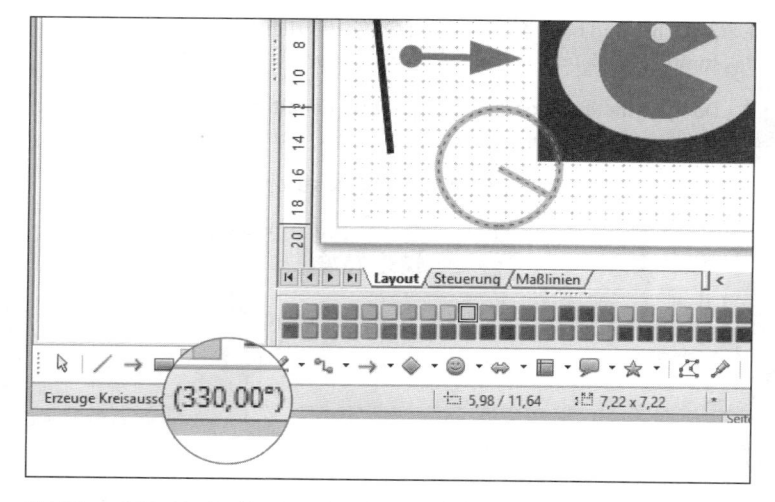

Abbildung 7.21: Grad-Zahl in der Statusleiste ablesen

Kurven und Vielecke

Zum Zeichnen einer Kurve oder eines Vielecks klickt man in der Zeichnen-Symbolleiste auf den kleinen Pfeil rechts neben dem Kurven-Symbol. (Auf dem Symbol selbst wird immer das zuletzt benutzte Werkzeug abgebildet, was nicht unbedingt das Kurven-Werkzeug sein muss.)

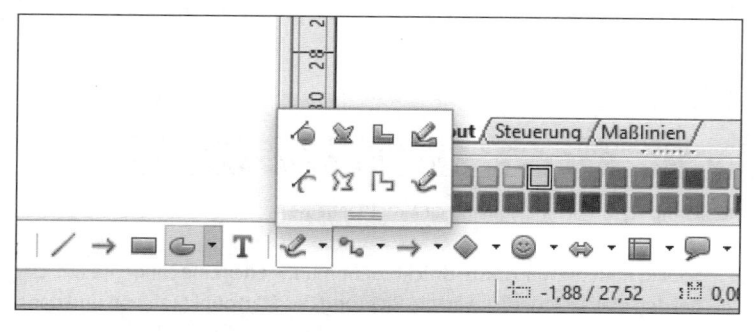

Abbildung 7.22: Die Kurven-Symbolleiste

7.3 Formen zeichnen

Kurven

1. In der aufgeklappten Kurven-Symbolleiste wählt man das Werkzeug Kurve.
2. Jetzt an der gewünschten Startposition für die Kurve die Maustaste gedrückt halten und eine Tangente für den Startpunkt zeichnen.

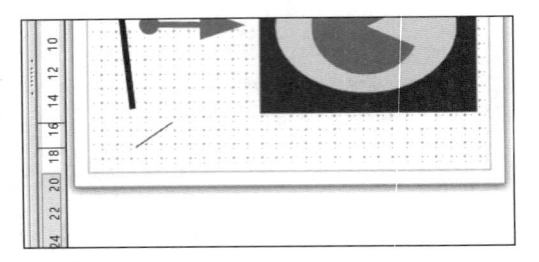

Abbildung 7.23: Tangente für den Startpunkt

3. Bei der gewünschten Tangenten-Position lässt man die Maustaste zunächst los. Nun den Mauszeiger an die Stelle des ersten Extrem-/Wendepunkts setzen.

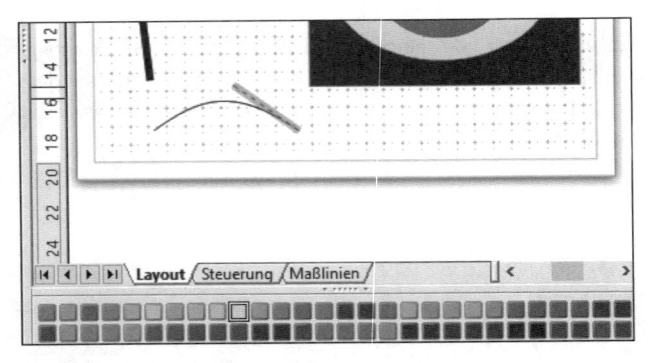

Abbildung 7.24: Kurven-Segment mit Mittel-Tangente

4. Sobald man die Maustaste drückt, zieht man wieder eine Tangente auf. Dabei den Mauszeiger rückwärts in Richtung des Startpunkts ziehen und dann loslassen.

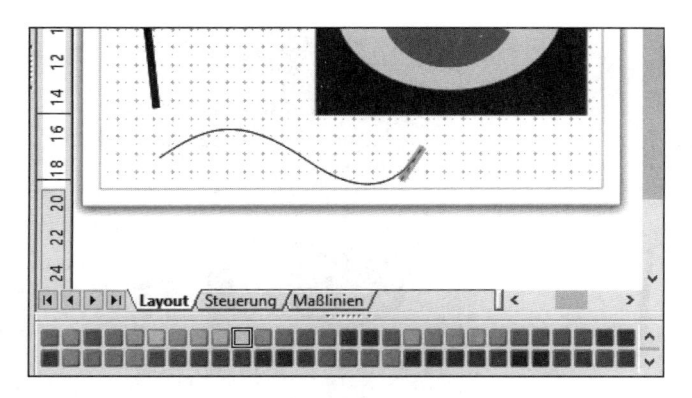

Abbildung 7.25: Tangente für den Endpunkt

5. Ebenso für weitere Punkte der Kurve verfahren.
6. Am Endpunkt der Kurve wird doppelt geklickt, um sie zu beenden.

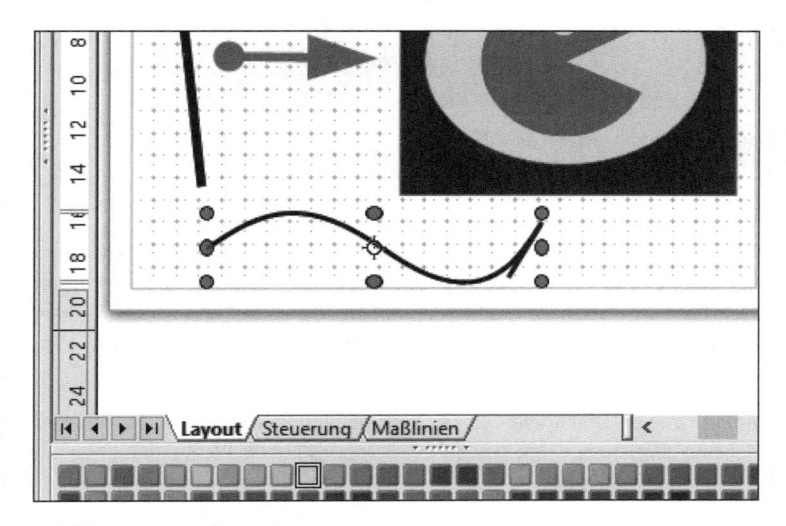

Abbildung 7.26: Die fertige Kurve

7.3 Formen zeichnen

> **Tipp**
>
> Hat man sich für eine gefüllte Kurve entschieden, wird der letzte Punkt automatisch mit dem ersten Punkt verbunden. Das schließt die Kurve und füllt sie mit der aktuellen Standard-Füllfarbe.

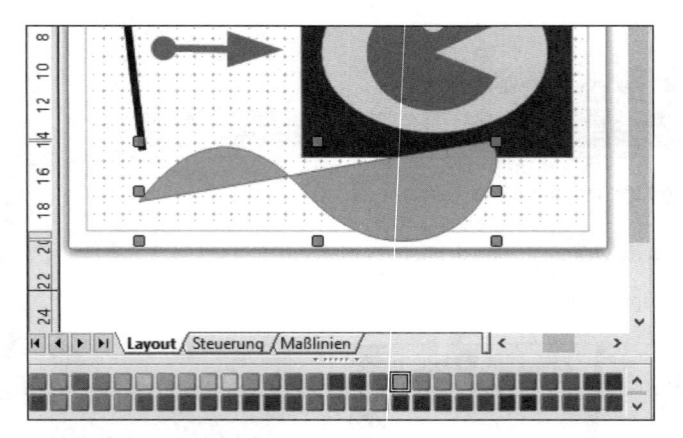

Abbildung 7.27: Eine gefüllte Kurve

Vielecke

Noch einfacher als das Zeichnen von Kurven ist das Zeichnen von Vielecken, also Polygonen: Nach Auswahl des Polygon-Werkzeugs zieht man bei gedrückter Maustaste die erste Linie des Vielecks auf. Über weitere Klicks werden weitere Ecken hinzugefügt. Am Schluss folgt ein Doppelklick, um das Zeichnen des Vielecks zu beenden.

Ähnlich wie bei den Kurven gibt es auch gefüllte Polygone. Wird ein gefülltes Polygon gezeichnet, schließt Draw beim Doppelklick die Form und füllt sie mit der Standard-Füllfarbe.

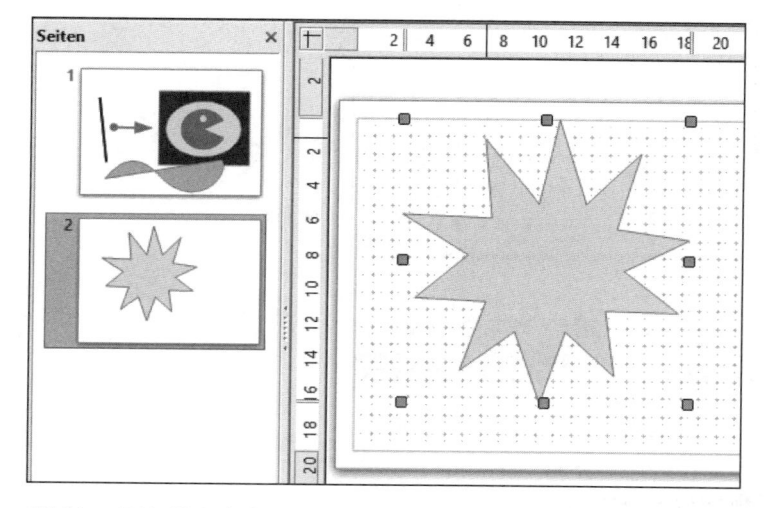

Abbildung 7.28: Ein Vieleck

> **Tipp**
>
> Um ein Polygon im rechten Winkel oder 45°-Winkel zu erstellen, sodass es gerade aussieht, hält man beim Zeichnen die `Umschalt`-Taste gedrückt.

Freihand-Linien

Mit Draw kann auch frei Hand gezeichnet werden, so wie mit einem Stift auf Papier. Das klappt mit dem Freihand-Werkzeug.

Dieses Werkzeug befindet sich ebenfalls in dem Klappfeld, in dem auch Kurven und Polygone erreicht werden können. Nach Anwahl dieses Werkzeugs einfach in der Zeichnung nach Belieben mit gedrückter Maustaste zeichnen.

Hat man eine gefüllte Freihand-Linie gewählt, wird sie übrigens beim Loslassen der Maustaste automatisch geschlossen und gefüllt.

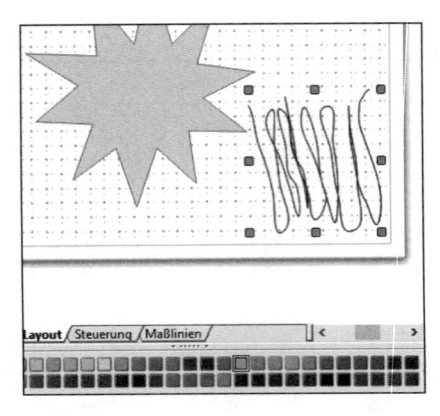

Abbildung 7.29: Freihand-Zeichnen in Draw

Weitere Formen

Über die Zeichnen-Symbolleiste am unteren Rand des Fensters von OpenOffice Draw lassen sich übrigens noch weitere Formenarten einfügen – wie etwa Dreiecke, Sonnen, dicke Block-Pfeile, Sprechblasen und vieles mehr. Einfach mal ausprobieren!

Abbildung 7.30: Weitere in Draw schon eingebaute Formen nutzen

7.4 Tastatur-Tricks zum Zeichnen von Formen

Viele der Formen in der Zeichnen-Symbolleiste haben Zusatzfunktionen, die man durch Kombinieren mit bestimmten Tasten auf der Tastatur aufruft:

- ▶ Ein Beispiel ist das Einschnappen auf 45°-Winkel bei Linien, Pfeilen und Polygonen, wenn man die ⌈Umschalt⌉-Taste gedrückt hält.

- ▶ Bei Ovalen und Rechtecken bewirkt die ⌈Umschalt⌉-Taste hingegen, dass diese Formen symmetrisch werden – aus einem Oval wird ein Kreis, während ein Rechteck zum perfekten Quadrat wird.

- ▶ Um Linien, Rechtecke, Ellipsen oder Text besonders schnell einzufügen, hält man auf der Tastatur die ⌈Strg⌉-Taste gedrückt und klickt dann auf das gewünschte Werkzeug-Symbol in der Zeichnen-Symbolleiste. Damit wird ein passendes Objekt automatisch mit Standardwerten in der Mitte der Zeichenfläche erstellt. Anschließend kann man es wie benötigt ändern.

7.5 Objekte auswählen

Damit man die Eigenschaften von Objekten in einer Zeichnung ändern kann, muss man sie zunächst auswählen. Dazu bietet OpenOffice Draw mehrere Möglichkeiten.

Direkte Auswahl

Die einfachste Methode, um ein Objekt auszuwählen, besteht darin, es anzuklicken. Folgende Tipps helfen weiter:

- ▶ Für Objekte ohne Füllung muss man auf die Kontur des Objekts klicken.

- ▶ Beim ersten Klick wird das Objekt markiert, der zweite Klick hebt die Markierung wieder auf.

- ▶ Mehrere Objekte lassen sich markieren, indem beim Klicken die ⌈Umschalt⌉-Taste gedrückt gehalten wird.

Auswahl per Rahmen

Mehrere Objekte lassen sich auch auf einmal auswählen, indem man mit dem Mauszeiger einen Rahmen um die Objekte zieht. Dazu muss man unten in der

Zeichnen-Symbolleiste links auf den Mauszeiger-Button klicken, sodass Draw in den Markierungs-Modus wechselt.

> **Tipp**
>
> Beim Auswählen durch Aufziehen eines Rahmens werden nur die Objekte markiert, die vollständig innerhalb des aufgezogenen Rahmens liegen.

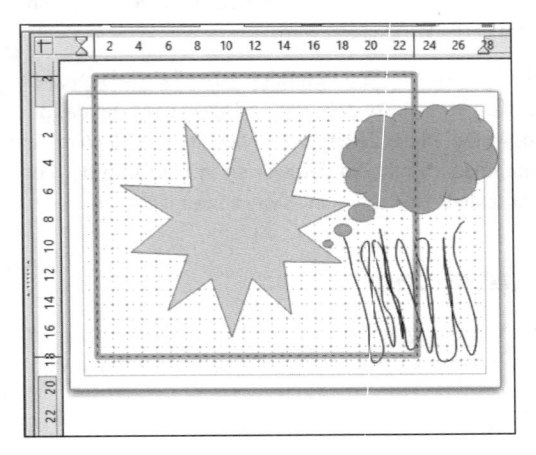

Abbildung 7.31: Objekte per Rahmen auswählen

Verdeckte Objekte auswählen

Befinden sich einige Objekte, die ausgewählt werden sollen, hinter anderen, sodass sie verdeckt sind, kann man sie dennoch markieren. Wie man dabei vorgeht, unterscheidet sich je nach verwendetem Betriebssystem:

Windows, OS X

1. Windows- und Mac-Nutzer markieren zunächst das Objekt, das vor dem verdeckten Objekt liegt.

2. Jetzt die ⎡Alt⎤-Taste gedrückt halten und klicken, sodass das unsichtbare Objekt ausgewählt wird.

3. Diesen Schritt so oft wiederholen, bis man das richtige Objekt markiert hat.

Linux

Hier klappt das Auswählen von Objekten am einfachsten durch wiederholtes Drücken der ⎡Tab⎤-Taste. Dadurch rotiert man durch alle Objekte in der Zeichnung, bis das zu markierende Objekt gefunden ist. Rückwärts geht es ebenfalls, und zwar durch Drücken von ⎡Umschalt⎤ + ⎡Tab⎤.

> **Tipp**
>
> Anhand der Auswahlpunkte erkennt man die Abmessungen des markierten Objekts selbst dann, wenn es vollständig von anderen Objekten überlagert ist.

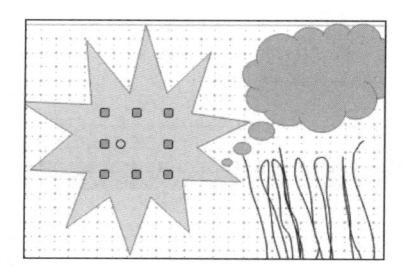

Abbildung 7.32: Hier ist ein verdecktes Objekt ausgewählt

7.6 Objekte anordnen

In einer komplexen Zeichnung befinden sich oft mehrere Objekte aufeinander – wie ein Stapel. In welcher Reihenfolge diese Objekte gestapelt werden sollen, kann man leicht ändern.

Um eines der Objekte weiter vorn oder hinten im Stapel (Z-Achse) anzuzeigen, führt man folgende Schritte aus:

1. Zuerst wird das Objekt, dessen Stapel-Reihenfolge geändert werden soll, markiert.
2. Dann oben in der Menüleiste auf *Ändern / Anordnung* klicken.
3. Damit erscheint die Liste der möglichen Anordnungen, von denen man per Klick eine auswählt.

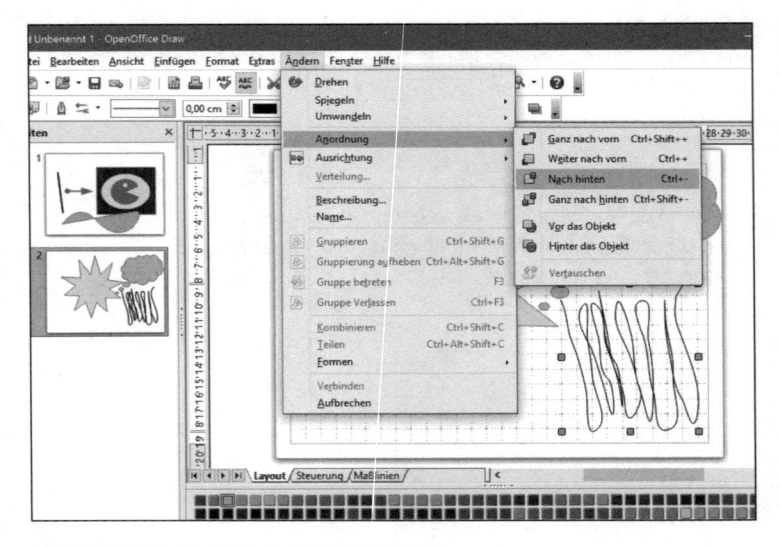

Abbildung 7.33: Anordnung von Objekten ändern

Per Rechtsklick lässt sich die Reihenfolge der Objekte ebenfalls ändern. Dazu zeigt man im Kontextmenü auf das Untermenü *Anordnen*.

In beiden Fällen stehen dann folgende Optionen zur Verfügung:

- *Ganz nach vorn*
- *Weiter nach vorn*
- *Nach hinten*
- *Ganz nach hinten*

- *Vor das Objekt*
- *Hinter das Objekt*

> **Tipp**
>
> Die letzten beiden Optionen beziehen sich auf die Auswahl mehrerer Objekte, die sich überlappen.

Per Tastatur

Über Tastenkürzel kann die Anordnung von markierten Objekten sogar noch schneller geändert werden: `Strg` + `Umschalt` + `+` versetzt Objekte in den Vordergrund, `Strg` + `+` um eine Ebene nach vorn, `Strg` + `-` um eine Ebene nach hinten und `Strg` + `Umschalt` + `-` ganz in den Hintergrund.

7.7 Eigenschaften von Objekten ändern

Nur selten sehen neu in eine Zeichnung einfügte Objekte schon sofort so aus, wie man sich das vorstellt. Das Erscheinungsbild von Linien und Formen lässt sich aber mit wenigen Schritten anpassen.

Linien sind sowohl einzelne Linien als auch Pfeile und die Außenränder eines anderen Objekts (Rahmen). Über die Symbolleiste *Linie und Füllung* lassen sich die wichtigsten Eigenschaften von Linien und Formen schnell ändern.

Abbildung 7.34: Die Symbolleiste Linie und Füllung

Per Symbolleiste

Und so geht man vor, um eine Linie oder ein anderes Objekt über diese Symbolleiste anders zu formatieren:

1. Zunächst wird das Objekt markiert, also ausgewählt.

2. Jetzt kann man in der Symbolleiste Linie und Füllung den gewünschten Linienstil auswählen.
3. Zum Ändern der Linienstärke gibt man entweder die gewünschte Dicke direkt ein oder klickt auf die Pfeil-Buttons, um die Linie schrittweise dicker oder dünner zu machen.
4. Direkt rechts daneben öffnet man das Klappfeld und stellt die gewünschte Farbe ein.
5. Noch weiter rechts stehen auch Optionen für den Stil der Füllung sowie die Füllfarbe zur Verfügung.

> **Tipp**
>
> Die Farbe, die man verwenden will, ist nicht in der Liste enthalten? Die Farbpalette kann man auch bearbeiten. Wie das geht, steht auf Seite 120.

Per Seitenleiste

In der Seitenleiste am rechten Fensterrand stehen weitere Optionen bereit, mit denen sich Linien schnell formatieren lassen. Dazu als Erstes eine Linie in der Zeichnung markieren, dann rechts auf das *Eigenschaften*-Symbol klicken. Nun werden die Unterbereiche *Fläche* und *Linie* aufgeklappt (siehe Bild).

Zusätzlich zu den Optionen, die auch oben in der Symbolleiste *Linie und Füllung* bereitstehen, kann der Nutzer über die Seitenleiste auch die Transparenz und weitere Eigenschaften ändern.

> **Tipp**
>
> **Aus einer normalen Linie einen Pfeil machen**
>
> Wer einen Pfeil braucht, aber eine Linie eingefügt hat, muss sie nicht zuerst löschen und dann einen Pfeil neu zeichnen. Man kann der Linie einfach Pfeilspitzen hinzufügen. Das klappt in der Seitenleiste mit den beiden Ausklappmenüs, die mit *Pfeil* beschriftet sind.

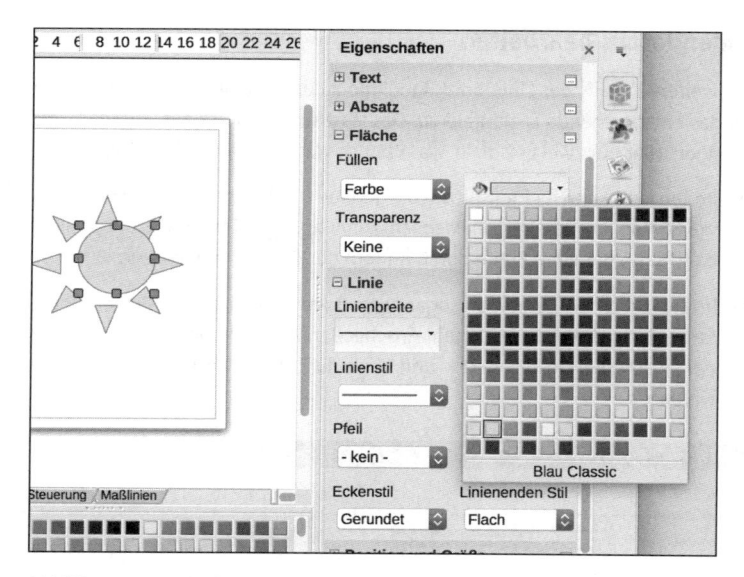

Abbildung 7.35: Objekteigenschaften über die Seitenleiste ändern

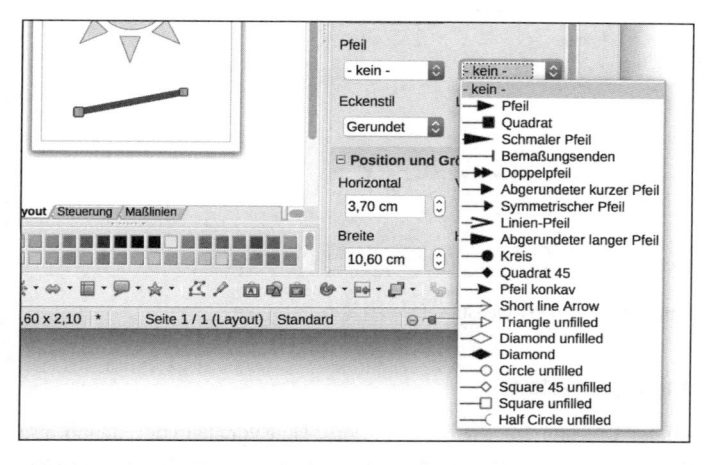

Abbildung 7.36: Pfeilspitze zu einer Linie hinzufügen

7.7 Eigenschaften von Objekten ändern

Liniendetails bearbeiten

Um weitere Details der Linie oder Randlinie zu ändern, greift man am besten auf das entsprechende Dialogfeld zu. Das lässt sich per Klick auf *Format / Linie* anzeigen. Hier nur zwei Beispiele, was über das Linien-Dialogfeld möglich ist:

- Im Tab *Linie* kann für Pfeilspitzen die genaue Größe festgelegt werden. Dazu muss man im Bereich *Linienenden* zunächst eine Pfeilspitze auswählen, dann kann man ihre Breite durch Ändern der Abmessung ändern.

- Im Tab *Linienstile* kann man sogar ganz eigene Designs oder Muster für die Strichelung der Linie festlegen. Anschließend wird der Linienstil mit eigenem Namen abgespeichert – und kann dann jederzeit erneut verwendet werden.

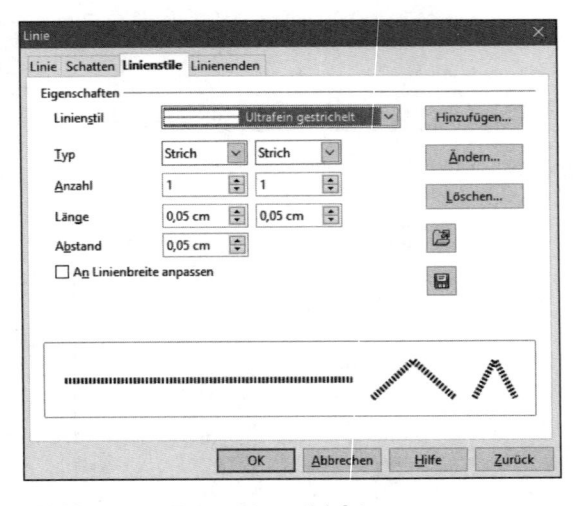

Abbildung 7.37: Eigenen Linienstil definieren

Füllung bearbeiten

Bei gefüllten Objekten trägt neben der Kontur-Linie vor allem die Füllung, also die Fläche des Objekts, zum Erscheinungsbild bei. In OpenOffice Draw kann auch die Art der Füllung, etwa von Rechtecken oder Kreisen, schnell angepasst werden.

Für einfache Anpassungen der Füllung stehen – wie bei Linien – die Optionen in der Symbolleiste *Linie und Füllung* und in der Seitenleiste bereit. Erweiterte Funktionen sind einstellbar, wenn man oben in der Menüleiste auf *Format / Fläche* klickt. Damit wird das zugehörige Dialogfeld von Draw angezeigt. Schatten, Transparenz, Farbverläufe oder schraffierte Füllungen – alles kein Problem, dank der vielen Möglichkeiten auf den verschiedenen Tabs.

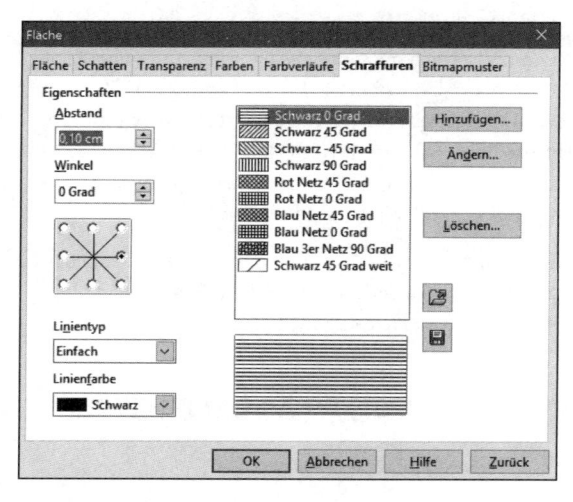

Abbildung 7.38: Füllung schraffieren

7.8 Zeichnungen ausdrucken

Schnelldruck

Um ein Dokument oder eine Zeichnung schnell auszudrucken, klickt man am besten oben in der Standard-Symbolleiste auf das Symbol *Datei direkt drucken*. Damit wird das gesamte Dokument direkt an den Standarddrucker gesendet, ohne weitere Rückfrage.

Abbildung 7.39: Datei direkt drucken

> **Tipp**
>
> Soll eine Zeichnung grundsätzlich mit einem bestimmten Drucker ausgedruckt werden, ändert man eine Option. Dazu auf *Extras / Einstellungen* (Windows) oder *OpenOffice / Einstellungen* (OS X) klicken und dann links zum Bereich *Laden/Speichern / Allgemein* wechseln. Auf der rechten Seite wird dann ein Haken bei der Option *Druckereinstellungen mit dem Dokument laden* gesetzt. Anschließend unten auf *OK* klicken.
>
> Ab sofort sendet der Symbolleisten-Button *Datei direkt drucken* die Zeichnung an den Drucker, der in der OpenOffice-Datei hinterlegt ist, anstatt sie auf dem Standarddrucker des Systems auszugeben.

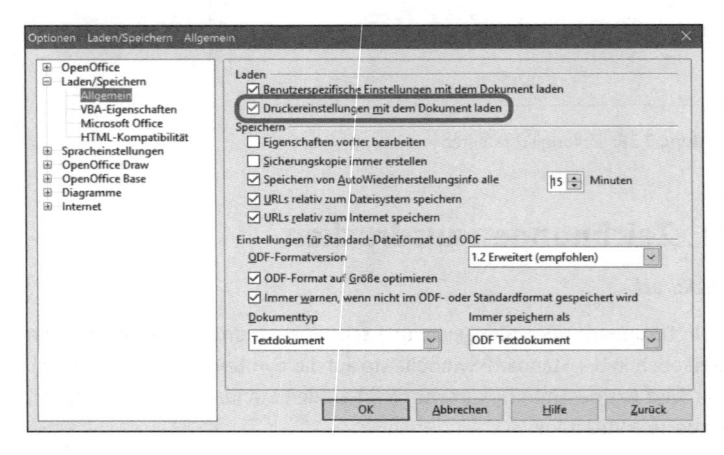

Abbildung 7.40: Drucker je nach Dokument einstellen

Druckeinstellungen

Mehr Kontrolle über das Drucken hat man, wenn man nicht das Drucken-Symbol in der Symbolleiste nutzt, sondern auf *Datei / Drucken* klickt. Hier lässt sich unter anderem einstellen,

- welcher Drucker für den Ausdruck genutzt werden soll,
- welche Seiten der Zeichnung wie oft gedruckt werden sollen,
- in welcher Reihenfolge die Seiten gedruckt werden.

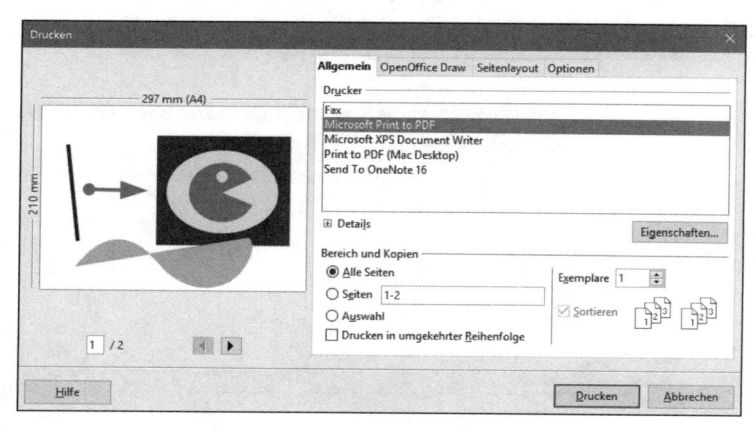

Abbildung 7.41: Mehr Kontrolle über die Druckeinstellungen

7.9 Zeichnungen exportieren

PDF

Um eine PDF-Datei zum Weitergeben der Zeichnung zu erstellen, genügt ein Klick auf das PDF-Symbol in der Standard-Symbolleiste. Man wird dann nach dem Dateinamen und Ordner für das PDF-Dokument gefragt.

Tipp

Mehr Kontrolle über die Konfiguration des Exports hat man, wenn man stattdessen auf *Datei / Exportieren als PDF* klickt. Anschließend stehen die gleichen Export-Optionen zur Verfügung wie bei OpenOffice Writer (siehe ab Seite 163).

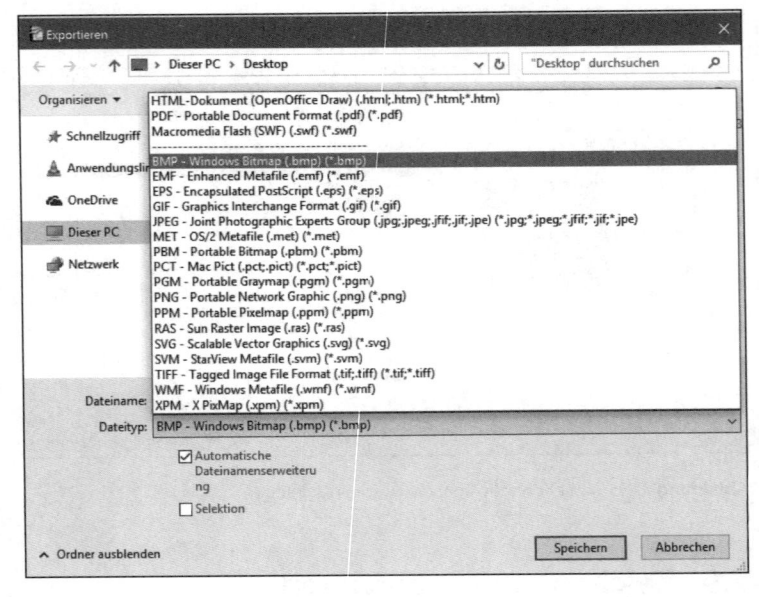

Abbildung 7.42: Zeichnungen exportieren

Andere Formate

OpenOffice Draw kann die unterschiedlichsten Dateiformate speichern. Findet man das gesuchte Format nicht beim Klick auf *Datei / Speichern unter*, sollte man einen Blick in das (ähnliche) Dialogfeld bei *Datei / Exportieren* werfen.

Zur Auswahl steht unter anderem das Speichern als:

- Windows-Bitmap (BMP)
- PostScript (EPS)
- Web-Grafik (GIF)
- Foto-Grafik (JPEG)
- Netzwerk-Grafik (PNG)
- Vektor-Grafik (SVG)
- TIFF-Bild

8 Math für Formeln

Nicht nur Mathematiker, sondern auch Physiker, Ingenieure und Schüler brauchen des Öfteren Formeln. Mit dem Programmteil OpenOffice Math lassen sie sich leicht erstellen.

Wer sich schon einmal in der korrekten Darstellung einer komplizierten Formel mit den Optionen einer normalen Textverarbeitung wie Writer oder Microsoft Word versucht hat, weiß, wie schwierig das sein kann.

OpenOffice Math macht die Sache viel einfacher. Hier gibt man nämlich eine Beschreibung der Formel ein – und das Programm kümmert sich um deren korrekte Darstellung.

Formel einbetten oder separat erstellen

Math lässt sich sowohl eingebaut in OpenOffice Writer nutzen als auch als eigenes Programm:

- ▶ Um eine Formel in ein Textdokument oder eine Tabelle einzubauen, klickt man auf *Einfügen / Objekt / Formel*.

- ▶ Will man Math separat starten, klickt man in Windows auf *Start / Alle Apps / OpenOffice / OpenOffice Math*. Mac-Nutzer starten zuerst die *OpenOffice*-App und klicken dann im Startcenter auf *Formel*.

Math-Fenster

Nach dem Start ist das Math-Fenster zunächst ziemlich leer – und sieht etwa so aus wie im Foto.

Im Math-Fenster finden sich folgende Elemente:

- ▶ Die Symbolleiste 1 bietet Zugriff auf Zoom-Einstellungen sowie auf das Laden und Speichern von Dateien und die Zwischenablage.

- ▶ Darunter 2 sieht man den – noch ganz leeren – Anzeigebereich für die fertige Formel.

- ▶ Im unteren Teil des Fensters befindet sich der Eingabebereich 3. Hier wird die Formel-Beschreibung eingetippt.

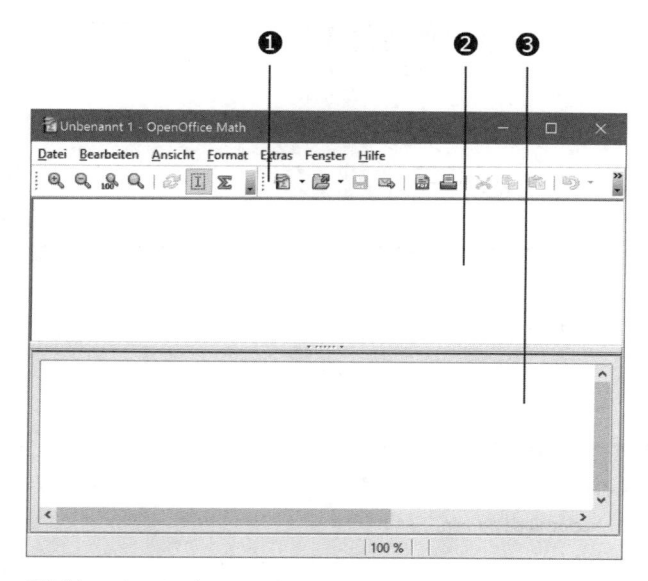

Abbildung 8.1: Math-Fenster beim Start

8.1 Formeln beschreiben

Um zu sehen, wie das Beschreiben von Formeln funktioniert, geben wir in dem untersten Bereich eine einfache Formel ein:

```
a times b
```

Der Operator `times` wird dabei in der Ausgabe durch ein Multiplikations-Zeichen ersetzt.

Auf dieselbe Weise wie bei diesem Beispiel lassen sich auch komplexere Formeln zusammensetzen, wie zum Beispiel:

```
e=mc^2
```

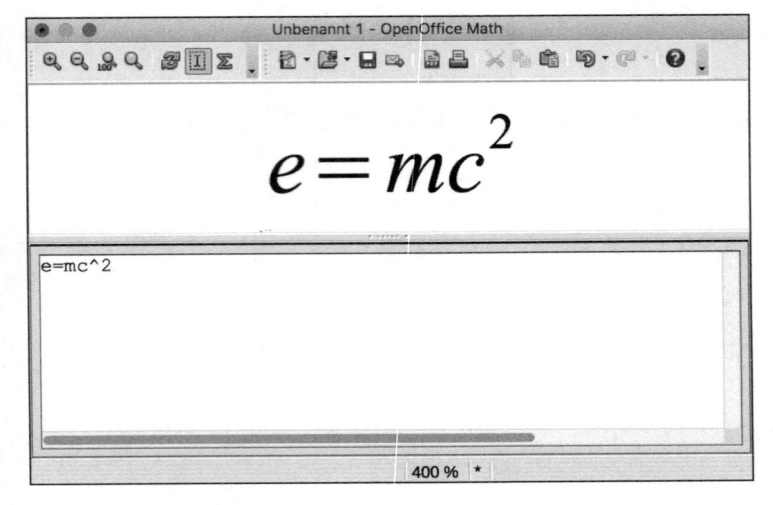

Abbildung 8.2: Anzeige von Formeln

Elemente-Panel

Für noch komplexere Formeln – wie zum Beispiel ein Binominal-Theorem – aktiviert man am besten die Schublade mit den verfügbaren Bausteinen. Dazu wird oben im Menü auf *Ansicht / Elemente* geklickt.

Jetzt erscheint ein frei schwebendes Panel. Bei näherem Hinsehen erkennt man, dass es zweigeteilt ist:

1. Zuerst wählt man oben die richtige Werkzeug-Rubrik aus.
2. Dann fügt man das gewünschte Werkzeug per Klick in die Formel-Beschreibung ein.
3. Jetzt noch eventuelle Platzhalter (die mit <?> markiert sind) durch tatsächliche Elemente ersetzen, fertig ist die Formel!

Der beschreibende Code für die Formel im Bild lautet übrigens wie folgt:

```
(x + y)^r = sum from{k=0} to{infinity} left ( binom{r}{k} right ) x ^{r-k} y^k
```

$$(x+y)^r = \sum_{k=0}^{\infty} \binom{r}{k} x^{r-k} y^k$$

```
(x + y)^r = sum from{k=0} to{infinity} left ( binom{r}{k} right ) x ^{r-k} y^k
```

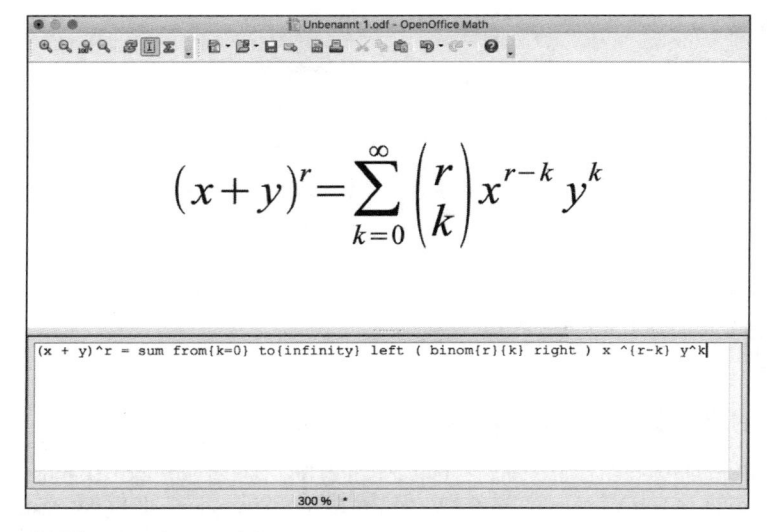

Abbildung 8.3: Binominal-Theorem

8.2 Besondere Symbole einfügen

Auf der Tastatur finden sich längst nicht alle Zeichen und Symbole, die man in Formeln braucht. Wer etwa griechische oder andere Buchstaben benötigt, nutzt dazu am besten den eingebauten Zeichen-Katalog von OpenOffice Math.

Der Katalog wird angezeigt, wenn man in der Standard-Leiste auf das griechische Sigma-Symbol klickt. Ansonsten kann man auch auf *Extras / Katalog* klicken.

Im Dialogfeld *Katalog* stehen dann verschiedene Symbolsets parat:

- ▶ Mit *Griechisch* lassen sich normale griechische Groß- und Kleinbuchstaben einfügen.

- ▶ Das Set *iGriechisch* bietet die gleichen Zeichen an, aber kursiv.

- ▶ Unter *Spezial* finden sich Symbole der Mengenlehre sowie andere selten benötigte Mathematik-Zeichen.

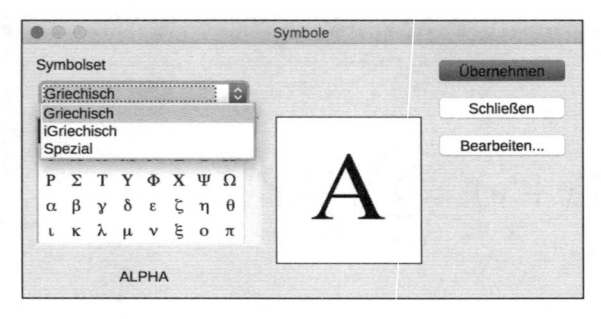

Abbildung 8.4: Besondere Symbole einfügen

8.3 Darstellung der Formel ändern

Formeln werden zwar oft in der Standardschrift Times angezeigt, doch das muss nicht so sein. Wenn man lieber eine andere Schrift verwenden will, ist das kein Problem.

Per Klick auf *Format / Schriftarten* oder *Format / Schriftgrößen* können die gewünschten Schriftdetails für jedes Element separat geändert werden.

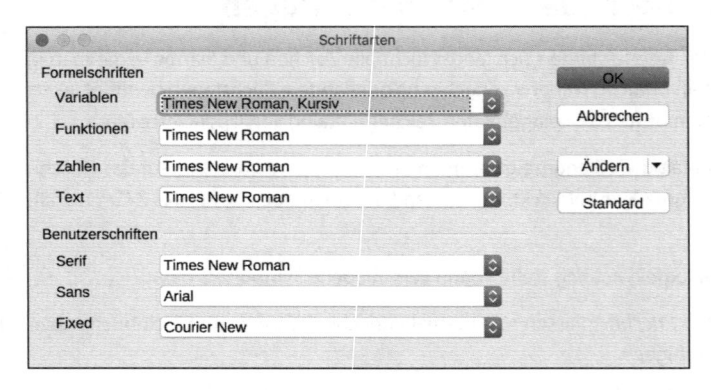

Abbildung 8.5: Schriftarten lassen sich für Variablen, Funktionen und andere Elemente separat anpassen

8.4 Formel speichern

Arbeitet man an einer Formel, die in ein Dokument oder eine Tabelle eingebettet ist, genügt ein Klick außerhalb der Umrandung, damit das Objekt geschlossen wird. Anschließend oben auf *Speichern* klicken, dann wird die Formel zusammen mit dem Hauptdokument gespeichert.

dazu auf *Einfügen / Tabellenentwurf* geklickt. Jetzt die einzelnen Felder für die erste Tabelle anlegen. Im Beispiel sieht das wie folgt aus:

belle *Adressen* wird das Feld *Kunden-ID* auf das gleichnamige Feld in der Tabelle *Kunden* gezogen.

Ein Klick auf das Symbol *Abfrage ausführen* – oder ein Druck auf die [F5]-Taste – zeigt das Ergebnis der Abfrage als Tabelle an. In unserem Fall wird genau das angezeigt, was wir ermitteln wollten: alle Kunden aus Düsseldorf.

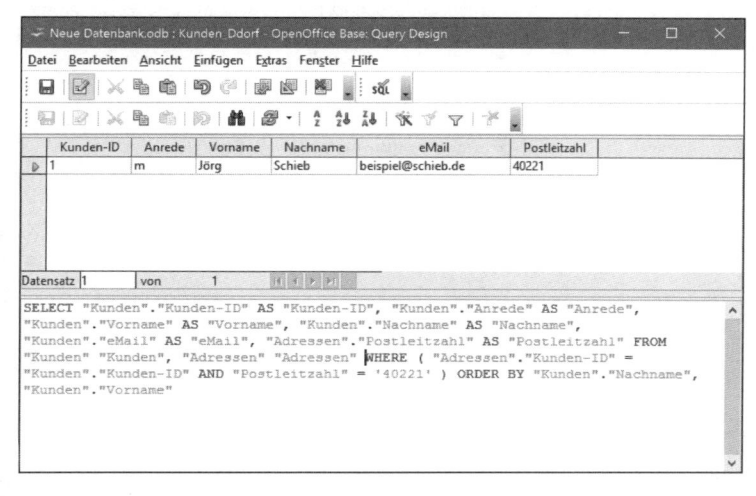

Abbildung 8.6: Das Ergebnis der Abfrage

Über die direkte Bearbeitung von SQL lassen sich noch viele weitere Raffinessen lösen, im Beispiel etwa, dass nur der Anfang der Postleitzahl geprüft wird. Dazu würde man im WHERE-Block den Vergleich wie folgt ändern:

Vorher

```
"Postleitzahl" = ‚40221'
```

Nachher

```
"Postleitzahl" LIKE ‚40%'
```

> **Tipp**
>
> In SQL gibt es Platzhalter, ähnlich wie im Betriebssystem. Der LIKE-Operator vergleicht Daten mit einem bestimmten Muster, wobei das %-Zeichen für eine beliebige Anzahl irgendwelcher Zeichen steht. Im Beispiel wird also nach allen Kunden gesucht, deren Postleitzahl mit „40" beginnt – egal, wie sie endet.

Index

Symbole
- 3D-Schrift 80
- #WERT! 184

A
- Absätze
  - nicht trennen 97
  - verschieben 123
- Ähnliche Begriffe suchen 109
- Android 59
- Ansicht
  - Zoom 266
- Apache-Lizenz 16

B
- Bedingte Formatierung 198
- Bedingte Trennstriche 117
- Benannte Zellen 180
- Berechnungen ohne Calc 84
- Bereich
  - geschützter 106
- Bilder
  - alle speichern 149
  - zuschneiden (Impress) 240
- Blindtext 76
- Blockpfeile 284
- Broschüre drucken 158

C
- Calc 166
  - alle Tastenkürzel anzeigen 218
  - auf 5 Cent runden 188
  - bedingte Formatierung 198
  - benannte Zellen 180
  - Blattfarbe 214
  - Daten bearbeiten 172
  - Daten eingeben 167
  - Datentypen 169
  - Datumswerte 172
  - Diagramme 192
  - doppelte Zeilen löschen 204
  - Einführung 166
  - Eingabezeile 168
  - Feiertage ausrechnen 188
  - Fenster 166
  - Fenster teilen 216
  - Formeln 176
  - Formeln einfärben 199
  - Kommentare 174
  - Konstanten 183
  - Layout 197
  - leere Zeilen löschen 203
  - Matrixrechnungen 207
  - Präfix, Suffix 202
  - Rechtschreibung 170
  - schnelle Dateneingabe 208
  - Seitenleiste 209
  - Statusleiste 212
  - Suchen & Ersetzen 173
  - Tastatur 172
  - Text 169
  - Vorzeichen 206
  - #WERT! ausblenden 184
  - Wochentage 200

Wörterbuch	170
Zahlen	171
Zeilen und Spalten vertauschen	197
Zeitangaben	172
Zellbezüge	176
Zellen verketten	207
Zellen verschieben	217
Zellinhalte löschen ohne Nachfrage	213

D

Darstellung
    Kontrast erhöhen 120
Dateiformat 16
Datei kleiner machen (Impress) 256
Datentypen (Calc) 169
    Datumswerte 172
    Text 169
    Zahlen 171
    Zeitangaben 172
DEB 56
Diagramme
    Datenbeschriftungen 195
    Diagrammtypen 193
Direkthilfe 73
Dmaths 164
Dokument
    alle Bilder speichern 149
    als RTF speichern 162
    Dateigröße verringern 159
    neu aus Vorlage 148
    per E-Mail senden 160
    Seitenlayout 154
Doppelte Leerzeichen entfernen 112
Draw 259, 260
    drucken 293
    Einführung 260
    Exportformate 296
    Fanglinien 268
    Farben 263
    Farbpalette 264
    Fenster 260
    Formendesign ändern 289
    Formen zeichnen 270
    Freihand-Linien 283
    Kreise 274
    Lineal 262
    Linien 270
    Objekte anordnen 287
    Objekte auswählen 285
    Ovale 274
    PDF-Export 295
    Raster 268
    Rechtecke 273
    Seitenbereich 261
    Vielecke 282
    Zeichenfläche 261
    Zoom 265
Dreiecke 284
Drucken
    Broschüre 158
    Draw-Zeichnung 293
    Impress 254
    Textbereich nicht drucken 101

E

Einstellungen
    AutoKorrektur 74
    Dokumente immer als Word-Datei
        speichern 152
    Farbpalette 103
    Standardschrift 104
    Standardvorlage 104

Elemente-Panel (Math) 300
Ellipsen 274
E-Mail
    Dokument senden 160
Entf-Taste (Calc) 213
Erweiterungen 162
    Dmaths 164
    PDF-Import 165
    Updates 162
Exportieren
    PDF 140

F

Fanglinien 268
Farben
    eigene nutzen 103
Farben (Draw) 263
    eigene definieren 264
Farbleiste 263
Farbpalette 264
Feiertage 188
Folien 225
    ausblenden 233
    ausgeblendete drucken 255
    Ausrichtung ändern 224
    Design ändern 227
    drucken 254
    duplizieren 232
    Folienbereich 226
    Größe ändern 224
    Hintergrund ändern 242
    Hintergrund-Sound 243
    hinzufügen 231
    sortieren 232
    Übergänge 250

Fontwork
    Impress 237
    Writer 80
Formate
    immer als Word-Datei speichern 152
Formatierung
    eigene Farben 103
    Standardformate 99
    übertragen, kopieren 87
Formatvorlagen
    Tastenkürzel einrichten 126
Formeln 176
    beschreiben 299
    Dmaths-Erweiterung 164
    einfärben 199
    Elemente-Panel 300
    Feiertage 188
    kleinste, größte Werte 181
    löschen 186
    Schrift ändern 302
    speichern 303
    Symbole einfügen 301
    Telefonnummern 190
    Text säubern 182
    Zeitangaben 191
Formen
    genau platzieren 237
Formen (Draw) 270
    Blockpfeile 284
    Design ändern 289
    Dreiecke 284
    Freihand-Linien 283
    Füllung bearbeiten 292
    Kreisbögen 275
    Kreise 274
    Kurven 279

Linien	270
Ovale	274
Pfeile	272
Polygone	282
Rechtecke	273
Segmente	275
Sprechblasen	284
Tastenkürzel	285
Vielecke	282
Freie Software	22
Freihand-Linien	283

G

Gatekeeper (OS X)	54
Geschichte	32
Google Drive	20
Griechische Buchstaben (Math)	301

H

Häkchen	79
Hilfslinien	268

I

Impress	219
3D-Schriftzüge	237
Animation	248
Ansichten	222
Bild einfügen	239
Bild zuschneiden	240
Design	235
drucken	254
Einführung	219
Fanglinien	246
Fenster	220
Folien	225
Folienbereich	226
Foliendesign	227
Foliengröße, Ausrichtung	224
Fontwork	237
Gliederung	223
Lineal	246
Linien, Pfeile einfügen	230
PDF exportieren	255
Platzhalter	228
Präsentation komprimieren	256
Präsentations-Assistent	220
Raster	247
Sounds	242
Tabellen	244
Tastenkürzel	225
Text und Formen einfügen	229
Übergänge	250
Wiedergabe	251
Inhalte einfügen	121
Inhaltsverzeichnis	
anklickbare Einträge	86
Inhaltsverzeichnis erstellen	84
Installation	46
Android	59
iOS	60
Linux	56
OS X	51
Windows	46
iOS	60

J

Java	43
JRE	43

K

Konstanten	183
Kostenlos	23

Kreisbögen ... 275
Kreise ... 274
Kurven (Draw) ... 279
    füllen ... 282

L

Layout-Tabellen ... 133
Leerzeichen
    doppelte löschen ... 112
Leerzeilen
    überflüssige löschen ... 111
LibreOffice ... 18, 34
    Symlinks (Linux) ... 56
    Unterschiede zu OpenOffice ... 34
Lineal
    Draw ... 262
    Impress ... 246
Linien ... 270
    Details bearbeiten ... 292
Linie und Füllung (Draw) ... 289
Linux
    Pakete ... 58
Lizenz und Bedingungen ... 16
Lückentexte ... 89

M

Markierung
    Kontrast erhöhen ... 120
Maßstab ... 266
Math ... 298
    Einführung ... 298
    Elemente-Panel ... 300
    Formeln beschreiben ... 299
    Formel speichern ... 303
    Schrift ändern ... 302
    Symbole einfügen ... 301
Matrix ... 207
Menüband ... 26
Microsoft Office
    Vergleich ... 22
Monitor
    Präsentation auf anderem Monitor ... 251

N

Navigator
    Writer ... 116
Normal.dotm ... 104
Normseite ... 155

O

Objekte
    animieren ... 248
    verdeckte auswählen ... 286
ODF ... 16
OpenDocument ... 25
    Format ... 16
    mit WordPad speichern ... 161
OpenOffice
    Calc ... 166
    Draw ... 259, 260
    Impress ... 219
    Math ... 298
    starten in OS X ... 66
    starten in Windows ... 65
    starten ohne Startbildschirm ... 67
    Writer ... 69
OpenOffice.org ... 33
Oracle Open Office ... 34
Ovale ... 274

P

PDF
- aus Draw-Zeichnung 295
- Bilder komprimieren 142
- Dokument speichern als PDF 140
- Impress 255
- in Writer öffnen 165
- nur bestimmte Seiten exportieren 141
- per Kennwort schützen 145
- Standard-Ansicht beim Öffnen 144

Pfeile 272
- Spitze ändern 273

Platzhalter (Impress) 228
Platzhalter-Suche 115
Polygone 282
Präsentation 251
- individuelle 251

Programmteile 15
Prospekte drucken 158

R

Raster 268
Rechtecke 273
Rechter Winkel 271
Rechtschreibprüfung
- abschalten 137
- Benutzerwörterbuch 135
- Sprache festlegen 136
- Writer 135

Reguläre Ausdrücke
- doppelte Leerzeichen 112
- Leerzeilen finden 111

rollApp 60
RPM 56
RTF 162

Rückgängig-Schritte 118
Runden 188

S

Schnellrechen-Ansicht (Calc) 212
Schriftart (Math) 302
Segmente (Draw) 275
Seitenlayout 154
Seitenleiste
- Calc 209
- Writer 71

Seitenzahlen 157
Sicherungskopie 138
Silbentrennung 117
Sonderzeichen einfügen 79
Sperren
- Text 106

Sprache für Rechtschreibprüfung 136
Sprechblasen (Draw) 284
Standardformate 99
Standards
- Standardschrift ändern 104
- Standardvorlage anpassen 104

Star Division 32
Startbildschirm
- abschalten 67

Suchen & Ersetzen
- ähnliche Begriffe 109
- doppelte Leerzeichen entfernen 112
- Formatvorlagen 108
- mehrere Begriffe gleichzeitig 114
- Platzhalter 115
- überflüssige Leerzeilen löschen 111

Sun Microsystems 32
Symbole 79
Symbole einfügen (Math) 301

T

Tabellen
- als mehrspaltiges Layout ... 133
- verschieben in Writer ... 131
- Writer ... 129

Tabellenblätter
- Farbe ändern ... 214

Tastatur
- Writer ... 123

Tastenkürzel
- Calc ... 218
- Draw ... 285
- für Formatvorlagen ... 126
- Impress ... 225
- Liste anzeigen ... 128
- Tabelle einfügen ... 133

Texteffekte ... 80

Text
- einfacher markieren ... 124
- ohne Formatierung einfügen ... 121

Transponieren ... 197

U

Unterstreichung
- andere Farbe ... 92
- Arten ... 91
- Zeilen ... 90

V

Vergleich mit Microsoft Office ... 22
Verknüpfungen ... 65
Vielecke ... 282
Vorlagen
- aus Word für Writer nutzen ... 146
- neues Dokument erstellen ... 148

Vorteile von OpenOffice ... 17

W

Wingdings ... 79
Word
- Datei verkleinern ... 159
- immer im Word-Format speichern ... 152
- Vorlagen in Writer nutzen ... 146

WordArt ... 80
WordPad
- im OpenOffice-Format speichern ... 161

Wörter zählen ... 122
WPS Office ... 19
Writer ... 69
- 3D-Schrift ... 80
- Absätze nicht trennen ... 97
- Absätze verschieben ... 123
- alle Tastenkürzel anzeigen ... 128
- AutoKorrektur ... 74
- automatische Formatierung ... 75
- bedingte Trennstriche ... 117
- Berechnungen ... 84
- Blindtext ... 76
- Direkthilfe ... 73
- Dokument öffnen ... 72
- Dokumentsprache ... 136
- eigene Farben nutzen ... 103
- Einführung ... 69
- Fenster ... 70
- Formatierung entfernen ... 88
- Format übertragen ... 87
- Formatvorlagen per Tastenkürzel setzen ... 126
- geschützten Bereich erstellen ... 106
- Grafiken bis zum Rand ... 93
- Hyperlinks entfernen ... 88
- immer im Word-Format speichern ... 152
- in anderer Farbe unterstreichen ... 92

Inhaltsverzeichnis 84
Initialen 77
Kapitel umsortieren 117
Leerzeilen löschen 111
letzte Bearbeitungsposition wieder
    anzeigen 125
Lückentext-Linien 89
Navigator 116
neues Dokument aus Vorlage 148
Normseite 155
parallele Suche 114
PDF exportieren 140
Prospekte drucken 158
Randbemerkungen einfügen 96
Rechtschreibprüfung 135
Rechtschreibprüfung abschalten 137
Seitenlayout 154
Seitenleiste 71
Seitenzahlen 157
Sonderzeichen einfügen 79
Sprechblasen 82
Standardformate verwenden 99
Standardschrift ändern 104
Standardvorlage ändern 104
Suchen & Ersetzen 108
Tabelle in Rahmen anlegen 132
Tabellen 129
Tabellen, Leerzeile davor oder danach
    einfügen 130
Tabellen per Tastenkürzel einfügen 133
Tabellen, Text nicht als Zahl
    erkennen 129
Tabellen verschieben 131
Tabellenspalten auf Seiten
    umbrechen 133
Tastatur 123
Textbereich nicht drucken 101
Texteffekte 80
Text markieren 124
Word-Vorlagen nutzen 146
Wörter zählen 122
Wortvorschläge 74
Zeilen unterstreichen 90
zuletzt verwendete Dokumente 72

Z

Zeichnen-Symbolleiste (Draw) 270
Zeichnung
    Größe ändern 261
Zellen
    benennen 180
    Bezüge 176
    doppelte Zeilen löschen 204
    einzelne verschieben 217
    Formeln löschen 186
    leere Zeilen löschen 203
    Präfix, Suffix 202
    runden 188
    verketten 207
Zoom
    Draw 265
Zwischenablage
    Inhalte einfügen 121